Peter Selg
Helene von Grunelius

Peter Selg

Helene von Grunelius

und Rudolf Steiners Kurse für junge Mediziner

Eine biographische Studie

Natura Verlag im
Verlag am Goetheanum

Einbandgestaltung von Gabriela de Carvalho
unter Verwendung eines Fotos von Helene von Grunelius
(Ita Wegman Archiv, Arlesheim)

Satz: Heiko Hanekop
Druck und Bindung: Freiburger Graphische Betriebe

ISBN 3-7235-1174-0

Madeleine van Deventer
gewidmet

Herr Dr. ist mit uns äußerst unzufrieden. Er sagt: die wissen nicht, was sie wollen, die haben keine Knochen usw. – Wer von uns wäre nicht auch mit uns unzufrieden! – Wenn nicht unter uns Medizinern im Herbst sich ein fester Kern bildet von Menschen, die wissen, was es gilt u. was sie wollen, die das konkret erlebt haben, was der junge Mediziner sucht u. wodurch allein wir ein gemeinsames Bewusstsein u. einen geschlossenen Tatwillen entfalten können, – wenn das nicht eintritt, werden die besten unserer jungen Mediziner u. Ärzte zu den Priestern übergehen u. sich von ihnen führen lassen. Die Priester sind von einem großen Erleben durchdrungen, sind eine durch dieses Erleben und durch ihre von diesem Erleben getragene Kulturaufgabe u. -wirksamkeit zu einer innerlich sehr geschlossenen Gemeinschaft verbunden. Durch dieses Erleben können sie sich fühlen als wahre Abgesandte der geistigen Welt, als Verkünder. Und dadurch stellen sie ihre Aufgabe mit dem Verrichten der Menschenweihehandlung als die notwendigste u. höchste auf Erden hin. Wenn wir unsere Aufgabe, die ja fast die entgegengesetzte derjenigen der Priester ist, und die nicht geringer, sondern wie mir scheint noch notwendiger ist, – wenn wir uns diese unsere Aufgabe nicht klar genug ins Bewusstsein rücken u. uns zu ihrer Erfüllung jetzt fest zusammenschließen, dann wird die anthroposoph. Gesellschaft ein Anhangsgebilde der Christengemeinschaft. Warum wir zu diesem – eigentlich von uns allen mehr oder weniger gewollten – Zusammenschluss nicht gekommen sind, warum wir ihn nicht erreicht haben, andererseits sich möglichst klar u. konkret ins Bewusstsein zu rufen, was wir wollen u. wollen müssen (auch im Zusammenhang mit dem, was Herr Dr. als unsere Aufgabe innerhalb der Jugend bezeichnet hat) – ich glaube, wenn wir uns in den nächsten Tagen u. Wochen intensiver einzeln u. zu mehreren im Gespräch mit solchen Gedanken beschäftigen, dann werden wir zu dieser schicksaltragenden Prüfung u. zu diesem Wendepunkt in unserer Bewegung gut gerüstet kommen.

Helene von Grunelius
17.8.1924[1]

Vorwort

Es war bei uns eine sehr schwere Zeit durch die Krankheit von Dr. Helene von Grunelius, es war wie ein Schicksal, das in Stuttgart nicht seine richtige Lösung gefunden hatte und sich jetzt in einer Krankheit ausleben musste. […] Dann kam am 17. Dezember [1936] trotz aller Anstrengungen, ihr Leben zu retten, doch der Tod von Helene von Grunelius. Dieses Hinscheiden war ein ungeheures Erlebnis für uns alle und auch für diejenigen Menschen, die in Stuttgart mit ihr zusammengearbeitet haben.

Ita Wegman an Willem Zeylmans van Emmichoven
Arlesheim, 24. Januar 1937[2]

Der Lebensweg und frühe Tod, ja das gesamte Schicksal von Helene von Grunelius (1897–1936) beschäftigt auch viele Jahrzehnte nach Ita Wegmans Brief immer noch zahlreiche Menschen. Viele grundsätzliche und weitreichende Fragen sind mit ihm verbunden. Auch wenn bisher nur Weniges über ihr Leben und Wirken bekannt geworden ist – namentlich durch den Nachruf ihres Kollegen Norbert Glas[3], die knappen, aber gewichtigen Ausführungen von seiten Madeleine van Deventers[4] und erste Briefzitate in Emanuel Zeylmans' Wegman-Studien[5] –, so wurde es doch nie völlig still um sie. Zu eindeutig, entschlossen und weit ausstrahlend stand Helene von Grunelius am Beginn jener studentischen Initiative junger Mediziner, die an Rudolf Steiner mit ihren bis heute hochaktuellen Fragen und inneren Anliegen herangetreten waren; zu früh abbrechend und seltsam unerlöst erschien ihr Weg, als dass man achtlos an ihm vorübergehen könnte. Was im einzelnen genau die besondere Form der Beunruhigung auslöst, die mit dieser Lebensgeschichte verbunden ist, blieb bisher schwer zu sagen; offenkundig und deutlich aber war, dass das unendlich ernste und existentielle

Anliegen, das in der Seele dieser jugendlichen Ärztin auftrat, in die entscheidende letzte Lebensphase von Rudolf Steiner fiel, in eine Zeit hoher Dramatik – auch in eine Entscheidungszeit für den künftigen Weg der anthroposophischen Medizin. Helene von Grunelius hatte zentrale Unterredungen mit Rudolf Steiner und begriff wie wenige andere Menschen – auch ausgesprochen wenige andere Menschen unter den anthroposophisch orientierten Ärzten und Medizinstudenten –, was in und zwischen Steiners Kursen auf dem Spiel stand, in esoterisch-spiritueller und sozialer Hinsicht. Darin wurde sie selbst von ihren engeren Freunden und Mitstreitern nur begrenzt verstanden. Ebenso offensichtlich ist, dass der gravierende Verfall der anthroposophischen Zusammenhänge in den Jahren nach Steiners Tod den weiteren Weg Helene von Grunelius' wesentlich mitbestimmte. Insbesondere das denkwürdige und ebenso irritierende Schicksal des großen Eugen Kolisko scheint eng mit dem ihren in Verbindung zu stehen – Kolisko, mit dem sie in Stuttgart und Unterlengenhardt intensiv zusammengearbeitet hatte, der sechs Monate vor ihrem Tod überraschend nach England emigriert war und nur drei Jahre später ebenfalls unvermutet verstarb.

Der mir durch den Neffen von Helene von Grunelius, Jan Grunelius, anvertraute Nachlass sowie zahlreiche Dokumente aus dem Ita Wegman Archiv gestatten gegenwärtig keine eigentliche Biographieschreibung des Lebens von Helene von Grunelius, wohl aber eine erste gründliche Sichtung, die auf den engeren Kontext von Steiners Kursen über die «Moral des medizinischen Studiums und der Praxis (esoterisch und exoterisch)» und die an diesen Kursen beteiligten Menschen bezogen ist. Nach Madeleine von Deventers wegweisenden Worten war Helene von Grunelius die *«Seele»* des Kreises dieser so jungen, suchenden Medizinstudenten und gerade approbierten Ärzte. Sie, Helene von Grunelius, steht ganz im Mittelpunkt der hier vorgelegten kleinen Schrift – dennoch wird in begrenztem Umfang und in einer andeutenden Geste versucht, auch die weitere Atmosphäre der Kurse etwas zum Vorschein kommen zu lassen, ihren Inhalt sowie die Situation der

Hörer, ihre Sorgen, Nöte, Sehnsüchte und Hoffnungen. Wie jung und überfordert diese Menschen tatsächlich waren, aber auch welche Entschiedenheiten in manchen von ihnen lebten, soll zumindest exemplarisch deutlich werden, auch wenn dies *keine* umfassende Monographie über die «Jungmediziner»* und die spirituellen Hintergründe der für sie gehaltenen Kurse ist, die eines nicht zu fernen Tages unbedingt erarbeitet werden sollte. Aber bereits die zwischen den Einzelnen gewechselten, teilweise bis heute bewahrten und daher in dieser Studie über Helene von Grunelius auszugsweise mitzitierten Briefe sprechen ihre eigene, bemerkenswerte Sprache – und dies trotz der ebenso bestehenden und auf den ersten Blick durchaus befremdlichen Tatsache, dass zahlreiche der mithandelnden Persönlichkeiten des «Jungmedizinerkreises» sich Jahrzehnte später kaum mehr an die genaueren Umstände der Kurse oder auch nur an die Qualität ihrer inneren Dynamik erinnern konnten. – Durch manche der persönlichen Schreiben, die damals untereinander und oft mit Helene von Grunelius gewechselt wurden, weht eine Intensität, die sich offenbar einer besonderen Lebensphase und der direkten Begegnung mit Rudolf Steiner und Ita Wegman verdankte und die von vielen im weiteren biographischen Fortgang so nicht zu halten und produktiv weiterzuverwandeln war.

Indes sind die damit zusammenhängenden Fragen sehr wahrscheinlich noch sehr viel tiefer gehend und betreffen das gesamte Schicksal der – von Rudolf Steiner wiederholt und eindringlich beschriebenen – Generation von jungen Menschen, die sich zu Beginn des 20. Jahrhunderts auf den Weg gemacht hatte und auf ein «lichtes Zeitalter» zugegangen war – in gewisser Weise aber im 20. Jahrhundert nicht wirklich anzukommen vermochte, zumindest nicht im Sinne einer handelnden Gemeinschaft. Helene von Grunelius selbst scheint die Intensität und Aufgabenstellung ihrer Begegnungen mit Rudolf Steiner und die Dimension einer spirituellen Gemeinschaftsbildung nie aus den Augen verloren zu haben – aber auch ihr aufbrechender Weg wurde ganz offenbar mit Steiners Tod und den anschließenden Wirren verändert, nahm eigenartige Wendungen und endete früh und ausgesprochen einsam.

Möglicherweise kam darin auch ein dezidiert überpersönliches Schicksal zum Ausdruck, ein Aspekt, den Ita Wegman zumindest teilweise vor Augen zu haben schien, als sie den zitierten Brief an ihren holländischen Kollegen, den Seelenarzt Willem Zeylmans van Emmichoven, schrieb. Und Norbert Glas beendete seinen Nachruf auf Helene von Grunelius mit den Worten:

> In ihr lebte noch alle Kraft einer neuen Jugend; aber sie wurde immer wieder gehemmt durch die Resignation dieser Jugend. Verursacht aber war die Resignation von den unübersteigbaren Hindernissen, die sich den Gemeinschaften der Menschen auftürmten; in den kleineren, die zu inneren Fehden, in den ganz großen, die zu dem vergangenen Kriege geführt haben.[6]

*

Auf Einladung habe ich zuletzt in Unterlengenhardt und Arlesheim, an zwei zentralen Orten der Lebens- und ärztlichen Arbeitsgeschichte von Helene von Grunelius, über die mit ihrer schwierigen Vita verbundenen Zusammenhänge in vorläufigen Skizzen gesprochen. Einer – von mir anfangs deutlich widersprochenen – Bitte und Aufforderung meines ärztlichen Kollegen Reiner Penter folgend, lege ich diese Vortragsmanuskripte erstmals in erweiterter und überarbeiteter Form schriftlich vor. Viele Lebensspuren der – so Wegman – «außerordentlich wichtigen Persönlichkeit» von Helene von Grunelius fehlen bis heute, und so habe ich länger gezögert, diesen Schritt zu tun – denn wer weiß, ob nicht gerade die Lücken der dokumentierten Lebensgeschichte Entscheidendes zum Verständnis des Ganzen beitragen? Die kleine Ausarbeitung hat daher konsequent anfänglichen Charakter, und es besteht – positiv gesagt – die begründete Hoffnung, dass sie nach weiteren Funden in verschiedenen Nachlässen ehemals beteiligter Persönlichkeiten aus dem Lebensumkreis von Helene von Grunelius einmal in erweiterter Form wird neu erscheinen können. Ich habe mich jedoch schließlich davon überzeugen lassen, dass bereits die hier vorgelegten Materialien und aufgezeigten Bezüge eine wichtige Möglichkeit bieten, die eigenen Studien und den eigenen therapeutischen Umgang mit dem medizinischen Lebenswerk Rudolf Steiners, ja mit der anthroposophischen Heilkunst wesentlich vertiefen zu können, so dass diese erste, vorsichtige Publikation über die vielschichtigen Umstände der «medizinischen Jugendkurse» (Helene von Grunelius) gerechtfertigt erscheint.

Diese Rechtfertigung ergibt auch aus der Einsicht, dass – in genereller Wendung – die Lebenswege der Menschen in Steiners näherem Umfeld, die zum Schicksal seiner Kurse gehören, entschieden ernst zu nehmen sind; auf sie hin waren Steiners Vorträge formuliert, auf ihre ausgesprochenen wie unausgesprochenen Fragen war vieles Antwort. Die innerhalb anthroposophischer Kreise gegenwärtig vorfindbare Tendenz, diese Lebenstatsachen naiv oder zielbewusst aus den Augen zu verlieren, geht parallel zu der Neigung, sich von Steiners Primärwerk zu entfernen – in dem ebenso naiven wie fatalen Glauben, man könne oder müsse gar auf dasselbe verzichten, modernistisch und einer unbedingten – indes tatsächlich *sehr* bedingten – «Aktualität» verpflichtet. Schreibt sich diese Entwicklung weiter fort, so werden die Folgen unabsehbar sein und die Qualität der anthroposophischen Arbeit progredient zerrütten, bis zur schleichenden Selbstauflösung. Die Besinnung auf eine ringende Gestalt wie Helene von Grunelius im Umkreis von Steiners «Jungmediziner»-Kursen setzt dagegen leuchtende Akzente, ja, bildet geradezu eine lichte Fackel.

Mein persönlicher Dank gilt insbesondere Jan Grunelius für die Hilfe bei der Suche nach wichtigen Dokumenten sowie Christoph Oling für die Möglichkeit zur Veröffentlichung der kleinen Schrift im Natura Verlag; weiter Michaela Glöckler und der Medizinischen Sektion am Goetheanum, in deren Zusammenhang ich gegenwärtig an Grundlagenstudien zur Medizin Rudolf Steiners arbeite und unter anderem kommentierte Neueditionen der Ärztekurse vorbereite – so auch jener Vortragsfolgen für die «jungen Mediziner», die Rudolf Steiner im Januar und April 1924 hielt und in deren Kontext ich mich mit Helene von Grunelius zu beschäftigen anfing. Schließlich sei aber auch all jenen Menschen gedankt, die die Arbeit des Ita Wegman Archivs in Arlesheim unterstützen und am Auf- und Ausbau eines Ortes mitwirken, an dem die Spuren der in dieser Monographie verzeichneten Vorgänge bewahrt werden – mit eindeutigem Blick auf die Zukunft.

Dornach/Arlesheim, Epiphanias 2003 *Peter Selg*

* Soweit aus den Dokumenten ersichtlich, sprach Rudolf Steiner nie von «Jungmedizinern» – ebenso wenig wie Ita Wegman oder Helene von Grunelius –, sondern stets von den *«jungen* (oder *jüngeren*) *Medizinern und Medizinstudierenden»*. Auch der Buchtitel der Kurse in der Rudolf Steiner-Gesamtausgabe («Meditative Betrachtungen und Anleitungen zur Vertiefung der Heilkunst») stammt dezidiert *nicht* von Steiner, sondern von dem späteren Herausgeber Hans W. Zbinden. Nach Guenther Wachsmuth (vgl. Anm. 76) hatte zumindest der erste Kurs den – originär auf Steiner zurückgehenden, in sich völlig stimmigen und zutreffenden – Titel: *«Moral des medizinischen Studiums und der Praxis (esoterisch und exoterisch)»*.

Also Maddy, behalt nur guten Mut; denn, wenn Du das fertigbringst, die innere Begeisterung hindurchzutragen durch die Zeit, wo Du noch in den Kliniken arbeiten musst, dann hast Du Dir eine starke treibende Kraft errungen, dann bist Du viel enger noch verbunden mit der Anthroposophie. Versuche doch auch, wie ich es diesen Sommer in Frankfurt gemacht habe, wo ich so unglücklich war, weil ich von Tag zu Tag merkte, wie ich innerlich gelähmt u. meine Kräfte abgetötet wurden, wie alles um mich u. in mir sich verdunkelte. Da habe [ich] denn immer gedacht: wenn ich nur dieses Leiden, diese Kreuzigung des Christus bewusst u. tief mitleiden könnte, um einen Impuls in mir zu bekommen, für die Erlösung zu kämpfen. Und ich erlebte dann auch wirklich, was es heißt, am Studium der Naturwissenschaft kann man den Impuls bekommen für Geisteswissenschaft. Von dieser Zeit an wusste ich erst, was Begeisterung ist und was für eine wirkliche Kraft sie ist.[7]

Als Helene von Grunelius diese Briefzeilen an ihre Freundin, die zwei Jahre jüngere Medizinstudentin Madeleine van Deventer, ins holländische Utrecht sandte, war sie selbst 26 Jahre alt und stand – mit Promotionsarbeiten befasst – am Ende ihrer akademischen Studienzeit.

Ein fünfjähriger universitärer Weg lag hinter ihr, den sie unmittelbar nach dem Kriegsende in der Schweiz, später aber vornehmlich in Tübingen und Frankfurt absolviert hatte. Die im Sinne des strengen naturwissenschaftlichen Materialismus gehaltene und zudem weitab von allen sozialen Fragen und Verbindlichkeiten sich bewegende Ausbildung bereitete ihr Qualen; dennoch schritt sie hindurch.

Das Schlossgut in Kolbsheim

Die Anthroposophie hatte Helene von Grunelius früh gefunden, und sie gehörte zu dem Reichtum, den sie in direktem Kontakt ihrem großzügigen, fördernden Elternhaus verdankte. Aufgewachsen im Elsass, teils auf einem Schlossgut nahe Straßburg, teils an anderen Orten in schöner Landschaft, dreisprachig erzogen und inmitten einer großen, sich gegenseitig sehr zugewandten Kinderschar lebend, hatten ihre theosophisch interessierten Eltern für die damals zwölfjährige Tochter und zwei ihrer Geschwister eine Erzieherin eingestellt, die die Anthroposophie mit sich brachte.

Julia Charlotte Mellinger war selbst erst 29 Jahre alt, als sie 1909 in das Haus Grunelius kam; sie hatte Vorträge Rudolf Steiners gehört, studierte intensiv die Anthroposophie und bildete in vielem eine freundschaftliche Brücke. Helenes zwei Jahre ältere Schwester Elisabeth, die bereits 1914 ihr staatliches Kindergärtnerinnen-Examen in Bonn abschloss, konnte so bereits im Ersten

Helene von Grunelius (o. J.)

Weltkrieg persönlich über achtzehn Monate am entstehenden Goetheanum mitarbeiten.

Zu dieser Zeit besuchte Helene zusammen mit ihrem Bruder Andreas – und in gemeinschaftlichem Wohnen mit Fräulein Mellinger – noch ein Gymnasium in Straßburg und verbrachte die Sommerferien nach wie vor auf dem Schlossgut in Kolbsheim, arbeitete in dessen Gärten, schrieb viele Briefe und unternahm Wanderungen. Es war eine ausgesprochen beschützte, geborgene Kindheit in bereits unruhiger, umbrechender Zeit – studiert man die erhaltenen Korrespondenzen Helenes mit ihren Geschwistern, Freunden und Verwandten aus diesen Jahren, so werden weder die Schrecken des Krieges noch existentielle Jugendsorgen vernehmbar. Eindrückliche Kindheitskräfte bewahrten das initiative Mädchen, ein strahlender, heller Humor, die absolute Verlässlichkeit der Familie und der geschwisterlichen Freundschaften, vielleicht auch anderes.

Vieles wandelte sich dann nach dem Abschluss der Schule und dem Ende des Weltkriegs im Herbst 1918, obwohl Helene in späteren Studien- und dann auch Arbeitsjahren in Tübingen, Frankfurt und Stuttgart erneut mit Andreas und Julia Mellinger (die beide Staatswissenschaften studierten) zusammenwohnte. Über die erste Zeit nach dem Ende des Krieges an einer Schweizer Universität hieß es 1920 in einem rückblickenden Brief an die Schwester Marie, die Geld für den Lebensunterhalt übersandt und Helene eine Rückkehr in die kriegsverschonte Schweiz nahegelegt hatte: *Dann ist es sehr lieb von Dir, aber [wieder] in die Schweiz zum Studieren gehe ich auf keinen Fall. Ich habe vom Herbst 1918–1919 genug durchgemacht, um nicht damit wieder anfangen zu wollen; ich ziehe dann entschieden das Hungern vor. Es kann sich ja niemand vorstellen, wie schrecklich es war, der es nicht selbst durchgemacht hat. Wenn es hier [in Tübingen] nicht geht mit studieren, dann tue ich eben was anderes, z. B. – wie Du mir vorgeschlagen hast – bei Dir arbeiten. Auf alle Fälle studiere ich so lange es geht, d. h. ich fange an u. wenn ich nicht durchhalten kann bis Ende des Semesters, so kann ich immer vorher weggehen.*[8] Es waren Jahre der intensiven Not und des Chaos, die ein rasches, abruptes Ende der Kindheit mit sich gebracht hatten. Helene von Grunelius war in dieser Zeit mit erstem Nachdruck aufgewacht – für die Notwendigkeit anstehender, gesamtzivilisatorischer Veränderungen und des eigenen, initiativen Einsatzes. Ende Februar 1920 trat sie, zweiundzwanzigjährig, in die Anthroposophische Gesellschaft ein und nahm bald mit wachster Aufmerksamkeit an allen Stuttgarter Entwicklungen teil. So erlangte sie nach zwei interessanten Gesprächen mit dem promovierten Physiker und Leiter des Forschungsinstituts des «Kommenden Tages», Rudolf Maier, die spontane Erlaubnis, an Rudolf Steiners – nur wenige Tage später beginnendem – «Wärme»-Kurs für das Stuttgarter Lehrerkollegium der Waldorfschule teilnehmen zu können.[9] Auch erhielt sie von der Stuttgarter Zweigleiterin Clara Smits noch am Tag ihrer Aufnahme eine Mitschrift von Steiners großem medizinischen Kurs über «Okkulte Physiologie» aus dem Jahre 1911.[10]

In einem Brief an die Schwester Marie hieß es:

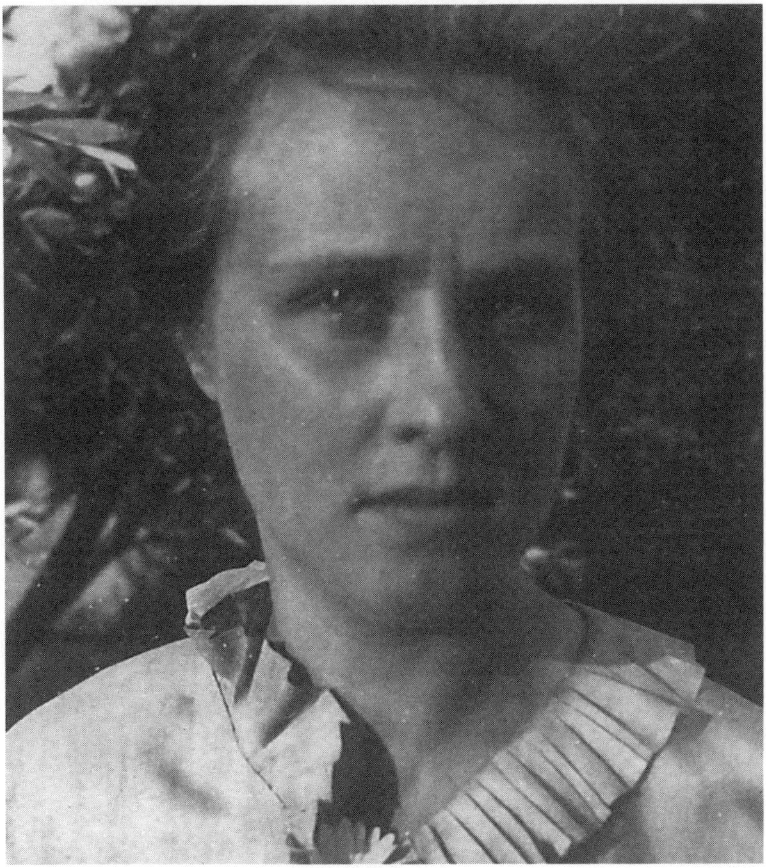

Helene von Grunelius (o. J.)

Von Fr. Smits erbettelte ich den Prager Cyclus über Physiologie, indem ich mich anbot, ihn abzutippen (da es ein sehr unleserlicher Durchschlag ist). Ich freue mich furchtbar, ihn zu lesen. Vorher muss ich 2 Aufsätze von Dr. Maier über erkenntnistheoretische Gebiete studieren. Wenn ich sie zurückbringe, morgen od. übermorgen, will ich ihn noch verschiedenes darüber fragen, auch ist mir manches in seinen Ausführungen nicht klar. Es ist recht interessant, mit ihm zu sprechen.[11]

Mit einer entsprechenden Direktheit und Frische, mit Charme und selbständiger Urteilskraft beobachtete Helene von Grunelius alles Weitere – die Vorgänge an der gerade erst ein halbes Jahr alten Waldorfschule (in der sie Herbert Hahns öffentliche Einführungsvorträge hörte), Koliskos bald darauf beginnende Bemühungen um die Bekämpfung der Maul- und Klauenseuche (unter anderem in Dischingen, wo ihre Schwester Marie wohnte und landwirtschaftlich arbeitete), insbesondere aber den am 21. März in Dornach beginnenden ersten Ärztekurs Rudolf Steiners, an dem Helene von Grunelius als eine von insgesamt 14 Medizinstudenten teilnahm, darunter auch Madeleine van Deventer und deren Bruder Henk, die sie beide dort näher kennenlernte.

Ihr Vater kaufte zu diesem Zeitpunkt ein großzügiges Holzhaus an der Grenze von Dornach nach Arlesheim *(«Das Häuschen ist übrigens sehr nett u. es lebt sich sehr gut zusammen darin.»[12])*. Von nun an hatten Helene und ihre Geschwister und Freunde eine feste Unterkunft in der Schweiz und einen verlässlichen Ausgangspunkt für das Mitverfolgen aller Aktivitäten rund um Steiner und das Dornacher Goetheanum. Als dessen Eröffnung im Herbst 1920 vollzogen wurde, war Helene von Grunelius dabei, und den kritischen Aufruf des anthroposophischen Hochschulbundes zu grundlegenden wissenschaftlichen Reformen – in dem es unter anderem hieß: «Die Medizin und die Naturwissenschaften verkommen in geistlosem und zusammenhanglosem Tatsachensammeln, die aus Ungeist geboren, keinen Zugang finden zu den Problemen des organischen Lebens und zu den Sehnsuchten, die im Menschenherzen nach befreiender Weltanschauung leben. Das gesunde und kranke Menschenwesen bleibt uns verschlossen, weil von der Natur zum Menschen keine Brücke geschaffen wird»[13] – unterzeichnete sie mit Selbstverständlichkeit.

Beide Ansprachen Steiners zu den in Dornach versammelten knapp zweihundert Studenten gingen ihr nah; sie brachten etwas zu Wort, was kraftvoll in ihr selbst lebte und zum Vorschein kommen wollte. Steiner analysierte in ihnen nicht nur überzeugend die Unzulänglichkeiten des gegenwärtigen universitären Ausbildungssystems, das Diktat des Staates und seines aufoktroyierten, an der medizinischen Wirklichkeit vollständig vorbeigehenden Prüfungswesens («Und schließlich ist es schon weit fortgeschritten, dass wir aus der Juristenfakultät eine Beamtenschule für den Staat, aus der medizinischen Fakultät ein Bestreben hervorkommen sehen, welches darauf hinausgeht, auch den Heiler der Menschen zu einem bloßen Rad im Staatsbetriebe zu machen.»[14]), sondern sprach sich klar dafür aus, dass die vor ihm sitzenden jungen Leute nicht in der Kritik verharren («Selbstverständlich wird es darauf ankommen, dass nun nicht einfach in die Welt hinausgestellt wird ein Aufruf in Worten. Meine sehr verehrten Kommilitonen, ich habe im Laufe meines Lebens viele Aufrufe erlebt. Und ich weiß, dass Aufrufe nichts bedeuten, wenn nicht die Menschen hinter ihnen stehen, für deren Wollen im Grunde genommen solch ein Aufruf doch nur ein Äußeres, sogar ein äußerliches Ausdrucksmittel ist.»[15]), sondern als begeisterungsfähige Studentenschaft initiative und konsequent gemeinschaftliche Keime für einen Neuanfang setzen sollten. Am Ende seines zweiten Dornacher Studenten-Vortrages sagte er:

> Was wir brauchen, ist nichts anderes als wirklichen Mut und einen freien Blick in die Welt hinein. Warum sollten wir es nicht zustande bringen, mit jugendlichen Kräften wirklich auch diejenigen Dinge zu überwinden, die überwunden werden müssen, weil sie doch mit aller Signatur der alten Zeit in unsere Zeit hineinragen und uns beugen wollen? Wir dürfen uns nicht beugen lassen. Wir müssen heute einsehen, dass wir auf des Messers Schneide tanzen, man kann auch sagen: auf einem Vulkan tanzen. Es ist nicht so, meine lieben Kommilitonen, dass die Dinge so fortgehen werden, wie sie jetzt gehen. Wir gehen sehr, sehr traurigen Zeiten entgegen. Aber wir können diesen traurigen Zeiten abhelfen dadurch, dass wir mit Mut und Energie in diese Zeiten hineinwachsen. Und ich glaube, darin kann Ihnen schon Geisteswissenschaft, Anthroposophie eine Stütze sein. Sie kann jedem eine Stütze sein.
>
> Ich bitte Sie zum Schlusse nur: Treiben Sie die Dinge nicht partikularistisch, sektenmäßig, sondern im weitesten Stile. Schließen Sie niemand aus, sondern schließen Sie alle ein, die mitarbeiten wollen. Es kann nichts anderes ausschlaggebend sein als lediglich der Wille, dass jemand ehrlich in unserer Richtung mitarbeiten will, in derjenigen Richtung, die uns durch das Hineinwachsen in wissenschaftliche Berufe vorgezeichnet ist. Mir scheint wirklich, meine lieben Kommilitonen, dass nach dieser Rich-

tung hin nicht mehr weiter gesündigt werden darf. Wir müssen weitherzig sein. Wir müssen jeden als sehr willkommenen Mitarbeiter betrachten, der ehrlich mit uns arbeiten will. Wir dürfen keinen Unterschied zwischen Mensch und Mensch aufkommen lassen, sondern wir müssen jeden mitarbeiten lassen, der einfach den Willen hat, mitzuarbeiten.[16]

*

Ab dieser Zeit war Helene von Grunelius in einer anthroposophischen Studentengruppe in Frankfurt tätig, nahm aktiv an den Vorbereitungen zum «Darmstädter Hochschulkurs» im Juli des Folgejahres und zuhörend an vielen weiteren Veranstaltungen teil; parallel dazu vertiefte sie ihre eigenen anthroposophischen Studien und rang weiter mit der universitär gelehrten Medizin. Viele der anthroposophischen Ärzte lernte sie in dieser Zeit näher kennen, besuchte Steiners zweiten Ärzte- und ersten Heileurythmiekurs in der Osterzeit des Jahres 1921 und verfolgte die beiden Klinikgründungen in Arlesheim und Stuttgart wenige Monate später mit größter Aufmerksamkeit. Immer wieder, in allen Ferienzeiten und bei jeder sich bietenden Gelegenheit, war sie in Dornach/Arlesheim und in der unmittelbaren Nähe Rudolf Steiners präsent. Wie auch ihr Bruder Andreas, der zahlreiche Einzelgespräche mit Steiner hatte, ihn oft fuhr und begleitete, zunehmend vieles aus nächster Nähe miterlebte und zusammen mit Julia Mellinger zu der kleinen Gruppe von jungen Menschen gehörte, die Steiner erfolgreich um den «Nationalökonomischen Kurs» baten[17], und wie ihre Schwester Elisabeth, die von Steiner direkt bezüglich des Aufbaues eines Waldorfkindergartens an der Stuttgarter Schule angesprochen wurde, verfügte Helene von Grunelius zu diesem Zeitpunkt über einen relativ unvermittelt-unkomplizierten Zugang zu dem großen Lehrer. Zugleich war sie mit vielem, was sie seit Anfang 1920 in den engeren anthroposophischen Zusammenhängen erlebte, nicht wirklich einverstanden. In steigendem Maße vermisste sie zumindest bei den älteren, erfahrenen Mitgliedern den von Steiner so dringlich beschriebenen Elan, den echten Willensentschluss und die Bereitschaft, wirklich konsequente Neu-

Zweiter Ärztekurs (April 1921). Pfeil: Helene von Grunelius

anfänge zu machen, gerade auch mit Blick auf die sozialen Verhältnisse der Zeit. In einer späteren Lebensskizze hieß es über sie: «Sie fühlte eine große Kluft zwischen sich und den ‹Alten›. Aufrichtig und wahrheitsliebend, wie sie war, hielt sie auch niemals damit zurück. Sie zögerte auch nicht im geringsten, ihr Unbefriedigtsein über alle ‹Wissenschaftlichkeit› zu zeigen. Sie interessierte sich für das Leben von Menschen, wie sie besser miteinander auskommen könnten – aber Theorien waren ihr gleichgültig. Selbst die Grundlagen anthroposophischer Medizin, wie sie in den ersten Kursen Rudolf Steiners hingestellt sind, waren ihr fast noch zu viel ‹Kopfwissen› und zu wenig sozial wirksam. [...] Helene hatte eine absolut hingebungsvolle Liebe für Rudolf Steiner – aber sie zögerte keinen Augenblick zu sagen, was sie nicht verstand, ja, was sie falsch fand. Gerade diese Aufrichtigkeit schätzten wir alle sehr, und Rudolf Steiner hörte ihre Einwände an. Er gab ihr auch in liebevoller Art seinen besonderen Rat.» (Norbert Glas[18])

Helene von Grunelius war nicht der einzige Medizinstudent und nicht der einzige junge Mensch in der anthroposophischen Bewegung, der trotz aller Freude über die zustande gekommenen Aktivitäten und Steiners nicht endende Fülle von überreichen Vorträgen viele interne Situationen zu Beginn der 20er Jahre mit Sorge betrachtete. Zwar sprach Grunelius sich in ihrem Urteil am deutlichsten und kompromisslosesten aus, doch diskutierten auch andere Freunde mit ihr über diese Zusammenhänge, gerade auch hinsichtlich der Medizin. Der Aspekt der wissenschaftlichen Brükkenbildung zu den Denkformen der Schulmedizin war diesen jungen Menschen weitgehend fremd; sie hatten mehrheitlich und im Unterschied zur Generation der älteren Mediziner an ihren universitären Ausbildungsgängen gelitten, waren tief unbefriedigt von dem, was ihnen an den Hochschulen entgegengekommen war. Sie suchten in durchaus radikaler Weise einen wirklichen Neuanfang und erlebten eine zu große, bedachtsame Zaghaftigkeit in den Reihen der erfahrenen anthroposophischen Ärzte, trotz des Respekts, den sie vor dem Wissen und der Bildung eines Friedrich Husemann oder Felix Peipers hatten. Und dennoch: von Steiner war deutlich

Helene von Grunelius zu Studienzeiten (o.J.)

gesagt worden, welche initiativen Neuansätze er für notwendig hielt – wo geschahen sie nun wirklich, wer unternahm sie und wo griffen sie wahrnehmbar in die Zivilisation ein? Der erste große naturwissenschaftliche Kurs, den Helene von Grunelius in Stuttgart von Steiner gehört hatte, war um die Neufassung und spirituelle Vertiefung des *Wärme*-Begriffes zentriert gewesen. Zusammen mit Madeleine van Deventer, aber auch im selben Raum mit Willem Zeylmans van Emmichoven und Ita Wegman war sie dann dabeigewesen, als Steiner drei Monate nach der Eröffnung des ersten Goetheanum und wenige Tage vor Weihnachten drei beeindruckende Vorträge in Dornach gehalten hatte, in denen er die Bildung moralischer, bis in den *Wärmeorganismus* des Menschen reichender Ideen in höchster Konkretion als weltenschöpferische Lebenskeime beschrieben hatte. «Theoretische Ideen», so Steiner, würden dagegen realiter erkaltend und letztlich ertötend, lebensauslöschend auf die Schöpfung wirken.[19] Was hieß und bedeutete all dies für eine Neufassung der Medizin, ja des ganzen ärztlichen Denkens und Tuns? Wie konnte eine Medizin begründet werden, die einen – wie Steiner bei der Eröffnung des Goetheanum selbst gesagt hatte – wieder zum «Heiler» der Menschen werden ließ? Existierte nicht die reale Gefahr, dass man der «Schulmedizin» letztlich selbst unterliegen, und am Ende gar die Inhalte der ersten beiden Ärztekurse von 1920 und 1921 in ebenso «theoretischer Weise» weiterbehandeln würde? Diese und ähnliche Fragen bewegten Helene von Grunelius und viele ihrer Freunde aus der jüngeren Generation der Anthroposophischen Gesellschaft, in Sorge über die Zukunft des mit Steiner verbundenen geistigen Impulses, oft genug aber auch in Verärgerung über das konservative Gebaren vieler älterer Anthroposophen, die in ihrer überwiegenden Mehrzahl wenig Verständnis für die drängende Dynamik der Jüngeren zeigten. Rudolf Steiner dagegen sprach in diesen Jahren wiederholt und mit großer innerer Zustimmung über die besonderen spirituellen Bedingungen, aus denen heraus die Generation von Helene von Grunelius angetreten war, sprach davon, dass «durch einen Großteil der gegenwärtigen Jugend im tiefsten Unterbewusstsein eigentlich ein Zug lebt von einem merkwürdig gründlichen Verständnis dafür, dass ein großer, erdbebenartiger Umschwung in der ganzen Entwickelung der Menschheit sich vollziehen muss»[20] und sagte zu den fast hundert jungen, anthroposophisch orientierten Menschen, denen er Anfang Oktober 1922 einen eigenständigen Kurs in Stuttgart hielt, bereits in seiner Eröffnungsansprache:

> Es ist ganz richtig, dass dasjenige, was Sie zusammengeführt hat, in den Tiefen Ihrer Seelen zu suchen ist. Diese Tiefen sind wirklich von Kräften erfasst worden, die in der ganz besonderen Art, in der sie heute wirken, jungen Datums sind. Man kann sagen, dass diese Kräfte, in der Art, wie sie gerade in Ihnen wirken, kaum älter sind als das Jahrhundert; aber es sind Kräfte, die schon heute für denjenigen, der sie zu sehen vermag, sich sehr deutlich offenbaren, und die immer deutlicher in der allernächsten Zukunft zum Vorschein kommen können. Wir werden diese Kräfte und die ihnen vorausgegangenen, entgegengesetzten, das Veraltete vom letzten Drittel des neunzehnten Jahrhunderts, in den nächsten Tagen recht innerlich zu charakterisieren versuchen.[21]

*

Wenige Tage nach dem Ende dieses «Pädagogischen Jugendkurses» begann Helene von Grunelius am 19. Oktober 1922 die umfangreichen Prüfungen zur Ablegung ihres Frankfurter Staatsexamens *(«Ich werde heilfroh sein, wenn ich die 6 Wochen hinter mir habe und dann endlich an die wirkliche Arbeit gehen kann»[22])* – zeitgleich kamen in Stuttgart viele interessierte Ärzte zur ersten öffentlichen Großveranstaltung des dortigen Klinisch-Therapeutischen Institutes zusammen, einer Veranstaltung, auf der Friedrich Husemann, Ludwig Noll, Eugen Kolisko, Otto Palmer, Felix Peipers und Siegfried Knauer die medizinischen Fachreferate hielten. Da er zuletzt noch einmal eindringlich gebeten worden war, kam schließlich auch Rudolf Steiner zu vier eigenen Vorträgen erneut von Dornach aus hinzu, zu Darstellungen, von denen er gerne gesehen hätte, dass sie von den Ärzten selbständig formuliert worden wären («Eigentlich war es nicht meine Absicht, innerhalb dieser ärztlichen Veranstaltung zu sprechen [...].»[23]). Steiners höflich-kritische Worte besaßen eine grundlegende, intentionale Bedeutung. Seit langem erwartete er die fachwissenschaftliche Vertretung der anthroposophischen Medizin von jenen Ärzten, denen er seit nunmehr fast zwei Jahrzehnten zahllose Hilfestellungen eröffnet hatte. Entsprechende Initiativen aber waren bisher weitgehend ausgeblieben, wohingegen er selbst immer wieder zu neuen Vorträgen gebeten wurde. Das seit Sommer 1920 von den Ärzten erfragte «Vademecum» der anthroposophischen Heilkunst und damit die öffentliche Vertretung einer neuen medizinischen Denkweise war in keiner Weise ausgearbeitet worden; statt dessen erlebte Steiner versteckte Kritik an den von ihm geschätzten, mutvollen Pionierstudien Lilly Koliskos und wiederholtes, umständliches Nachfragen bei ihm selbst, kaum hatte er Hinweise für die Entwicklung neuer Heilmittel und -wege gegeben, die in selbständiger Initiative weiter auszuarbeiten waren.

Aber noch weitere Menschen mit zumindest gemischten Empfindungen fanden sich zu der Tagung des Stuttgarter Klinisch-Therapeutischen Institutes ein – so die mittelgroße Gruppe der anthroposophischen Medizinstudenten, die teilweise bereits an den Jugend-Vorträgen der Vorwochen teilgenommen hatten. In Abwesenheit Helene von Grunelius' hörten die Studenten nun die Vorträge Rudolf Steiners und die Darstellungen der anthroposophischen Ärzte um Friedrich Husemann und Ludwig Noll – und besprachen sich untereinander. In dem späteren Bericht Madeleine van Deventers heißt es hierzu:

> Wir trafen uns öfters in den Stuttgarter Kaffees. Es kam dort zu intensiven Gesprächen. Schon lange war es uns klar, dass die Art, wie Rudolf Steiner die medizinischen Vorträge hielt, zwar die Erkenntnisbedürfnisse befriedigte, aber nicht unser Menschentum erfüllen konnte. In Gesprächen mit den Ärzten der Stuttgarter Klinik hatten wir wiederholt angeregt, dass man Rudolf Steiner um weitere Kurse bitten solle, die gerade den mehr menschlich-moralischen Aspekt berücksichtigen würden. Die Antwort war: «Das können wir nicht, denn wir haben das bisher Gegebene noch nicht ausgewertet.» Worauf wir antworteten: «Darauf können wir nicht warten. Wer weiß, wie lange Rudolf Steiner noch unter uns sein kann.» Mit dem sicheren Gefühl, das man gerade als junger Mensch hat, wussten wir, dass die Zeit seines Hierseins be-

messen war und dass es nicht wiedergutzumachen wäre, wenn nicht die Fragen an ihn herangebracht würden, die ihm ermöglichten, noch intimere Seiten des medizinischen Wirkens zu enthüllen. – Als wir erkennen mussten, dass der Weg über die «älteren Ärzte» zu nichts führte, beschlossen wir, uns direkt an Rudolf Steiner zu wenden. So kamen wir in den Gesprächen unter uns Studenten zu dem Entschluss, am Ende des Stuttgarter Kurses, an dem eine Fragenbeantwortung vorgesehen war, folgende Frage einzureichen: «Ist es nicht möglich, uns Studenten noch während unseres Studiums einen Weg zu zeigen zum anthroposophischen Arzttum?» Der Fragezettel wurde vom Diskussionsleiter ignoriert. Er wirbelte buchstäblich unter den Tisch. Rudolf Steiner fragte: «Was ist das für ein Zettel?» Darauf erhielt er die Antwort: «Das ist eine Frage von einigen Studenten.»
Da blieb uns nur der Weg, uns direkt an Rudolf Steiner zu wenden. Nach Abschluss der Diskussion baten wir um ein Gespräch und wurden am nächsten Tag bestellt. Von all den fünfzehn Studenten waren es nur vier, die sich am nächsten Tag vor der Wohnung Rudolf Steiners in der Landhausstraße einfanden (am 29. Oktober 1922). Es waren Manfred von Kries, Heinrich Hardt, Maria Hachez und ich.[24]

Das anschließende Gespräch mit Rudolf Steiner hielt Manfred von Kries in einem bald nach dem Treffen verfassten Protokoll mit den Worten fest:

> Dr. Steiner kam sofort [von der Wohnung im oberen Stock] herunter, so schnell, dass ich gar keine Zeit mehr hatte mir zu überlegen, was ich sagen sollte. Außerdem war Hardt in einer recht flauen Stimmung. Nun, ich legte also los, irgendwie musste es ja werden. Ungefähr dies sagte ich: Es hat sich unter einigen von den jüngeren Medizinern herausgestellt, dass sie sich in durchaus anderer Weise zu der anthroposophischen Medizin verhalten als die Älteren. Es kann für uns nicht genug sein, dass wir in wissenschaftlicher Arbeit eine neue Medizin schaffen, sondern wir müssen diese ganze Wissenschaft zurücktreten lassen vor dem rein menschlich Sich-vervollkommnen-Müssen. Wir können nicht wie die Älteren erst die Methode üben und dann an den Menschen herangehen, sondern wir müssen umgekehrt gehen. Es hat viel mehr hinter unserer Frage gestanden, die in der Diskussion gestellt wurde, als dort daraus gemacht wurde. Es genügt eben für uns Jüngere nicht, dass wir uns ein Heft anschaffen, [und] auf die eine Seite das schreiben, was die Professoren sagen, und auf die andere Seite das, was die Anthroposophie dazu zu sagen hat. Denn wir stehen nicht nur vor der Notwendigkeit, eine neue Wissenschaft schaffen zu müssen, sondern wir müssen im

P r o t o k o l l
eines Gespräches mit
R u d o l f   S t e i n e r
am 29. Okt. 1922.

....

Wir waren nur noch vier, als wir am Sonntag zu Dr. Steiner gingen: Frl. Deventer, Frl. Haché, Hardt und ich.* Frl. Lam kam leider zu spät. (* ich = v. Kries)

Dr. Steiner kam sofort herunter, so schnell, dass ich gar keine Zeit mehr hatte mir zu überlegen, was ich sagen sollte. Ausserdem war Hardt in einer recht flauen Stimmung. Nun, ich legte also los, irgendwie musste es ja werden.

from here I

Ungefähr dies sagte ich: Es hat sich unter einigen von den jüngeren Medizinern herausgestellt dass sie sich in durchaus anderer Weise zu der anthroposophischen Medizin verhalten müssen als die Aelteren. Es kann für uns nicht genug sein, dass wir in wissenschaftlicher Arbeit eine neue Medizin schaffen, sondern wir müssen diese ganze Wissenschaft zurücktreten lassen vor dem rein menschlich sich-vervollkommnen-müssen. Wir können nicht wie die Aelteren erst die Methode üben und dann an den Menschen herangehen, sondern wir müssen umgekehrt gehen. Es hat viel mehr hinter unserer Frage gestanden, die in der Diskussion gestellt wurde, als dort daraus gemacht wurde. Es genügt eben für uns Jüngere nicht, dass wir uns ein Heft anschaffen, auf die eine Seite das schreiben, was die Professoren sagen und auf die andere Seite das, was die Anthroposophie dazu zu sagen hat. Denn wir stehen nicht nur vor der Notwendigkeit, eine neue Wissenschaft schaffen zu müssen, sondern wir müssen im weitesten Sinne erzieherisch und religiös hineinwirken in die ganze Kultur. Wenn ich ehrlich sein darf, so habe ich gerade bei den letzten Vorträgen von Ihnen eine gewisse Wut bekommen, dass man so wenig damit anfangen kann. Nicht, dass ich nicht wüsste, man könnte sich nicht durch die Schulung einmal so weit bringen, sie wirklich zu verstehen, aber die Vorträge waren eben mehr auf die älteren Aerzte zugeschnitten, und wir wollten Sie schon vorgestern bitten, ob es nicht möglich gewesen wäre, etwas hineinfliessen zu lassen, was mehr auf das Menschlich-Moralische eingeht, etwa so wie

Rat von Dr. Steiner transponieren.

Gesprächsprotokoll von Manfred von Kries

weitesten Sinne erzieherisch und religiös hineinwirken in die ganze Kultur. Wenn ich ehrlich sein darf, so habe ich gerade bei den letzten Vorträgen von Ihnen eine gewisse Wut bekommen, dass man so wenig damit anfangen kann. Nicht, dass ich nicht wüsste, man könnte sich nicht durch die Schulung einmal so weit bringen, sie wirklich zu verstehen – aber die Vorträge waren eben mehr auf die älteren Ärzte zugeschnitten, und wir wollten Sie schon vorgestern bitten, ob es nicht möglich gewesen wäre, etwas hineinfließen zu lassen, was mehr auf das Menschlich-Moralische eingeht, etwa so wie Sie in der Diskussion über Schwangerschaftsunterbrechung gesprochen haben. Wir haben auch daran gedacht, ob Sie zu uns nicht in ähnlicher Weise wie zu den Pädagogen sprechen könnten. So wie Sie dort über Allgemein-Menschliches von einem welthistorischen Gesichtspunkt gesprochen haben mit dem Unterthema Pädagogik, so, glaubten wir, könnten Sie zu uns über Allgemein-Menschliches sprechen mit dem Unterthema: Medizin. –
Dr. Steiner hatte so zugehört, wie er es nicht oft tut, und dann antwortete er ungefähr so: «Wenn Sie eine humanitäre Gruppe von Menschen bilden wollen, die in die Kultur hineinwirkt, wie die Pädagogen es wollen, so ist das ein Widerspruch in sich. Sehen Sie, bei den Pädagogen konnte ja die Pädagogik vollständig untergehen im Allgemein-Menschlichen, sie verschwand. Das geht bei Ihnen nicht. Sie können entweder sich als humanitäre Gruppe zusammenfinden mit allgemeinen Kulturaufgaben *oder* als Mediziner und Ärzte. Beides zusammen geht in dieser Form nicht. Sie dürfen die Medizin nicht über dem Menschlichen vergessen. Und dann sind ja auch die Pädagogen in einer ganz anderen Lage: sie sind durch ihren Beruf in viel stärkerem Zusammenhang geblieben mit dem lebendigen Menschen, mit dem Kinde, sie konnten durch ihre Betätigung dem Menschen gar nicht so fremd werden. Aber die heutige Universitätsmedizin ist völlig tot, völlig ohne Zusammenhang mit dem Menschen. Sie weiß überhaupt nicht mehr, was sie eigentlich tut, wenn sie sich mit einem Kranken beschäftigt.» –
«Ja, eben», sagte Hardt. «Ich meine, man müsste schon auf einer hohen Stufe der geistigen Erkenntnis stehen, wenn es einem gelingen soll, Positives aus diesem Negativen der Universitäten zu schöpfen. Aber man bekommt als gewöhnlicher Mensch einen solchen Ekel vor dem Unsinn und dem Zynismus, dass man gar nicht dazu kommt, auf das zu hören, was eventuell noch gut daran ist.»
«Es handelt sich bei Ihnen ja um ganz etwas anderes», sprach Dr. Steiner weiter. «Sie fühlen in sich eine große Kluft, über die Sie die Brücke finden müssen. Sie müssen die Brücke finden aus dem Medizinisch-Wissenschaftlichen zum Moralischen, zum Liebevollen. Sehen Sie, wenn ich z.B. von dem spreche, was ich die Wärmeorganisation des Menschen

nenne, so ist das ja für Sie zunächst eine Abstraktion. Aber Sie müssen eben die Brücke finden, diese Wärmeorganisation so zu erleben, dass Sie aus dem Erleben der Wärmedifferenzierungen der einzelnen Organe herüberfinden zum *Moralisch-Warmen*. Sie werden dazu kommen müssen, das, was man ein ‹warmes Herz› nennt, so zu erleben, dass Sie dieses warme Herz bis ins Physische hinein fühlen werden. Sie müssen den Weg finden aus dem Wissenschaftlich-Physiologischen zum Geistig-Moralischen und aus dem Geistig-Moralischen zum Physiologisch-Anatomischen. Eine solche Gruppe von Menschen, die ein ‹warmes Herz› haben und die bis ins Physische hinein wissen, wie das *Ich* in ihnen an der Wärmeorganisation arbeitet, die wird dann allerdings aus viel tieferen, warmen Kräften in ihre Umgebung hineinwirken können, die wird durch diese Liebeskräfte, die bis ins Physische hinein erlebt werden, auch Kultur-gestaltend wirken. Auf der andern Seite wird sich bei diesen Menschen allerdings auch zeigen, dass, wenn sie nun trotzdem heruntersinken ins Philiströse, ins Spießige, in ihnen dann die sklerotisierenden und andere Kräfte in ganz radikal zerstörendem Sinne wirken werden, viel zerstörender als bei den Anderen!
Darüber könnte ich natürlich gern zu Ihnen sprechen. Es müsste dann allerdings ein längerer Kursus werden, denn in ein paar Tagen lässt sich das nicht machen. Aber bringen Sie mir 50, 60, 70 junge Mediziner zusammen, die so eingestellt sind wie Sie, dann will ich Ihnen schon mehr davon sagen. Es müssten natürlich jüngere Mediziner sein, denn sehen Sie, zu den älteren Ärzten kann ich wirklich nicht von diesen Dingen sprechen. Aber bringen Sie mir 50, 60, 70 junge Mediziner zusammen – es dürfen aber nur Mediziner sein, nur jüngere, natürlich nicht schematisch nach dem Alter, denn es gibt ja auch noch alte Menschen, die jung sind. Nun, Sie verstehen ja, was ich meine –, bringen Sie mir die zusammen, dann will ich Ihnen einen Kursus halten, zu dem man vielleicht das Thema nehmen könnte: ‹Die Vermenschlichung der Medizin›.»[25]

Manfred von Kries studierte in Freiburg Medizin und war zum Zeitpunkt dieses Gespräches dreiundzwanzig Jahre alt; vor dem Beginn des Medizinstudiums hatte er am Ersten Weltkrieg teilgenommen und war schwer verwundet worden – wie auch der Mecklenburger Heinrich Hardt, der in Rostock studierte. Alle lasen sie – ebenso wie die Botanikstudentin Maria Hachez – seit einigen Jahren einzelne Schriften Rudolf Steiners und suchten nach einem tragfähigen inneren Weg. Sie waren noch keine «gebildeten», allseits erfahrenen Anthroposophen; dennoch spürten sie, dass bisher etwas Wichtiges unterblieben war, dass etwas fehlte und von Steiner – wenn auch in ungeschickten Worten – mit Nachdruck für die Medizin erfragt und erbeten werden sollte.

Helene von Grunelius wurde zügig vom günstigen, aussichtsreichen Resultat des Gespräches mit Rudolf Steiner unterrichtet und plante verantwortlich die nächsten Schritte; Manfred von Kries entschloss sich seinerseits, ein ganzes Semester seines Studiums zu opfern und sich auf die Suche nach weiteren Teilnehmern zu machen. Eine große, Umschau haltende Aktivität setzte ein – die von Steiner genannte und als Voraussetzung für einen Kurs bezeichnete Teilnehmerzahl («50, 60, 70 junge Mediziner») überstieg die bisherige studentische Gruppengröße bei weitem. Kries reiste umher, fuhr in viele deutsche Universitätsstädte und suchte Kommilitonen für den in Aussicht gestellten Kurs zu begeistern; Madeleine van Deventer dagegen sandte einen persönlichen Brief mitsamt den Kries'schen Gesprächsaufzeichnungen nach Holland an den mit ihr befreundeten Arzt Willem Zeylmans van Emmichoven, der ihr postwendend antwortete:

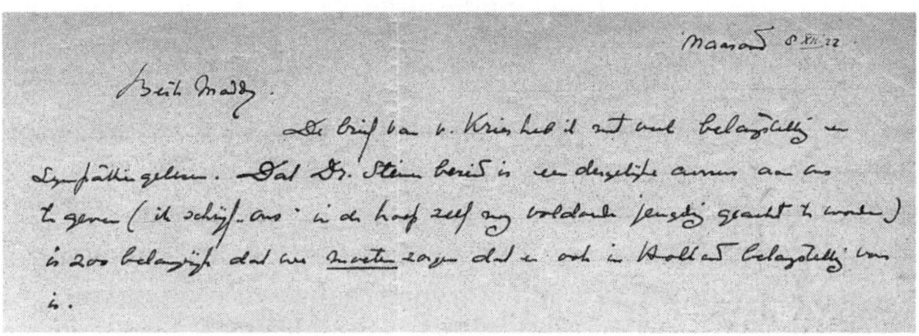

Liebe Maddy,
Den Brief von v. Kries habe ich mit viel Interesse und Sympathie gelesen. Dass Dr. Steiner bereit ist, einen derartigen Kurs für uns zu geben (ich schreibe in der Hoffnung, selbst noch für genügend jugendlich angesehen zu werden), ist so wichtig, dass wir einfach dafür sorgen müssen, dass auch in Holland Interesse dafür da ist.[26]

Der achtundzwanzigjährige Psychiater Zeylmans studierte seit zwei Jahren intensiv die Anthroposophie und hatte gerade begonnen, eine kleine anthroposophische Privatklinik in Den Haag zu eröffnen, mit großer Unterstützung und Beratung durch Ita Wegman und ausgeprägtem Zukunftsmut. Nach Madeleine van Deventer nahm er ab diesem Zeitpunkt «mit ganzem Herzen»[27] an den Vorbereitungen der Studenten Anteil und wurde ständig von van Deventer über den aktuellen Stand in Kenntnis gesetzt, da sie nach wie vor in Utrecht studierte. Eintreffende Kurs-Anfragen von potentiell interessierten, durch von Kries angeregten Studenten aber gelangten direkt zu Helene von Grunelius in Frankfurt und wurden von ihr «sorgfältig geprüft und gesiebt»[28]. So nahm alles seinen Anfang, in den letzten Wochen des Jahres 1922.

*

Kurz nach bestandenem Examen war Helene von Grunelius in der Weihnachts- und Silvesterzeit des Jahres 1922 mit ihrem Bruder Andreas in Dornach, hörte dort Steiners Vorträge über die Mysterien des Jahreslaufes und nahm an einer naturwissenschaftlichen Tagung am Goetheanum teil, in deren Rahmen Rudolf Steiner einen Kurs über den «Entstehungsmoment der Naturwissenschaft in der Weltgeschichte und ihre seitherige Entwickelung» abhielt.[29] So war sie auch in nächster Nähe, als das Goetheanum in der Silvesternacht in Flammen aufging und der völligen Zerstörung anheim fiel. Andreas Nikolaus Grunelius stand auf dem Dach der Schreinerei, die er fortwährend bewässerte, um wenigstens den provisorischen Ort der weiteren Arbeit und die große Christus-Plastik von Rudolf Steiner und Edith Maryon erhalten zu können; von dort oben sah er den Durchbruch der Flammen durch beide Kuppeln, das Schmelzen der Glasfenster und all die Vorgänge, die Rudolf Steiner exakt ein Jahr später mit den Worten beschreiben sollte: «Die rote Lohe ging gegen den Himmel. Dunkelbläuliche, rötlichgelbe Flammenlinien züngelten durch das allgemeine Feuermeer, von den metallischen Instrumenten herrührend, die das Goetheanum barg, ein Riesenfeuermeer, mit den mannigfaltigsten farbigen

Inhalten. Und man musste, wenn man in dieses Flammenmehr sah mit den farbigen Linien darinnen, sprechend zum Schmerze der Seele lesen: der Neid der Menschen.»[30]

Obwohl Rudolf Steiner die Vortragsarbeiten ohne Unterbrechung weiterführte und die laufenden Veranstaltungen bereits am Neujahrstag in der Schreinerei fortgesetzt wurden, spürten viele Menschen im Umkreis des Dornacher Geschehens, dass damit ein tiefer und weiterwirksamer Einschnitt in das Werden der anthroposophischen Bewegung geschehen war. Nicht nur das physische Bauwerk, an dem man über viele Jahre unermüdlich und mit größter Unterstützung Rudolf Steiners gearbeitet hatte, fehlte nun für immer – auch anderes war damit verbunden. Steiner selbst ließ in den folgenden Wochen und Monaten seinerseits keinen Zweifel daran, dass den Anthroposophen eine hohe Mitverantwortung für das Brandgeschehen zukam und die bestehenden Defizite innerhalb der Anthroposophischen Gesellschaft von folgenschwerer Bedeutung waren. Bereits wenige Tage nach dem Brandgeschehen, am Epiphaniastag, sagte er in Dornach unter anderem: «Solange wir unsere inneren Gegner sind, solange brauchen wir uns, da wir ja auf einem okkulten Boden stehen, nicht zu verwundern, wenn eine furchtbare Gegnerschaft von außen anschlägt. Suchen wir auch da Selbsterkenntnis, so wird sich manches in das richtige Licht stellen.»[31]

Zur gleichen Zeit, in den unmittelbar auf den Brand folgenden Tagen, kamen wiederholt die in Dornach anwesenden jungen Mitglieder zusammen, besprachen sich über die Lage und die aus ihrer Sicht notwendigsten Veränderungen («Die Jungen hielten besondere Versammlungen ab, die einen etwas revolutionären Charakter trugen.»[32]). In vieler Hinsicht sahen sich diese jungen Menschen in ihrer kritischen Gesamteinschätzung von den tragischen Dornacher Vorgängen bestätigt. Die Anthroposophische Gesellschaft war ihnen viel zu starr und konventionell, unbeweglich und initiativlos; sie bot wenig wachen, wirksamen Schutz für Rudolf Steiner und dessen Werk, ließ alle notwendigen Herzens- und Willenskräfte vermissen. Man überlegte unter den Studenten, was nun zu tun sei, mitunter in Anwesenheit Rudolf Steiners, der schweigend dabeisaß und offensichtlich die weiteren Entwicklungen unter ihnen abwartete. Zugleich wandte er sich ihnen aber auch immer wieder entschieden zu und zog am Dreikönigstag eine überraschende Bilanz über den gerade beendeten naturwissenschaftlichen Vortragszyklus, eine Bilanz, in der er ausführlich über die Situation der Studierenden sprach. Am Ende dieser, auf die zuhörende Helene von Grunelius ausgesprochen zutreffenden Ausführungen hieß es:

> Ich glaube, dass unsere jüngeren Freunde, wenn sie sich die vielleicht etwas paradox klingenden Worte, die ich gesprochen habe, richtig überlegen, damit einigermaßen charakterisiert finden werden die wichtigsten der Leiden, die sie während ihrer akademischen Zeit durchzumachen hatten. Und ich darf annehmen, dass in diesem Leiden der Grund liegt, warum sie zu uns gekommen sind. Aber dieses Leiden gehört bei vielen schon einer Vergangenheit, einer nicht mehr einzuholenden Vergangenheit an. Denn was man eigentlich in einer gewissen Zeit der Jugend haben sollte, das kann man ja in derselben Gestalt später nicht mehr haben. Aber dennoch glaube ich, dass eines als Ersatz dienen kann. Was Ersatz sein soll für das, was man nicht mehr haben kann, das ist die Erkenntnis der Aufgabe, die insbesondere auch die jüngeren Leute unter uns haben, zur Pflege des anthroposophischen Lebens in der Gegenwart.
>
> Stellt Ihr Euch diese Aufgabe: zu tun für die anthroposophische Bewegung, was Ihr aus Eurer eigenen Überzeugung entweder schon wisset, das für sie zu tun ist, oder wovon Ihr im Laufe der Zeit Euch in Eurem eigensten Innern, in Eurem ganz individuellen Innern überzeugen könnt, dass es notwendig ist für die weitere Zivilisation der Menschheit, dann werdet Ihr eines in Eurem Herzen einmal tragen können, tragen können länger als dieses Erdenleben währet: Dann werdet Ihr tragen können das Bewusstsein, in einem Zeitalter der größten menschlichen Schwierigkeiten Eure Pflicht gegenüber der Menschheit und der Welt getan zu haben. Und das wird ein reichlicher Ersatz für dasjenige sein, was Ihr mit Recht verloren geben möget.
>
> Empfindet man so recht, wie es steht mit der Jugend innerhalb unseres Zeitalters, dann sieht man auch in der richtigen Weise auf die Tatsache hin, dass akademische Jugend innerhalb unserer Kreise sich eingefunden hat, und dann wird wohl auch, wenn ich mich so ausdrücken darf, nach und nach das Talent entstehen, ein Verhältnis zu dieser Jugend zu gewinnen von Seiten derjenigen innerhalb der Anthroposophischen Gesellschaft, welche ihr, nun, sagen wir, nicht als Jugend angehören, in dieser oder jener Beziehung.[33]

*

Helene von Grunelius kehrte tief betroffen, aber in ihren Intentionen auch gestärkt von den Dornacher Ereignissen nach Frankfurt zurück, bereitete dort neben ihren universitären Abschlussarbeiten weiter den geplanten Kurs vor, nahm darüber hinaus aber auch intensivsten Anteil an den Prozessen, die sich in den folgenden Wochen im Rahmen der Anthroposophischen Gesellschaft abspielten. Sie war gemeinsam mit ihrem Bruder Andreas bei der Stuttgarter Delegiertentagung Ende Februar 1923, in deren Verlauf Rudolf Steiner über die Erfordernisse und spirituellen Voraussetzungen einer künftigen anthroposophischen Gemeinschaftsbildung sprach und die zusätzliche Bildung einer jugendzentrierten, freien anthroposophischen Vereinigung anregte («Wir hätten [dann] auf der einen Seite die alte Anthroposophische Gesellschaft, auf der anderen Seite eine lose, aber innig zusammenhängende Vereinigung freier Gemeinschaften.»[34]), eine Vereinigung, die sich in den nachfolgenden Wochen und Monaten dann auch tatsächlich konstituierte.[35] Auch hörte Helene von Grunelius im Juni in Dornach Vorträge Rudolf Steiners, die die gesamte Geschichte der Anthroposophischen Gesellschaft in fundamentaler Weise rekapitulierten und mit eindringlichen Worten die notwendigen Veränderungen beschrieben. Wiederum endete Steiner mit markanten, wegweisenden Formulierungen – nunmehr hieß es abschließend und zusammenfassend:

> Nun, da ich nicht Kritik üben will, möchte ich Sie nur auffordern, nun die Selbstbesinnung so weit zu treiben, zu fragen: Ist nun wirklich von jedem einzelnen an jedem einzelnen Platze überall dasjenige getan worden, was aus dem Zentrum des Anthroposophischen heraus empfunden worden ist?
> Wenn Sie etwa darauf kommen sollten, dass der eine oder der andere das bis heute nicht so empfunden hat, dann bitte ich Sie, fangen Sie morgen an, oder noch heute Abend, denn es würde nicht gut sein, wenn die Anthroposophische Gesellschaft zerfallen würde. [...]
> Anthroposophie wird sicher nicht aus der Welt geschafft. Aber sie könnte für Jahrzehnte und länger, ich möchte sagen, in einen latenten Zustand zurücksinken und dann später wieder aufgenommen werden. Es wäre aber Ungeheures verloren für die Entwickelung der Menschheit. Das muss bedacht werden, wenn man im Ernst an die Selbstbesin-

nung herantreten will, die ich eigentlich gemeint habe mit diesen Vorträgen. Aber ich habe ganz sicher nicht gemeint, dass man wiederum große Worte machen soll, da oder dort wiederum Programme aufsetzen soll, erklären soll: Wenn es sich um das oder jenes handelt, stellen wir uns zur Verfügung. Das haben wir ja immer getan. Sondern dasjenige, um was es sich handelt, ist, dass wir in uns das innere Zentrum unseres Wesens finden. Wenn wir dieses Suchen nach dem inneren Zentrum unseres Wesens mit dem in dem anthroposophischen Weisheitsgut enthaltenen Geiste tun, dann finden wir auch den anthroposophischen Impuls, den die Anthroposophische Gesellschaft als ihre Lebensbedingung braucht. [...] Wir sollten nicht vergessen, dass, wenn wir zu den Quellen des anthroposophischen Lebens gehen, viel mit ihnen gewirkt werden kann. Tun wir es nicht, dann verlassen wir eben die Wege, auf denen gewirkt werden kann.[36]

All diese Prozesse innerhalb der Anthroposophischen Gesellschaft liefen nicht nur parallel zu den Bemühungen von Helene von Grunelius und ihren Freunden, den in Aussicht gestellten Kurs und damit die Bildung einer Gemeinschaft diesbezüglich suchender Mediziner zustande zu bekommen, sondern standen in innerster Beziehung zu ihnen – zumindest aus der Sicht Helene von Grunelius'. Ein bald nach den Dornacher Junivorträgen von ihr aufgesetztes und weiterversandtes Rundschreiben an die bisherigen Interessenten des intendierten Kurses trug daher auch den Wortlaut:

Sie haben wohl inzwischen Näheres erfahren aus dem so ungeheuer bedeutsamen Vortragskurs, den Herr Dr. Steiner in Dornach gehalten hat vom 10.–17. Juni 1924. Durch diese Vorträge sollen wir Anthroposophen zur Selbstbesinnung angeregt werden. Warum sind wir Mitglieder der Anthroposophischen Gesellschaft geworden, und sind wir uns der Verantwortung bewusst, die wir der geistigen Welt gegenüber damit übernommen haben? Wenn eine Gesellschaft wie die Anthroposophische lebensfähig sein und wirklich ihre Aufgabe in der Welt erfüllen soll, dann muss sie stets zielbewusst ihren geraden Weg gehen, d. h. alles, was in einer solchen Gesellschaft gewollt und gearbeitet wird, muss aus dem Herzen, aus dem Zentrum der Anthroposophie heraus geschehen. – Ganz besonders betonte dieses Herr Dr. Steiner, als er zu sprechen kam auf die wissenschaftlichen Tendenzen, die in den letzten Jahren in der anthroposophischen Bewegung herausgekommen sind. – Hier muss bei uns die Selbstbesinnung einsetzen.

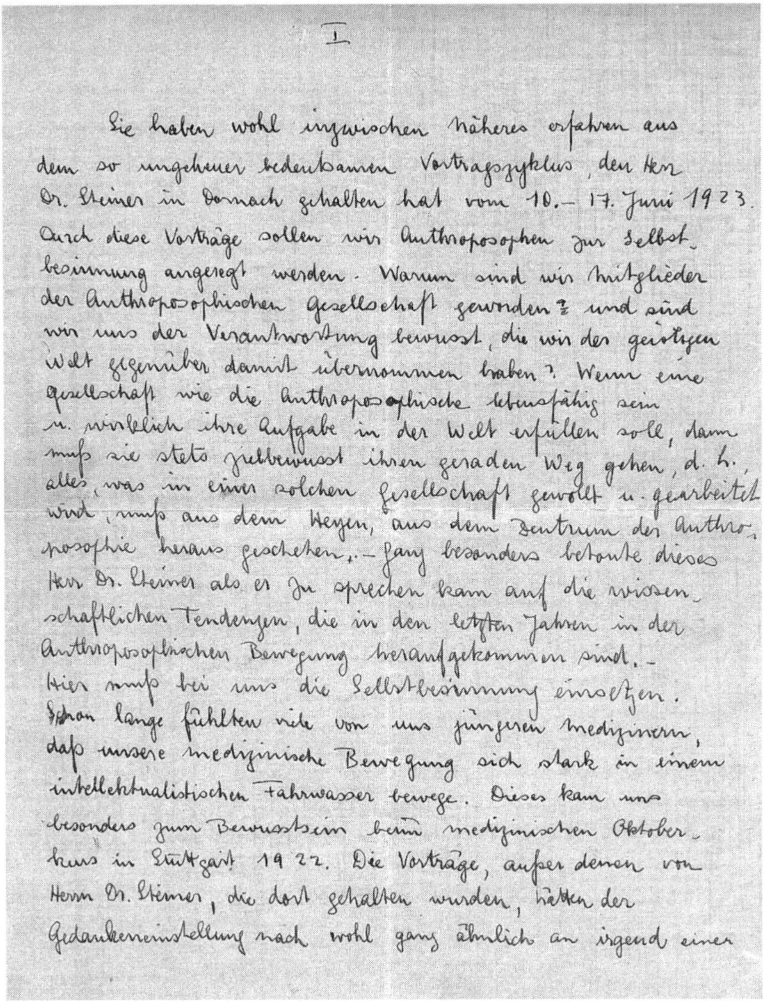

I

Sie haben wohl inzwischen Näheres erfahren aus dem so ungeheuer bedeutsamen Vortragszyklus, den Herr Dr. Steiner in Dornach gehalten hat vom 10.–17. Juni 1923. Durch diese Vorträge sollen wir Anthroposophen zur Selbstbesinnung angeregt werden. Warum sind wir Mitglieder der Anthroposophischen Gesellschaft geworden? und sind wir uns der Verantwortung bewusst, die wir der geistigen Welt gegenüber damit übernommen haben? Wenn eine Gesellschaft wie die Anthroposophische lebensfähig sein u. wirklich ihre Aufgabe in der Welt erfüllen soll, dann muß sie stets zielbewusst ihren geraden Weg gehen, d. h. alles, was in einer solchen Gesellschaft gewollt u. gearbeitet wird, muß aus dem Herzen, aus dem Zentrum der Anthroposophie heraus geschehen. – Ganz besonders betonte dieses Herr Dr. Steiner als er zu sprechen kam auf die wissenschaftlichen Tendenzen, die in den letzten Jahren in der Anthroposophischen Bewegung heraufgekommen sind. – Hier muß bei uns die Selbstbesinnung einsetzen. Schon lange fühlten viele von uns jüngeren Medizinern, daß unsere medizinische Bewegung sich stark in einem intellektualistischen Fahrwasser bewege. Dieses kam uns besonders zum Bewusstsein beim medizinischen Oktoberkurs in Stuttgart 1922. Die Vorträge, außer denen von Herrn Dr. Steiner, die dort gehalten wurden, hätten der Gedankeneinstellung nach wohl ganz ähnlich an irgend einer

Schon lange fühlten viele von uns jüngeren Medizinern, dass unsere medizinische Bewegung sich stark in einem intellektualistischen Fahrwasser bewege. Dieses kam uns besonders stark zum Bewusstsein beim medizinischen Oktoberkurs 1922 in Stuttgart. Die Vorträge, außer denen von Herrn Dr. Steiner, die dort gehalten wurden, hätten der Gedankeneinstellung nach wohl ganz ähnlich an irgendeiner Universität gehalten werden können. Wir bäumten uns innerlich dagegen auf, weil wir empfanden, dass hier nicht der ganze Mensch beteiligt sei, sondern dass die warmen Herzens- und die reinen Willenkräfte ausgeschaltet waren. Wir wollten aber wirklich als Anthroposophen, d. h. mit unserem ganzen Menschen in der Medizin darinnen stehen können, und hatten die Empfindung, dass unsere medizinische Arbeit nur dann die richtige Stosskraft bekommen würde, wenn sie wirklich unmittelbar aus den Grundimpulsen der anthroposophischen Bewegung hervorginge.

Erst wenn wir uns wirklich zurückbesinnen auf das Zentrum des Anthroposophischen, dann werden wir den Weg finden, in der gegenwärtigen Zeit wiederum zum wirklichen Heilen zu kommen. In erster Linie müssen wir uns unseres wahren Menschentums bewusst werden und als Mediziner insbesondere unseres Willens zum Heilen. Und dann gibt uns gerade die Anthroposophie die Möglichkeiten, uns die Fähigkeiten anzueignen, die uns die Beziehung eines jeden Dinges der Außenwelt zum Menschen aufdecken, so dass wir im Stande sind, die Kräfte der Außenwelt dem kranken Menschen zuzuführen, die seine eigenen Heilkräfte unterstützen werden. Eine andere, nicht weniger wichtige Aufgabe des Arztes wird sein, als ständiger Berater dem Menschen helfend zur Seite zu stehen, indem er ihm zeigt, wie er durch die einseitige Entwicklung seines Seelenlebens in ihm schlummernde Krankheitsanlagen nur durch volle Entfaltung seines ganzen Menschentums überwinden kann. Denn in dem einzelnen Menschen und in der ganzen heutigen Kultur herrschen die zerstörenden Kräfte des Gehirns und des dem Niedergang zustrebenden Intellekts. Wollen wir aber wirken für einen Aufstieg der Entwicklung, so müssen wir in uns Zukunftskräfte entwickeln, die zum wahren Heilen befähigen können. Die Erkenntnisse des Menschenwesens, die zu einem solchen Wirken nötig sind, können wir uns nur erwerben durch ein vertieftes Studium einerseits der physikalischen und chemischen Prozesse, andererseits durch den Versuch eines lebendigen Erfassens des Geistig-Seelischen am andern Menschen. Dann erst werden wir eine reale Anschauung erhalten, wie diese Gebiete im Menschen in Wechselwirkung stehen untereinander. Dann werden wir sehen und zeigen können, wie das Geistig-Seelische bis ins Physische gestaltend und differenzierend hinunterwirkt, dieses Physische aber im Menschen durch die Wirksamkeit der moralischen Impulse in der warmen Herzenskraft auch wieder in Geistig-Seelisches umgewandelt werden kann und muss.

Die Aufgabe, die wir als Mediziner innerhalb der anthroposophischen Bewegung zu leisten haben, ist so groß, dass wirklich nur durch Vereinigung aller Kräfte ans Werk gegangen werden kann. Mit dem Wiederaufbau des Goetheanums muss der Aufbau einer neuen medizinischen Wissenschaft beginnen, eine Vermenschlichung der Medizin.

Wenn Sie in diesem Sinne mit uns arbeiten wollen, so bitten wir Sie um baldige Äußerung, damit wir möglichst schnell die Zusammenarbeit beginnen können, und im Laufe des Herbstes oder der Weihnachtsferien eine Zusammenkunft stattfinden könnte.
Die Antworten bitten wir zu schicken an Maddy van Deventer, Arlesheim, Klinisch-Therapeutisches Institut.

Mit anthroposophischem Gruß

Im Namen einiger Mediziner: *Gez. Hendrik van Deventer, cand. med.*
Manfred von Kries, cand. med.
Helene von Grunelius, med. prakt.[37]

An zahlreiche Adressaten dieses «Rundschreibens» legte Helene von Grunelius noch einen kleinen, ebenfalls maschinengetippten, aber von ihr persönlich unterschriebenen Zettel bei, auf dem stand:

Wir senden auch Ihnen dieses Rundschreiben, obwohl Ihnen natürlich der Inhalt nicht fremd sein wird, da es sich hier ja um dieselbe Sache handelt, über die schon von Kries oder andere von uns mit Ihnen gesprochen haben. Inzwischen haben wir weitergearbeitet und wenden uns jetzt mit diesem Rundschreiben an einen größeren Kreis von jüngeren anthroposophischen Medizinern, die uns noch nicht persönlich bekannt sind. Für eine Antwort auch Ihrerseits wären wir aber sehr dankbar.[38]

*

Helene von Grunelius war zu diesem Zeitpunkt, im August 1923, 26 Jahre alt geworden. Noch immer wohnte sie in Frankfurt, arbeitete in den Universitätskliniken und an ihrer medizinischen Dissertation, war mit anthroposophischer Literatur befasst und kümmerte sich intensiv um das Zustandekommen des beabsichtigten Kurses. Ein persönlicher Brief aus diesen Tagen, in dem sie in leicht-beweglicher und ausgesprochen jugendlicher Weise von sich und ihrer Lebenssituation berichtete, gibt einen Einblick in ihren damaligen Lebens- und Ausdrucksstil. Das Schreiben ging an ihre Schwester Marie, die kurz zuvor besuchsweise in Frankfurt gewesen und nun an ihren süddeutschen Wohnort zurückgekehrt war:

Frankfurt,
25. August 1923

Liebe Marie,

Ich war so froh, Deinen Brief zu bekommen u. zu hören, dass Du glücklich abgekommen bist. Aber die Fahrt muss ja furchtbar gewesen sein! Es war so schön, Dich den Nachmittag da zu haben u. dass wir über so vieles sprechen konnten. Es hat mich außerordentlich erfrischt.
Gesundheitlich ging es mir in den letzten Tagen nicht so besonders gut, da ich mir anscheinend Anfang der Woche zuviel zugemutet hatte. Ich muss eben sehr vorsichtig sein.
Morgen arbeite ich (u. langweile mich) in der Klinik u. nachmittags arbeite ich an meiner Doktorarbeit. In der übrigen Zeit erledige ich meine Post u. lese viel Anthroposophisches. Ich habe die 6 hochinteressanten Christiania-Vorträge fertig gelesen, bin jetzt am 3. Mysteriendrama. Heute habe ich angefangen, das Buch zu lesen «Die geistige Führung des Menschen u. der Menschheit», ein für mich überwältigend interessantes Buch.
Ich hatte inzwischen einen sehr lieben Brief von der Waller, der es mit dem Knie viel besser geht u. anscheinend auch sonst.
In Stuttgart haben Julia u. Andreas das Haus fast fertig eingerichtet. Wir haben auch schon einige Hühner, die sogar ab u. zu Eier legen, u. zwar wirklich frische, was ja heutzutage eine so große Seltenheit ist!! Schade, dass Ihr nicht schon im September kommen könnt. Hoffentlich geht es Wolo durch Deine gute Pflege wieder besser.
Hoffentlich geht es auch den dortigen Freunden gut. Grüße bitte sehr, wenn Du sie siehst, Else Little, Husemann u. Goyerts.
Kommt eigentlich je jemand von Euch nach Essen? Dort ist nämlich ein Wesen, genannt Annemarie Buck (Essen, Limbeckerpl. 4). Sie ist Medizinerin u. ich habe ihr deshalb unser Rundschreiben geschickt. Nun schreibt sie mir daraufhin tatsächlich fast ein Buch u. zwar ziemlich komisch. Sie scheint ziemlich hinter dem Mond zu leben, hat erst durch das Rundschreiben von dem anthrop. Zyklus vom 10.–17. Juni in Dornach gehört!! Könnte nicht jemand von Euch sie einmal aufsuchen u. vorsichtig tastend sehen, wes Geistes Kind sie eigentlich ist?
Ich muss jetzt schließen aus Mangel an Geist u. Zeit.
Seid beide herzlichst gegrüßt

Lieben Kuss von
Deiner Helene[39]

*

Andreas Nikolaus von Grunelius

Die Frankfurter Zeit ging ihrem Ende zu. Helene von Grunelius, ihr Bruder Andreas sowie Julia Charlotte Mellinger siedelten bald gemeinsam nach Stuttgart um, in weiter enger Verbundenheit. Die Schwester Marie oder jemand aus ihrem Freundeskreis sollte dagegen nach Möglichkeit die Essener Kurs-Bewerberin in Augenschein nehmen – so waren alle einbezogen in die verbindenden, zukünftigen Vorhaben.

Immer wieder aber war Helene auch in Arlesheim und Dornach, besuchte Steiners Vorträge am Goetheanum und hielt sich in Ita Wegmans Klinisch-Therapeutischem Institut auf, wo Madeleine van Deventer ihre Semesterferien lernend und hospitierend verbrachte. Mit van Deventer besprach sie sämtliche Vorbereitungsfragen des Kurses. Beide wussten, welche Verantwortung mit der Auswahl und inneren Vorbereitung der Teilnehmer auf ihnen ruhte, trotz des dezidiert laxen Tones zahlreicher Briefpassagen. Von Rudolf Steiner erbaten sie sich schließlich Vervielfältigungen der Mitschriften jener Vorträge, die sie vor fast drei Jahren gemeinsam in der Schreinerei gehört hatten, im tief verschneiten vorweihnachtlichen Dornach des Jahres 1920 – jene zuvor genannten Vorträge über die «Brücke zwischen der Weltgeistigkeit und dem Physischen des Menschen», in denen Steiner eine vertiefte Menschenkunde durch die Beziehungen der einzelnen Wesensglieder zu den Elementen und ätherischen Qualitäten aufgezeigt und zugleich dargestellt hatte, wie moralische Ideale über Veränderungen in der Wärme-, Luft- und Flüssigkeitsorganisation letztlich zu ätherischen Lebenskeimen werden, die der Fortentwicklung der Schöpfung dienen. Rudolf Steiner war einverstanden, und beide versandten die Blätter an den sich bildenden Kreis.

Auch in anderer Art stand Steiner den Bemühungen von Helene von Grunelius weiter fördernd und wohlwollend gegenüber. Nach Madeleine van Deventers Zeugnis gab er in persönlichen Gesprächen nicht nur spezielle Übungshinweise zur Erarbeitung der anthroposophisch-medizinischen Menschenkunde[40] und erkundigte sich nach dem Stand der organisatorischen Vorbereitungen und Umstände («Er meinte, der Kurs müsse in Stuttgart stattfinden wegen der Valuta-Schwierigkeiten. Wir könnten das doch unmöglich in Dornach arrangieren. Erst als wir ihm sagten, dass auch Dr. Wegman uns helfen würde, zeigte er sich befriedigt und meinte, ‹ja, dann ist alles in Ordnung›»[41]), sondern griff auch behutsam ein, wenn soziale Schwierigkeiten unter den Studenten auftraten:

> Rudolf Steiner legte größten Wert darauf, dass in der kleinen Gruppe der Veranstalter ein harmonisches Zusammenarbeiten herrschte. Als es einmal zu Unstimmigkeiten kam, wurde eine dritte Persönlichkeit gebeten, die Missverständnisse aus dem Weg zu räumen. Sofort nach ihrer Rückkehr wollten wir Rudolf Steiner von der gelungenen Aktion berichten. Er empfing uns aber mit den Worten: «Schon gut, der Acker ist bestellt.» Und dann gab er uns Aufschluss über die seelischen Hintergründe der Schwierigkeiten.[42]

Auf der anderen Seite aber wurde in Begegnungen mit Steiner auch wiederkehrend deutlich, dass trotz allem jugendlich-freudigen Enthusiasmus viel mit den Kursen auf dem Spiel stand. Helene von Grunelius und ihre Freunde hatten die Vorgänge in der ersten

Hälfte des Jahres 1923 verfolgt und tief in ihre Herzen aufgenommen; die von Steiner verlangte «Selbstbesinnung der Anthroposophen» galt auch ihnen und nicht lediglich der älteren Generation. Rudolf Steiner war bereit, einen studentisch orientierten Kurs mit Hilfen und Übungswegen zur «Vermenschlichung der Medizin» zu halten, aber nur, wenn die jungen Menschen den ernsten und entschiedenen Willen aufbringen würden, ihr – oft genug nur empfindungsmäßiges – Unzufriedensein mit dem konventionellen Medizinstudium in ein konkretes und zielgerichtetes geistiges Arbeiten weiterzuverwandeln, ohne in die selbstbezogene und gemütszentrierte Gemeinschaftsidylle der «Wandervogelbewegung» zurückzufallen. In der Erinnerung an eine Begegnung mit Rudolf Steiner im Spätsommer des «Krisenjahres» 1923 schrieb Madeleine van Deventer viele Jahrzehnte später:

> Im Lauf des Gesprächs wurde er plötzlich sehr ernst und forderte mich auf, nun mal genau zu sagen, was wir eigentlich wollten. Er verlangte höchste Bewusstseinsklarheit. Ich versuchte über den Weg zu sprechen, den wir schon während des Studiums einschlagen wollten. Ich scheute mich aber, von meditativen Übungen zu sprechen.
> Nachträglich hatte ich das Gefühl, wie wenn ich durch ein Examen gefallen wäre. Ich schrieb sofort an Helene von Grunelius, sie möge bald nach Dornach fahren und das Gespräch fortsetzen.[43]

Helene von Grunelius entsprach der auffordernden Bitte ihrer Freundin und bat um einen Termin bei Rudolf Steiner. Das Gespräch kam zustande und nahm einen richtungweisenden Verlauf. In einer ungewöhnlichen, für sie selbst aber nachgerade bezeichnenden Art und Weise klagte Helene von Grunelius gegenüber Steiner ebenso aufrichtig wie direkt, dass sie mit der ihnen gegebenen Übung zum praktischen Erwerb der anthroposophisch-medizinischen Menschenkunde nicht zurechtkomme, den eigenen Assoziationen gegenüber misstrauisch sei, nicht in Spekulationen verfallen wolle. Steiner hörte ihr aufmerksam zu und bot ihr an, immer wieder korrigierend in ihre Studien eingreifen zu können; zugleich übergab er ihr eine Meditation zur Erlangung einer höheren inneren Sicherheit:

Da gab er ihr die Wärme-Meditation und sagte, dass sie diese weitergeben dürfe an alle zukünftigen Teilnehmer. Er selbst wolle sie an Dr. Wegman geben. Es sei eine Ketten-Meditation, nicht eine Kreis-Meditation. Dann bezeichnete er sie als den Weg des Mediziners zum Schauen des ätherischen Christus.[44]

Der niedergeschriebene Spruch trug den Wortlaut[44a]:

Vorbereitung: Wie finde ich das Gute?

1. Kann ich das Gute denken?

Ich kann das Gute nicht denken.
Denken versorgt mein Ätherleib.
Mein Ätherleib wirkt in der Flüssigkeit meines Leibes.
Also in der Flüssigkeit des Leibes finde ich das Gute nicht.

2. Kann ich das Gute fühlen?

Ich kann das Gute zwar fühlen; aber es ist durch mich nicht da, wenn ich es nur fühle.
Fühlen versorgt mein astralischer Leib.
Mein astralischer Leib wirkt in dem Luftförmigen meines Leibes.
Also in dem Luftförmigen des Leibes finde ich das durch mich existierende Gute nicht.

3. Kann ich das Gute wollen?

Ich kann das Gute wollen.
Wollen versorgt mein Ich.
Mein Ich wirkt in dem Wärmeäther meines Leibes.
Also in der Wärme kann ich das Gute physisch verwirklichen.

Ich fühle meine Menschheit in meiner Wärme.

1. Ich fühle Licht in meiner Wärme.

(Achtgeben, dass diese Lichtempfindung auftritt in der Gegend, wo das physische Herz ist)

2. Ich fühle tönend die Weltsubstanz in meiner Wärme.

(Achtgeben, dass die eigentümliche Ton-Empfindung vom Unterleib nach dem Kopfe, aber mit Ausbreitung im ganzen Leibe geht)

3. Ich fühle in meinem Kopfe sich regend das Weltenleben in meiner Wärme.

(Achtgeben, dass die eigentümliche Lebensempfindung vom Kopfe nach dem ganzen Körper sich verbreitet)

Diese esoterische Übung war ganz offensichtlich keine persönliche Meditation im eigentlichen Sinne; vielmehr sollte sie den inneren Weg der Medizinstudenten und jungen Ärzte vorbereiten helfen, zielgerichtet («Dann bezeichnete er sie als den Weg des Mediziners zum Schauen des ätherischen Christus.») und mit Blick auf eine sich formende spirituelle Willensgemeinschaft. Gleichwohl war es Helene von Grunelius, die sie von Rudolf Steiner direkt und in einer sehr persönlichen Begegnung im Herbst 1923[45] bekam – sie, deren vordringliches, initiatives Anliegen es seit Jahren war, «das Gute zu finden», die unmittelbar nach Aufnahme ihrer anthroposophischen Mitgliedschaft Steiners Stuttgarter «Wärme-Kurs» vom März 1920 gehört hatte und neun Monate später dabei gewesen war, als er am 18. Dezember in Dornach erstmals über die – von den ideengeleiteten *Wärmeprozessen* ausgehenden – «Lichtquellen» im Luftorganismus, «Tonquellen» im Flüssigkeitsorganismus und «Lebenskeimen» innerhalb der physischen Organisation gesprochen und gesagt hatte:

> Wir sehen [...] hier, wie tatsächlich unsere ganze Organisation, ausgehend von unserem Wärmeorganismus, durchdrungen wird von den moralischen Idealen. Und wenn wir mit dem Tod herauslösen aus unserer physischen Organisation unseren ätherischen Leib, unseren astralischen Leib, unser Ich, dann sind wir in diesen höheren Gliedern der Menschennatur durchdrungen von Eindrücken, die wir gehabt hatten. Wir waren mit unserem Ich in unserem Wärmeorganismus, indem die moralischen Ideale belebt haben unsere eigene Wärmeorganisation. Wir waren in unserem Luftorganismus, wo Lichtquellen gepflanzt worden sind, die nun nach unserem Tod in den Kosmos mit uns hinausgehen. Wir haben in unserem Flüssigkeitsorganismus den Tod angeregt, der zur Sphärenmusik wird, mit der wir hinaustönen in den Kosmos. Wir bringen Leben hinaus, indem wir durch die Pforte des Todes gehen.
> Sie ahnen an dieser Stelle, was das Leben, das ausgegossen ist in der Welt, eigentlich ist. Wo liegen die Quellen des Lebens? Sie liegen in

> dem, was die moralischen Ideale anregt, uns sagen zu müssen, dass, wenn wir heute uns durchglüht sein lassen von moralischen Idealen, diese Leben und Ton und Licht hinaustragen und weltenschöpferisch werden. Wir tragen das Weltenschöpferische hinaus, und der Quell des Weltenschöpferischen ist das Moralische.[46]

Nun erhielt Helene von Grunelius von Steiner ein Mantram für die Gruppe, in dem genau diese, von ihr gemeinsam mit Madeleine van Deventer wiederentdeckten Zusammenhänge eine meditative, der inneren Übung dienliche Wortgestalt gewonnen hatten.

*

Kaum in Stuttgart nach der Übersiedlung aus Frankfurt angekommen, wo sie bald die praktische Krankenhausarbeit aufnahm *(An das Krankenhaus gewöhne ich mich langsam u. bin heute etwas weniger verzweifelt*[47]*),* bildete Helene von Grunelius einen gezielten Arbeitskreis von Medizin- und Naturwissenschaftsstudenten zur fachlichen Vorbereitung des kommenden Kurses. Gemeinsam mit den jungen Ärzten Julia Bort und Hans Altemüller, die sie von anthroposophischen Studententreffen her kannte, aber auch unter Mitarbeit weiterer Freunde von der Stuttgarter Waldorfschule oder aber der landwirtschaftlichen Hochschule von Stuttgart-Hohenheim bearbeitete Helene von Grunelius Steiners Prager Kurs über «Eine okkulte Physiologie». Als nach einiger Zeit auch Lilly Kolisko nach einer entsprechenden Anfrage bereit war, an dieser Studienarbeit teilzunehmen, verlegte man die wöchentlichen Treffen in dic bescheidenen Räumlichkeiten des «Biologischen Institutes», in denen die unermüdliche junge Wiener Wissenschaftlerin seit knapp zwei Jahren pionierhafte Versuchsarbeiten einer experimentellen Naturforschung auf anthroposophischer Grundlage durchführte – unter enger Begleitung und mit nachhaltiger innerer Unterstützung durch Rudolf Steiner.

Parallel dazu ging die Suche und Auswahl der eigentlichen Kursteilnehmer weiter, mit mehr oder weniger gutem Erfolg. In der letzten Oktoberwoche fuhr Helene von Grunelius schließlich mit einer Liste des vorläufig in Frage kommenden Personenkreises nach Dornach zu Rudolf Steiner und schrieb auf der Rückreise im Zug sowohl an ihre Schwester Marie Wundt, die sie um finanzielle Unterstützungen für alle Kursteilnehmer bat[48], als auch an Madeleine van Deventer in Utrecht, die den folgenden Brief erhielt.

Im Zug nach Stuttgart 1. Nov. 23

Meine liebe Maddy,

Es ist wirklich schrecklich, dass ich Dir die ganze Zeit nicht geschrieben habe, aber ich war selber so geknickt in der Zeit u. durch soviel anderes in Anspruch genommen u. abgelenkt, dass ich nicht dazu kam, einen Brief zu schreiben. Ich habe auch in dieser Zeit die medizin. Korrespondenz ganz liegen lassen. Nun aber wird es anders!!!
Ich war von Freitag abend bis heute (Donnerstag) in Arlesheim. Ich war hingefahren um zu fragen wegen des Kurses, da wir doch immerhin jetzt etwa 25 Leute haben. Nach Rücksprache mit Frau Wegman sagte der Dr. zu für 8 Tage u. zwar gleich anschließend an die Delegiertenversammlung an Weihnachten (diese dauert vom 24. Dez. – 1. Januar), d. h. also etwa vom 2.–9. Januar. Ich denke diese Zeit wird für alle Leute gut passen. Ich gab ihm die Liste, wozu – zu den Namen – er sich nicht äußerte. Frau Wegman meint, er werde sicher in einigen Tagen näher darauf eingehen u. sich zu den Einzelnen äußern u. noch Fragen stellen. Es kann also sein, dass er Leute streichen wird, wo er den Eindruck hat, dass sie nicht aktiv genug eingestellt sind u. nicht wirklich bereit u. mutig auf alles einzugehen, was er bringen wird (das ist wenigstens mein Eindruck). Er erwartet von uns ganze Arbeit. Er sagte: Initiative ist nötig. Einzelne sind wohl da, die solche haben, aber es müsste dazu kommen, dass eine ganze Gruppe Initiative entwickelt. Das müsse doch auch möglich sein bei einer Gruppe von jungen Menschen. – Dann sagte er, wie sehr der Fortgang und das Gelingen unserer Arbeit abhänge von einem Verbreiten in der Außenwelt – wir seien jetzt noch in einem Stadium in der mediz. Bewegung, wo hauptsächlich die Begeisterung wirken könnte, da wir ja mit den Heilerfolgen noch keine großen Rosinen machen könnten. […]

Nun kann man an die Leute noch nichts Bestimmtes sagen wegen des Kurses, da man warten muß, ob der Dr. sich in den nächsten Tagen noch über die Liste äußern wird. Jedenfalls können nur Leute den Kurs mitmachen, die von uns oder vom Dr. eingeladen sind (Steffen u. Wachsmuth haben wir bereits eingeladen). Anderen gegenüber, die uns fragen, sagen wir, es handle sich nicht um einen «medizinischen Kurs», sondern um eine bestimmte Arbeit von einer kleinen Gruppe von Menschen mit dem Dr. – Über die Stuttgarter Ärzte äußerte ich zuerst meine Auffassung – ich sagte auch, wie die mediz. Tagung im Sept. auf uns gewirkt habe –, worauf der Dr. sagte: ja, die würden direkt stören, wenn die dabei wären. Dieses Urteil war sehr eindeutig, wie überhaupt die ganze Meinung, die er von ihnen hat, nicht gerade erhebend ist. Wir haben ausgemacht, dass wir über diesen seinen Ausspruch nichts verlauten lassen werden u. wenn die Stuttgarter Ärzte beleidigt sind oder uns Vorwürfe machen, wir alles auf unsere eigene Kappe nehmen. Ich werde versuchen, sie möglichst schonend darauf vorzubereiten, dass wir sie zum Kursus nicht auffordern werden. –

Ich habe im Auftrag der anderen den Dr. gefragt wegen Bockholt u. Grote. Er war sehr erstaunt, dass wir die Übung der Bockholt noch nicht gegeben hätten u. war sehr einverstanden, dass man sie beiden gab; was wir dann auch getan haben. Henk od. Erna werden Dir wohl inzwischen geschrieben haben, wie sich ihr Verhältnis zur Bockholt nun gelöst hat. Der Dr. meinte, man müsse solche Dinge nicht so tragisch nehmen; Keilereien würden wir wohl noch mehrere erleben.

Ich glaube, ich habe Dir wohl das Wesentliche erzählt.

Ich hörte 3 sehr interessante Vorträge über das Verhältnis der Tiere u. Pflanzen zum Menschen u. zwar in Bezug auf die planetarische Entwicklung; wie also z. B. die Schmetterlinge ihre Anlage bekommen hätten in der alten Saturnzeit, in der Zeit, in welcher das menschliche Haupt angelegt wurde usw. – Dann habe ich auch die fünf wunderbaren Vorträge vom 5., 6., 7., 12., 13. Oktober gelesen über die 4 Erzengel.

Die beiden letzten Tage war in Arlesheim wunderbares Wetter u. herrliche Herbstfärbung.

Henk, Erna u. Gotthard Michael geht es gut u. Erna u. der Kleine sehen viel besser aus. Der Kleine lacht schon furchtbar nett u. macht dabei ein richtiges Spitzbubengesicht.

Nun will ich Schluss machen, weil ich Dich sonst mit dem langen Brief zu sehr von der Arbeit abhalte! Schreibe bitte bald (Stuttgart, Traubergstr. 3).

Herzlichst
Deine Helene

Madeleine van Deventers Antwortbrief erhielt sich leider nicht, wohl dagegen das nächste Schreiben von Helene von Grunelius an sie, das fünf Wochen später in Holland eintraf und den folgenden Wortlaut trug:

Stuttgart, Traubergstr. 3
5. Dez. 23

Liebe Maddy,

Endlich komme ich dazu, Dir auf Deinen so lieben u. ausführlichen Brief zu antworten.
Anbei lege ich Dir die endgültige (also von unserer Seite ziemlich endgültige) Liste bei. Kurt Magerstädt ist der Freund von Hardt. Frau Kolisko habe ich als Gast eingeladen, nachdem ich vorigen Sonntag ein längeres, sehr feines Gespräch mit ihr hatte. Ihren Mann einzuladen können wir aber meiner Ansicht nach keine Veranlassung haben. Es ist ja doch ein großer Unterschied zwischen den beiden. Wenn Herr Dr. ihn auffordern will, so ist das etwas anderes u. geht uns nichts an. – Die rot unterstrichenen Namen sind von denjenigen, die schon mir bestimmt zugesagt haben für den Kurs. Die Leute haben sehr schnell u. begeistert geantwortet. Ich habe bereits Ende voriger Woche an alle geschrieben gehabt. Ich nehme also ganz bestimmt an, dass der Kursus stattfindet. – Hoffentlich haben Henk od. Erna dem Solti u. Reichhardt geschrieben, worum ich sie in einem Brief nach Arlesheim vom 25. XI. gebeten hatte. – Von Frau Wegman habe ich auch inzwischen Antwort bekommen. Sie sagt, es sei in Bezug auf die Liste sehr schwierig für sie u. auch für Herrn Dr., da sie beide nicht alle Leute kennen, zu sagen, wen man haben will u. wen nicht. «Eigentlich sollten die Veranstalter, also Sie, [und] Maddy van Deventer, die Leute von sich aus auswählen, sie einladen, u. auch die Verantwortung übernehmen, dass die Leute, die sie eingeladen haben, auch richtig verstehen, worauf es ankommt.» Weiter schreibt sie: «Was meine Stellung Ihnen allen gegenüber betrifft, so möchte ich sie so erklären: Herr Dr. will mit meiner Mitarbeit den Kursus geben, so dass ich weniger als Mitveranstalter gelte, sondern mehr als Hospitantin u. Mitarbeiterin von Herrn Dr. gelten werde. Ob Herr Dr. sich noch das Recht nehmen wird, andere Hospitanten einzuladen, vermag ich nicht zu sagen, halte es aber für sehr möglich. Herr Dr. ist es auch sehr lieb, dass Sie sich auch unsere beiden Ärztinnen hier in der Klinik auch weiter in die Vorbereitung u. Veranstaltung des Kurses mit hereinziehen. Dadurch bin ich auch im direkten Kontakt u. kann manchen Rat, den ich durch mein vieles Zusammensein mit Herrn Dr. geben könnte, Ihnen zukommen lassen. Ich hoffe, dass Sie das alles im rechten Sinne begreifen werden. – Dies, was ich Ihnen hier schreibe, hat Herr Dr. mir gegenüber während der holländ. Reise geäußert.» – Vorher schreibt sie noch: «Soviel ich Herr[n] Dr. verstanden habe, sollte der Kurs viel mehr auf das Moralisch-Menschliche u. Anthroposophische in der Medizin hintendieren, also hauptsächlich für diejenigen Studierenden u. jungen Ärzte sein, die während des Studiums u.

auch im Anfang ihrer Praxis nicht das gefunden haben, was sie als Befriedigung in ihrem Beruf u. Studium suchen. Also auf dieses Nichtbefriedigtsein wird der Hauptwert gelegt. Sie müssen also in der Wahl die Leute treffen, die wirklich in diesem Sinne suchen u. fragen. Therapeutisches wird in diesem Kurse, soweit ich urteilen kann, nicht viel gegeben.» – Ich bin sehr froh über diese Antwort von Dr. Wegman, besonders, dass sie sich u. auch vom Dr. nicht als Mitveranstalter betrachtet wird. Dieses Verhältnis zu ihr hatte mir nämlich seit meinem letzten Aufenthalt in Dornach viel Kopfzerbrechen gemacht u. nachdem ich ihr den Brief nach Holland geschrieben hatte, wurde mir so recht klar, dass sie aus ihrer Stellung u. Arbeit mit Herrn Dr. heraus doch eine ganz andere Einstellung hat wie wir u. dass, wenn wir versuchen wollten, uns auf sie einzustellen, wir nur unsicher würden u. eine Sache, die aus einem natürlich[en], tiefen, ursprünglichen Impuls heraus entstanden ist, dadurch abgebogen würde. Du wirst vielleicht nicht verstehen was ich meine; aber es kommt bei mir wohl daher, dass ich augenblicklich doch eine große Verantwortung habe, wo ich nun die Leute einlade u. mit ihnen korrespondiere, u. wo ich nun versuchen muß, in ihnen die richtige Stimmung zu erzeugen, da davon auch wieder für den Kurs vieles abhängt. Nun hat mir Herr Dr. gesagt: Versuchen Sie mit Ihrer Begeisterung die anderen zu entflammen. Und um nun auf die Sache mit Frau Dr. Wegman zu kommen: wie soll man das tun können, wenn man plötzlich unsicher wird.
Wir haben übrigens kein Rundschreiben geschickt, sondern ich habe an jeden persönlich geschrieben. Es ist in diesem Fall doch sicher richtiger gewesen u. viel wirkungsvoller. Manfred hat mir übrigens furchtbar nett geantwortet. – Ich hoffe, dass ich in den nächsten Tagen die Antworten alle habe, dann werde ich diese Liste nach Dornach schicken, damit sie von dort aus für die Einreiseerlaubnis sorgen.
Augenblicklich lasse ich die Dezembervorträge 1920 u. die Hygiene[49] *unter den Leuten zirkulieren, so dass es bis zum Kurs jeder gelesen haben wird. Auch habe ich immer hingewiesen auf den Vortrag in dem Zyklus «In geänderter Zeitlage»*[50]*. Die occulte Physiologie wird auch fast von allen durchgearbeitet.*
Maria ist vorige Woche recht krank gewesen. Sie hat wohl eine Art Lungenentzündung gehabt. Jetzt geht es etwas besser.
Ich freue mich recht, Dich schon an Weihnachten in Arlesheim zu sehen. Ich hoffe, dass ich dann auch schon werde kommen können.
Ich muß jetzt abschließen, da ich heute abend noch unbedingt an Frau Wegman schreiben muß.

Recht herzliche Grüße auch an Henk, wenn er noch dort ist.

Viele Grüße an Peter — *Deine Helene*

Helene von Grunelius (o. J.)

In dieser Weise war Helene von Grunelius umfänglich und initiativ tätig. Sie hatte den direkten Kontakt zu Rudolf Steiner, brachte die organisatorische Arbeit voran, finanzierte vieles selbst, trug die Verantwortung für den Teilnehmerkreis, bemühte sich, mit persönlichen Briefen und ausgewählten Lektüreempfehlungen in den Einzelnen ein Bewusstsein der vor ihnen liegenden Aufgabe zu erwekken bzw. *die richtige Stimmung* vorzubereiten – *da davon auch wieder für den Kurs vieles abhängt.* Sie übernahm auch die schwierige Information der – nicht eingeladenen – älteren anthroposophischen Ärztegeneration *(Ich werde versuchen, sie möglichst schonend darauf vorzubereiten, dass wir sie zum Kursus nicht auffordern werden)* sowie den verantwortlichen Kontakt zu Ita Wegman.

Dass Ita Wegman, die ärztliche Leiterin des Arlesheimer Klinisch-Therapeutischen Institutes, insbesondere im Verlauf des Jahres 1923 in eine sehr enge Arbeitsbeziehung zu Rudolf Steiner eingetreten war, wusste Helene von Grunelius, auch wenn die Einzelheiten und spirituellen Hintergründe dieser Zusammenarbeit nicht bekannt waren. Doch die zunehmende Häufigkeit von Steiners Visiten in der Klinik und die seit Oktober allabendlich stattfindenden Arbeitstreffen in Steiners Dornacher Atelier sprachen für sich; zudem hatte Helene von Grunelius einen direkten Kontakt zu den ärztlichen Mitarbeiterinnen Ita Wegmans in Arlesheim, namentlich zu der nur um wenige Jahre älteren Ärztin Margarethe Bockholt. Sie, Margarethe Bockholt, und die ebenfalls in der Arlesheimer Klinik tätige Hilma Walter waren von Steiner Anfang Oktober darüber informiert worden, dass er nun mit Dr. Wegman zusammen ein medizinisches Lehrbuch schreiben und Frau Wegman dafür eine stärkere, verantwortliche Mitarbeit in der Klinik benötigen würde ... Diese Lebensverhältnisse waren zu berücksichtigen, das war Helene von Grunelius deutlich, und sie freute sich daher, Wegmans zitierte, klare und taktvolle Antwort erhalten zu haben, die ihr und Madeleine van Deventer weiterhin die volle Autonomie und damit Verantwortung für die Auswahl und Vorbereitung der Kursteilnehmer zusprach und beide geradezu als «Veranstalter» des Kurses bezeichnete.

Madeleine van Deventer

Tatsächlich war «Maddy» van Deventer die große, mitvorbereitende Stütze von Helene von Grunelius zu dieser Zeit, auch wenn die holländische Studentin mehr assistierte und im Hintergrund wirkte. Van Deventer schrieb daher unmittelbar nach Erhalt des Grunelius-Briefes am Ende der ersten Dezemberwoche an Ita Wegman nach Arlesheim, berichtete von dem erhaltenen Schreiben aus Stuttgart und bekräftigte, in seinem Sinne tätig werden zu wollen («Nach unseren besten Kräften und ehrlichem Urteil werden wir also die Menschen aussuchen u. einladen und dafür die Verantwortung tragen»[51]). Daher – so kündigte der Brief an – werde sie auch in allernächster Zeit Willem Zeylmans und einen weiteren holländischen Kollegen aufsuchen und wahrscheinlich[52] beide zum Kurs einladen. – Dem widersprach Wegman allerdings nur wenige Tage ebenso höflich wie entschieden und machte deutlich, dass die Herren Zeylmans und van Houten von Rudolf Steiner selbst eingeladen würden – und zwar nicht zu dem Studentenkurs (der, so Wegman, einer «Reform der Medizin» gewidmet sei, «so wie Sie es wünschen und es auch voll berechtigt ist»), sondern vielmehr zu einem zeitgleich stattfindenden und therapeutisch ausgerichteten «Parallelkurs» für praktizierende Ärzte: «Das ist der Wunsch von Herrn Dr. Steiner. Und fortan soll nach seinem Wunsche alles, was das Medizinische betrifft, von ihm zusammen mit mir überlegt und zur Ausführung gebracht werden.»[53]

Wenige Tage später und damit gerade einmal eine Woche vor Beginn der Dornacher Weihnachtstagung schrieb Ita Wegman in diesem Sinne auch an Otto Palmer, den Leiter des Stuttgarter Klinisch-Therapeutischen Institutes:

Arlesheim, 18. 12. 1923

Sehr geehrter Herr Dr. Palmer,

Nach Rücksprache mit Herrn Dr. Steiner wird Herr Dr. während der Weihnachtsveranstaltung in den letzten drei Tagen die Vorträge allgemein medizinisch gestalten, für alle Mitglieder also. Daran anschließend wird Herr Dr. dann in den nächsten 2–3 Tagen eine Art Disputandum geben für die älteren, in der Praxis stehenden Mediziner. Es können dann in diesen Tagen also Fragen in therapeutischer Hinsicht gestellt werden, die dann Herr Dr. vortragsmäßig beantworten will.
So wäre es natürlich gut, wenn die teilnehmenden Ärzte schon in den letzten Tagen der Weihnachtstagung kommen könnten. Und da ich verstehe, dass Sie nicht alle aus dem Institut kommen können, so wäre es wohl gut, wenn Sie und Herr Dr. Noll mitmachen könnten. Können aber auch die anderen kommen – um so lieber. – Sie wissen vielleicht auch, dass eine Gruppe von jungen Medizinern unter Führung von Fräulein von Grunelius und van Deventer an Herrn Dr. herangetreten ist mit der Bitte, einen Kursus zu geben über die Reform der Medizin in moralisch-menschlicher Beziehung. Herr Dr. hat sich auch zu diesem Kursus bereit erklärt, und auch dieser Kursus wird in der ersten Januarwoche stattfinden, eben für diese kleine Gruppe von Studierenden und ganz jungen Ärzten. Das ist also eine Sache für sich, die nur auf Anregung der ganz jungen Mediziner kommt. – Ich meinerseits habe mich auf Wunsch von Herrn Dr. Steiner bereit erklärt, ihm, soweit es für ihn notwendig

ist, bei diesem Kursus behilflich zu sein, doch betone ich hiermit, dass ich in jeder Beziehung neutral bin und mir nur das Fortschreiten unserer medizinischen Arbeit am Herzen liegt. – So hoffe ich sehr, dass Sie zu dem Disputum kommen werden.
Leider weiß ich von dieser Veranstaltung auch erst in den letzten Tagen, und [es] ist die Nachfrage nach Quartieren in den letzten Tagen so groß geworden, dass es in Arlesheim und Dornach kaum mehr ein Zimmer gibt. So muss ich Ihnen raten, in Basel sich zunächst einmal ein Zimmer zu nehmen, und vielleicht gibt es dann nach Beendigung der Tagung noch eine Möglichkeit hier irgendwo unterzukommen.
Hoffentlich geht es Ihnen gut? Wir haben hier rasend viel zu tun.
Mit herzlichem Gruß auch an die andern Kollegen des Institutes

Ihre Ita Wegman, Dr. med.

*

Ob manche der an der Weihnachtstagung teilnehmenden Ärzte des Stuttgarter Kollegiums tatsächlich erst in den «letzten Tagen» und zur anschließenden Mediziner-Aussprache mit Rudolf Steiner anreisen konnten – und daher die spirituelle Begründung der Allgemeinen Anthroposophischen Gesellschaft sowie die Ernennung Ita Wegmans zur Leiterin der neugeschaffenen Medizinischen Sektion und ihre Aufnahme in den «esoterischen Vorstand» realiter versäumten –, ist historisch bisher nicht bekannt.[54] Dagegen kann davon ausgegangen werden, dass die überwiegende Mehrzahl der durch Helene von Grunelius eingeladenen Medizinstudierenden und jungen Ärzte die gesamte Weihnachtstagung mitmachte, wozu sie Helene von Grunelius im Vorfeld mit Nachdruck aufgefordert hatte. Die Bildung einer *richtigen Stimmung* war nicht einfach und bedurfte einer gemeinsamen Vorbereitung; zudem wusste oder ahnte von Grunelius, die stets hervorragend über viele Dornacher und Arlesheimer Prozesse informiert war, wie spirituell entscheidend die Weihnachtstagung werden würde – und legte daher Wert auf die Präsenz der einzelnen Kursteilnehmer.

*

Die sich schließlich zu Weihnachten im Arlesheimer «Sonnenhof», einem Landgut, das seit April 1922 zu Wegmans Klinisch-Therapeutischem Institut gehörte und damals als Mitarbeiter- und Gästehaus diente, treffenden Studenten und jungen Ärzte waren eine denkbar inhomogene Gruppe.[55] Viele von ihnen sahen sich zum ersten Mal, lernten sich erst schrittweise persönlich kennen, hatten völlig unterschiedliche anthroposophische Voraussetzungen und ausgesprochen differente Erwartungen und Sehnsüchte. In den Worten Lilly Koliskos:

> Die jungen Leute waren aus den verschiedensten Städten Deutschlands und auch des Auslandes zusammengekommen und standen sich mehr oder weniger fremd gegenüber. Man war sich eigentlich noch gar nicht so klar bewusst, was man wollte im Einzelnen. Jeder Einzelne hatte seine besonderen Wünsche, seine besonderen Erwartungen mitgebracht, und es war im Anfang ein großes Ringen, sich zu einander zu finden, eine Gemeinsamkeit zu bilden, die das Gleiche wollte, die sich klar werden konnte dessen, was durch die vielen Stimmen hindurch doch als ein Gemeinsames erklang: Die Sehnsucht nach dem Geiste. Es war ein mühevolles Herantasten an den einzelnen Menschen. Noch hatte man eine gegenseitige Scheu zu überwinden, alles frank und frei herauszusagen, was einem auf dem Herzen lag.[56]

Die meisten waren nur unter größten Schwierigkeiten und in wirklicher Armut angereist – einmal mehr aber zeigte das große hölzerne Haus, das von der Familie Grunelius drei Jahre zuvor in weiser, weiter Voraussicht erworben worden war, seine besondere Qualität. Viele der jungen Menschen konnten hier unterkommen, in einem großen, unkomplizierten Matratzenlager. Bereits in den vorausgehenden Jahren hatte diese Bleibe den jungen Priestern der Christengemeinschaft geholfen, in zahllosen Gesprächen unter geteiltem Dach sich gegenseitig besser kennenzulernen.[57] Steiners Vorträge gingen selten länger als eine Stunde – war man über viele Tage oder gar Wochen zu einzelnen Kursen in Dornach, so spielte sich Wesentliches auch außerhalb dieser knappen, zuhörenden Zeit ab; Wesentliches, das auch half oder anleitete, mit den gehörten Inhalten umgehen und leben zu lernen oder gar an ihnen den eigenen oder gemeinsamen Willen zu entzünden.

Haus Grunelius

Im «Sonnenhof» fanden dagegen die vorbereitenden Treffen und Besprechungen statt. Hier hörten die allermeisten der Teilnehmer erstmals die Meditation über die «Wärme», die ihnen Helene von Grunelius diktierte.[58] Sie per Post zu versenden und in Hände zu geben, die man nicht in einem tieferen Sinne persönlich kannte, wäre ihr niemals eingefallen.

Die gemeinsame «Sehnsucht nach dem Geist» war, Lilly Kolisko zufolge, das vorerst einzig verbindende Element in diesen Tagen. Rudolf Steiner aber sollte gut zwei Wochen später, am Epiphaniastag, zu den vor ihm sitzenden jungen Medizinern sagen:

> Es ist wenig damit getan, meine lieben Freunde, dass man im allgemeinen den Menschen hinweist von dem Sinnlich-Physischen auf das Geistige. Dieser Hinweis im allgemeinen auf das Geistige entspricht natürlich auf jedem Lebensgebiete – und man muss schon sagen, auf dem medizinischen Gebiete und für den seinen Weg suchenden Mediziner heute am allerstärksten –, es entspricht schon dieses allgemeine Hingewiesenwerden auf den Geist auch durch das, was in der Seele lebt,

einem innersten Bedürfnis. Aber dieses Bedürfnis ist in vieler Hinsicht ein solches, das wirklich in sich selbst erst eine größere Bestimmtheit finden muss, eine größere innere Klarheit, und auch, was vielleicht sogar die Hauptsache ist, eine größere innere Kraft, als die ist, mit der es gewöhnlich auftritt. Das alles, meine lieben Freunde, ist als Bestreben in Euch. Es muss aber ein Weg festgestellt werden. Zu diesem Wege kann von mir aus zunächst der Impuls gegeben werden, aber Ihr müsst dann mit diesem Impulse ein reales Weiterstreben im Zusammenhange mit Dornach einleiten.

Diejenigen, die sich das als Aufgabe stellen [...], müssen wissen: Das allgemeine Streben nach dem Geistigen tut es eben nicht. Es handelt sich darum, dass dieses Streben nach dem Geistigen wirklich in den einzelnen Lebensgebieten ganz konkret auftritt. Und so ist es schon notwendig, dass man sich wiederum einlebt in ein Mitleben mit der ganzen Weltwesenheit, mehr oder weniger mit der ganzen Wesenheit des äußeren Kosmos. Der Mensch erlebt heute den Kosmos nicht, und weil er den Kosmos nicht erlebt, erlebt er die Geistigkeit nicht. Denn die Geistigkeit ist nur zu erringen auf dem Umwege durch den Kosmos.[59]

Das spirituelle Anliegen der Studenten und Ärzte sollte künftig «im Zusammenhange mit Dornach» weiterverfolgt werden; inhaltlich aber musste es – so Steiner – in einem vertieften «Mitleben mit der ganzen Weltwesenheit», einer neuen, esoterisch vertieften Kosmologie bestehen.

*

Ehe Rudolf Steiner diese Worte sprach, war viel an den Weihnachtstagen geschehen. Die Neugründung der Allgemeinen Anthroposophischen Gesellschaft war ein hochspirituelles Geschehen, ebenso die Berufung des «Esoterischen Vorstandes», die Eröffnung der Hochschule und die Ankündigung der «Ersten Klasse» der neuen oder wiedereröffneten «Esoterischen Schule» – und es betraf die anthroposophische Heilkunst im Innersten. Bereits am ersten Tag der Dornacher Großveranstaltung hatte Rudolf Steiner die Aufnahme Ita Wegmans in den neu gebildeten Vorstand der Allgemeinen Anthroposophischen Gesellschaft bekanntgegeben («Als weiteres Vorstandsmitglied muss ich Ihnen vorschlagen, aus namentlich den Tatsachen der letzten Wochen hier, diejenige Persönlichkeit, mit der ich in der Gegenwart so recht die Möglichkeit

Willem Zeylmans van Emmichoven

habe, anthroposophischen Enthusiasmus in der richtigen Weise auszuprüfen dadurch, dass ich mit ihr zusammen das medizinische System der Anthroposophie ausarbeite: Frau Dr. Ita Wegman.»[60]) und sie vier Tage später als Leiterin der Medizinischen Sektion den versammelten Anthroposophen vorgestellt. Und am Neujahrsabend, zwölf Stunden vor dem beginnenden Kursus für die Gruppe um Helene von Grunelius, hatte Steiner auf einen entsprechenden Gesprächsbeitrag Willem Zeylmans van Emmichovens hin[61] während der allgemeinen Mitgliedervorträge unvermittelt deutlich gesagt:

> In Dornach wird ein Mittelpunkt geistiger Erkenntnis geschaffen werden.
> Deshalb klang es heute Vormittag wirklich schön, als gesprochen worden ist für ein Gebiet, das hier in Dornach gepflegt werden soll, für das Gebiet der Medizin, von Dr. Zeylmans, dass heute nicht mehr Brücken

gebaut werden können von der gewöhnlichen Wissenschaft aus in dasjenige, was hier in Dornach begründet werden soll. Wenn wir dasjenige, was auf unserem Boden medizinisch erwächst, so beschreiben, dass wir den Ehrgeiz haben: Unsere Abhandlungen können bestehen vor den gegenwärtigen klinischen Anforderungen –, dann, dann werden wir niemals mit den Dingen, die wir eigentlich als Aufgabe haben, zu einem bestimmten Ziele kommen, denn dann werden die anderen Menschen sagen: Nun ja, das ist ein neues Mittel; wir haben auch schon neue Mittel gemacht. –

Dasjenige, um was es sich handelt, ist doch, dass tatsächlich hereingenommen werde in das anthroposophische Leben solch ein Zweig der Lebenspraxis, wie es die Medizin ist. Das habe ich wohl als eine Sehnsucht von Dr. Zeylmans heute Vormittag richtig verstanden. Denn zu diesem Ziele sagte er doch: Derjenige, der heute Arzt geworden ist, sagt: Ich bin eben Arzt geworden –, aber er sehnt sich nach etwas, was aus einer neuen Weltenecke heraus Impulse gibt. – Und sehen Sie, auf dem Gebiete der Medizin soll das in eindeutiger Weise in der Zukunft von Dornach aus hier so gemacht werden, wie mancher andere Zweig des anthroposophischen Wirkens, der im Schoße des Anthroposophischen geblieben ist, eben gewirkt hat und wie jetzt mit Frau Dr. Wegman als meiner Helferin ausgearbeitet wird gerade jenes ganz aus der Anthroposophie herauskommende medizinische System, das die Menschheit braucht, und das demnächst vor die Menschheit treten wird. Ebenso wird es meine Absicht sein, eine engste Beziehung zu dem ja so segensreich wirkenden Klinisch-Therapeutischen Institut in Arlesheim, eine möglichst intime Verbindung des Goetheanums mit diesem Institute in möglichster Bälde, in kurzer Zukunft herzustellen, so dass tatsächlich dasjenige, was da gedeiht, in der wirklichen Orientierungslinie der Anthroposophie liegen wird. Das ist auch dasjenige, was Frau Dr. Wegmans Absicht ist.[61a]

Völlig unvermutet war der von Helene von Grunelius, Madeleine van Deventer, Manfred von Kries und einigen anderen studentischen Freunden seit Oktober 1922 vorbereitete «Privatkurs» nun die erste Veranstaltung der Medizinischen Sektion im Rahmen der Freien Hochschule für Geisteswissenschaft, was bis in die äußere Form hinein bereits am 2. Januar sichtbar wurde. In der knappen Beschreibung der Kursatmosphäre im Dornacher Glashaus hieß es bei Madeleine van Deventer: «Der ganze Vorstand nahm am Kurs teil und saß vorne im Saal an einem Tisch.»[62]

Rudolf Steiner führte ab Weihnachten die Medizinische Sektion mit Hilfe ihrer Leiterin – so seine Formulierung[63] –, doch seine Zusammenarbeit mit Wegman hatte schon seit einigen Monaten eine besondere Intensität genommen. Seit langem lebte in dieser tiefgründigen Ärztin die konkrete Sehnsucht nach einer neuen Mysterienmedizin, einem neuen Wissen über Krankheit und Heilung des Menschen, im Geist der alten, in verschiedenen Mysterienstätten vollzogenen Weihen und damit Ausbildungswegen, jedoch in nunmehr durchchristeter Gestalt, wie sie durch das Auftreten der Anthroposophie möglich geworden war. Im Sommer 1923 war Ita Wegman mit dieser fragenden Bitte erstmals an Rudolf Steiner herangetreten («Sie fragte, ob er das Mysterienprinzip in der Medizin nicht mehr in den Vordergrund stellen könne? Warum er die medizinischen Kurse bisher so intellektuell gehalten habe? ‹Ich möchte eine Medizin haben, wie es während der Zeit der Mysterien war.›»[64]), nach einem vieljährigen Vorbereitungsweg in biographischer und innerlich-esoterischer Hinsicht. Ab dieser Zeit hatte Steiner ihr in dichter Folge okkulte Übungen gegeben und seine geisteswissenschaftliche Zusammenarbeit mit Wegman im engeren Sinne begonnen; zum Jahresende waren dann – beginnend mit dem ersten Adventssonntag – seine ersten direkten Schilderungen über die Lehrweisen und Lehrinhalte einiger zentraler Mysterienstätten erfolgt, allerdings mit konsequenter Ausrichtung auf die Zukunft. Die Medizinische Sektion sollte eine Pflegestätte für die neue Initiatenmedizin werden und Ita Wegman die zentrale Arbeit mit ihm leisten, verantworten und gegenüber den anthroposophischen Ärzten und der Außenwelt vertreten, daran ließ Rudolf Steiner seit der Weihnachtstagung keinen Zweifel mehr aufkommen. Insofern verwies er die Gruppe um Helene von Grunelius nun auch noch viel eindeutiger und konsequenter als bisher auf Wegman – und seine Zusammenarbeit mit ihr –, und sagte ebenfalls am Epiphaniastag, im Verlauf des fünften Kursvortrages:

> Und dazu ist notwendig, dass man sich den Bedingungen [des esoterischen Lebens], die von hier aus geschaffen werden, auch wirklich vertrauensvoll unterwirft. Zu diesen Bedingungen gehört diese, dass ich

alle diejenigen Dinge, die auf medizinischem Felde liegen, zunächst werde zu besorgen haben im Verein mit Frau Dr. Wegman, die sich im Verlauf der ganzen anthroposophischen Bewegung für die Medizin vorbereitet hat, und nun so darinnen steht in dieser medizinischen Strömung, dass sie diese medizinische Strömung mit mir zusammen wird zu leiten haben. Und so wird nur derjenige, der sich im Vertrauen an Frau Dr. Wegman anschließt, seinen Weg von Dornach aus finden können. Daher wird in nächster Zeit die Einrichtung getroffen werden müssen, dass diejenigen, die in nächster Zeit in dauernder Verbindung bleiben wollen mit der Sektion, für das Wiederbeleben der Medizin, sich – in der Form, über die noch weiter gesprochen werden kann – mit ihrem Anliegen an Frau Dr. Wegman, in vollständigem, restlosem Vertrauen wenden. [...] Das ist nicht Autoritätsglaube, sondern sinnvolles Bauen auf einem Grunde, einem inneren Grunde, Hinnehmen der Bedingungen, die vom Schicksal einmal geschaffen sind.[65]

*

Auch *inhaltlich* lagen die lange erwarteten acht Vorträge, die Rudolf Steiner schließlich am 2. Januar vor den «jungen Medizinern» im Glashaus begann, ganz auf der Linie und im Sinne von Wegmans Intention, das «Mysterienprinzip» wieder in die Medizin einzuführen. In den orientalischen, aber auch noch in den griechisch-vorderasiatischen und hybernischen Mysterienstätten war, Rudolf Steiner zufolge, die Beziehung des Menschen zum Kosmos, sein Einbezug in kosmische Kräftewirkungen sowie die gesamte Evolutionsgeschichte des Menschen und der Erde vor dem Hintergrund des kosmischen Weltenwerdens ein, wenn nicht *der* zentrale Lehrinhalt gewesen. In diese Richtung führte Steiner nun seine jungen Zuhörer in systematischer Weise – beginnend mit dem Wirken der Elemente und Substanzen inner- und außerhalb des Organismus, das Steiner bereits im ersten Vortrag intensiv anklingen ließ und dabei immer wieder – unthematisiert – auf Aspekte und Zusammenhänge aufmerksam machte, die Jahrtausende zuvor in den alten Mysterienstätten erforscht und bedacht worden waren.[66] Dem widerspricht nicht, dass Rudolf Steiner zugleich ganz auf das ursprüngliche, ihm im Oktober 1922 erstmals vorgetragene Anliegen der Studenten um Helene von Grunelius und Madeleine van Deventer einging und nicht nur die Brückenbedeutung der Wärmeprozesse von Anfang an mit im Zentrum der Betrachtung stand, sondern auch der von ihnen sehnlichst gesuchte Ausbildungsweg des Arztes in geistig-moralischer Hinsicht. Allerdings fundierte Steiner den «Heilwillen» des Arztes wesentlich tiefer, als dies von den angereisten Studenten erwartet worden war. Er zeigte ihnen vielmehr auf, wie erst durch eine tiefere, innerliche Hingabe an die wirkenden Schöpfungskräfte ein substantieller «Drang nach persönlicher Hilfeleistung» entstehen und seinen therapeutischen Weg finden kann, wobei der Aspekt der individuellen Schulung und Weiterentwicklung alle Darstellungen Steiners durchdrang, beginnend mit dem ersten Vortrag, in dem es noch in vorbereitend-zurückhaltender Weise geheißen hatte:

> Es handelt sich darum, gerade die feineren Prozesse in der Natur zu beobachten, dann wird man zu einer wirklichen Menschenerkenntnis kommen.
> Aber zu alldem gehört ein wirklich innerer Natursinn, ein Zusammenschauenkönnen von Wärme, von Luftströmungen, von Lufterwärmungen, von Luftabkühlungen, vom Spiel der Sonnenstrahlen in Lufterwärmungen und Luftabkühlungen, des Wasserdunstes in der Atmosphäre, des wunderbaren Spieles des Taues am Morgen über den Blumen, an allen Pflanzen […].[67]

Mit sich bis Epiphanias steigernder Intensität entwickelte Rudolf Steiner dann die konkreten, von den Hörern in Freiheit einzuschlagenden Übungswege für eine spirituell vertiefte Natur- und Menschenkunde und gab erste meditative Hinweise und Inhalte zum individuellen Fortschreiten. Auch diese Schilderungen ließen den mysteriennahen Initiationscharakter des Gemeinten immer wieder deutlich zum Vorschein kommen – so, wenn Steiner davon sprach, dass die Seele im Vollzug dieser Übungen «innerlich Schauer» und «innere Erschütterungen aller möglichen Arten» erfahren sollte, um in ihrem ganzen Empfindungsverhältnis zum Kosmos auf eine neue Stufe zu gelangen.[68]

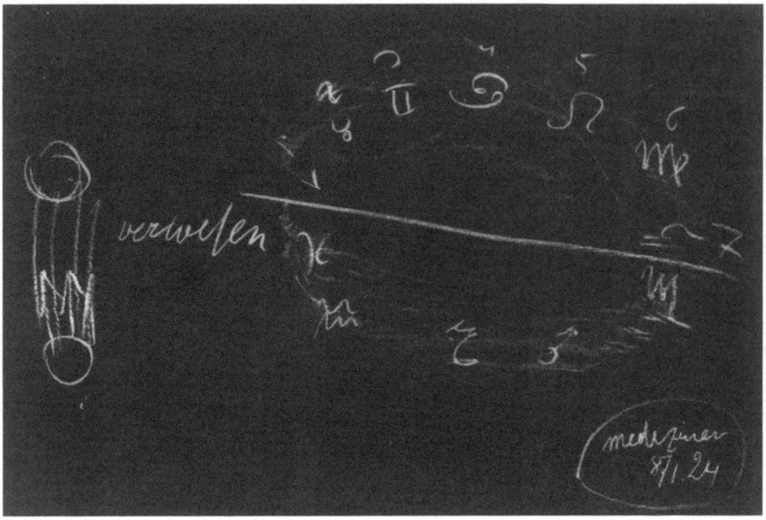

Wandtafelzeichnung zum Vortrag vom 8. 1. 1924

Steiner stellte all diese Zusammenhänge mit umfassendem Ernst dar und wies seine jungen Hörer wiederholt auf die große, vor ihnen liegende Aufgabe hin – «Der esoterische Weg ist eben entweder ein schwieriger oder er ist gar keiner. [...] So dass es sich sozusagen nicht handeln kann beim esoterischen Wege um eine Beigabe, sondern dass es sich um eine völlige Erfüllung des Lebensweges mit den esoterischen Impulsen»[69] – , aber er sprach sie zugleich sehr persönlich an, wechselte wiederholt in die Du-Form («Euch») des geistigen Lehrers gegenüber den geliebten Schülern und sagte ihnen in jeder Hinsicht seine gesamte Unterstützung zu. Ein unvergleichliches Licht lag über seinen Darstellungen, eine intime Schönheit und leuchtende Größe voll meditativ-religiöser Substanz, die in dieser Weise nie in seinen bisherigen Medizinerkursen erklungen war.

Obwohl keiner der Studenten und Ärzte auf diesen Charakter der Stunden und die so besondere, von Steiner schrittweise aufgebaute Intensität und Intimität vorbereitet gewesen war[70], wurde die Gruppe doch unmittelbar von dem Gehörten erfasst und ergriffen. Mit Zustimmung Rudolf Steiners schrieb ein Student – Hans Altemüller – noch während des Kurses die aus dem Jahre 1906 stammenden und zur damaligen «Esoterischen Schule» gehörenden «Allgemeinen Anforderungen, die ein jeder an sich selbst stellen muss, der eine okkulte Entwickelung durchmachen will»[71] für sämtliche Kursteilnehmer ab, während andere sich Gedanken machten, ob die durchgeführte Stenographie der gehörten Vorträge statthaft sei. Nach Ende des Kurses wandte sich diesbezüglich Heinrich Hardt noch einmal an Ita Wegman mit den Worten:

> In den ausgesprochen esoterischen Stunden konnte man es wohl als störend, ja unangebracht, empfinden, dass, wie sonst, mitstenographiert wurde. Herr Doctor sagt ja von sich aus nichts dagegen, doch finde ich, müssten wir – ich meine uns Jungen – bestrebt sein, ihm unsere Herzen und Sinne so zu öffnen, dass sie getreuer und beständiger das bewahren, was er uns gibt, als jedes Papier. Vieles kann für mein Empfinden gar nicht stenographiert werden bzw. darf es nicht. Mir ist, als müsste auch Herr Doctor das nicht ganz angenehm empfinden.[72]

Mit sämtlichen Teilnehmern des Kurses führte Ita Wegman Einzelgespräche während der acht Tage, hörte zu, was in den Einzelnen lebte, und beriet sie auf ihrem weiteren Studien- und Lebensweg.

Die jungen Studenten und Ärzte nahmen mit dankbarem Herzen auf, was Rudolf Steiner ihnen sagte und anvertraute; andererseits gab es nach dem fünften Vortrag am Epiphaniastag einen unübersehbaren Bruch in dem sich stetig entwickelnden Aufbau des Kurses, ein Bruch, der offenbar mit der Rezeption der Vortragsinhalte beziehungsweise dem Verhalten einzelner Teilnehmer in Zusammenhang stand und möglicherweise nicht einzig in Steiners intimer Vortragstätigkeit des Jahres 1924 war.[73] Über die geschichtlichen Umstände von Rudolf Steiners Zurückhaltung am Morgen des 7. Januar («Aus Gründen, die ich jetzt nicht erörtern will, werde ich die mehr esoterisch geartete Stunde, die ich heute halten wollte, Ihnen am Ende dieses Kurses halten.»[74]) und das nur verzögerte und abgeschwächte Wiederaufnehmen der systematisch aufgebauten Kursmotive ist bisher geschichtlich nahezu nichts bekannt geworden. Allerdings schrieb Madeleine van Deventer über die Situation unmittelbar nach Steiners Vortrag vom 5. Januar sechs Jahrzehnte später nieder:

> Als im vierten Vortrag die ersten meditativen Übungen gegeben wurden, kannte unser Glücksgefühl keine Grenzen. Statt das erhöhte Lebensgefühl zur inneren Arbeit zu verwenden, lebte es sich zunächst aus in äußerer Ausgelassenheit. Eine Schneeballschlacht erfolgte. Als Rudolf Steiner mit Ita Wegman aus dem Glashaus trat und unser Treiben sah, war er sehr traurig, obwohl er sonst jugendliches Tun gerne hatte. Als wir ihn da stehen sahen, wie er uns durch sein Lorgnon beobachtete, kam die «vernünftige Ernüchterung.»[75]

Da der folgende Epiphanias-Vortrag inhaltlich bruchlos und ohne jede erkennbare atmosphärische Alteration dort weiterführend ansetzte, wo Steiner am 5. Januar aufgehört hatte, erscheint zumindest prinzipiell denkbar, dass die immerhin 83jährige van Deventer sich bei der Niederschrift ihrer entsprechenden Erinnerungen um einen Tag täuschte. Auch ihr unmittelbar anschließender Satz: «Wir waren zutiefst dankbar, dass die weiteren Vorträge trotzdem eine Steigerung brachten», vereinfachte die Zusammenhänge ganz offensichtlich.

Helene von Grunelius' weiter unten zitierte Briefe aus den folgenden Monaten lassen dagegen erkennen, wie sehr sie sich persönlich für Vorkommnisse und eigene Verhaltensweisen während des Kurses schämte und gegenüber Rudolf Steiner schuldig fühlte. Was jedoch im einzelnen geschah, wurde nie bekannt.

Trotz aller Verzögerungen und Erschwernisse aber führte Steiner den Kurs zu Ende und damit zugleich jener wirksamen Gestalt zu, die von Anfang an im Hintergrund seiner acht einzelnen Darstellungen gestanden hatte und ihren eigentlichen Titel rechtfertigte: «Moral des medizinischen Studiums und der Praxis (esoterisch und exoterisch)»[76]. Wie Steiner an zwei Stellen des Kurses erläuterte, war dessen innerer Aufbau für den Duktus eines künftigen Medizinstudiums vorbildlich-wegweisend und in sich dreistufig – exoterisch, esoterisch und moralisch. Darunter verstand Steiner im einzelnen eine geisteswissenschaftlich vertiefte Menschen- und Weltkunde (exoterische Anthropologie und Kosmologie), die über den Weg einer esoterisch-meditativen Schulung schließlich in einem dritten Schritt den Erwerb von spezifisch ärztlich-moralischen Fähigkeiten ermöglichen sollte. Den Begriff der «Moral» brachte Steiner jedoch – wie der Kurs durchgängig zeigte – bereits für die zweite und permanent fortzuführende Stufe des esoterischen Übens in Anschlag und sagte im letzten Vortrag erläuternd:

> Unter Moral verstehe ich das Verbundenfühlen zu einer Verpflichtung, das Verbundenfühlen, wirklich die Seele durch solche meditativen Kräfte in die nötige fortdauernde Stimmung zu bringen, der Welt in der richtigen Art gegenüberzustehen.[77]

*

Auch wenn viele Fragen blieben und insbesondere das tiefe Gefühl der eigenen Unzulänglichkeit, ja der vollständigen Überforderung, so verließen doch die Medizinstudenten und Ärzte nach über zweiwöchiger Anwesenheit schließlich am 9. Januar überwältigend reich beschenkt Dornach und das Goetheanum – insbesondere aber Rudolf Steiner und seine Mitarbeiterin Ita Wegman. Auf ihre, Wegmans Bedeutung für die künftige Arbeit hatte sie Steiner in seinen liebevollen, wohlwollend-bilanzierenden und zukunftsgewandten Schlussworten noch einmal deutlich hingewiesen. Er hatte auch nicht versäumt, seine Hörer abschließend auf die vor ihnen stehenden und sich weiter steigernden Schwierigkeiten in einer materialistischen Zivilisation eindringlich aufmerksam zu machen («Denn wenn Ihr mit diesen esoterischen Winken nun an Eure medizinischen Studien geht: Ihr werdet sehen, es wird anders. Allerdings, es wird vielleicht sogar schwerer. […] Ihr werdet ja natürlich eine verfeinerte Seelenkraft bekommen dadurch, dass

Ihr solche Dinge auf Eure Seelenkräfte wirken lasst. Und es wird Euch manchmal die Art, wie heute Psychologie und Physiologie und pathologische Wissenschaft, auf der die medizinische Wissenschaft beruht, auf Euch selber wirkt, es wird Euch manches wehe tun. Es wird wirklich so sein, wie wenn man Euch manchmal statt Brot Steine geben würde. Aber Ihr werdet dann selber aus diesen Steinen, die da sind, doch etwas herausholen können. Und es wird Euch das, was da gegeben wird, in einem gewissen Grade doch zielvoll sein können. Ihr werdet auf einem nicht leichten Wege doch etwas lernen können. Und das muss schon sein, nicht wahr, vorläufig ist eben die Welt mit ihrem Materialismus noch mächtig, und wir müssen uns zunächst in sie hineinstellen auf irgendeine Art. Wir müssen da heraus arbeiten aus der Lage, in die wir kommen, wenn wir uns eben hineinstellen.»[78]) und schließlich zu ihnen noch gesagt:

> Aber es muss zunächst mit der Sache so sein, dass mit vollem Ernst so etwas seine weitere Fortsetzung findet, wie die Art und Weise – wie Frau Dr. Wegman gesagt hat –, wie Ihr zu ihr gekommen seid, um wirklich einzuleiten mit vollem Vertrauen die Verbindung mit demjenigen, was eigentlich ein medizinisches Studium sein soll, das in die allgemeine heutige materialistische Medizin hineinfließen muss. Ihr könnt viel für Euch dazu tun, aber auch viel tun für die Welt und die kranke Menschheit, wenn Ihr das, was Ihr jetzt gehört habt, nicht als etwas bloß Vorübergehendes betrachtet, sondern als Ausgangspunkt für das, wozu Ihr ja einen so außerordentlich guten Anfang gemacht habt.
> In diesem Sinne, meine lieben Freunde, wollen wir vereinigt bleiben, wollen wir so vereinigt bleiben, dass Ihr in Dornach hier im Goetheanum Euren Mittelpunkt behaltet, und an diesen Mittelpunkt Euch wirklich haltet, so dass dieser Mittelpunkt durch Euch in der Welt wirken kann. Das ist dasjenige, was ich wie eine Art von Mahnung, möchte ich sagen, Euch mitgeben möchte, dann wird es gut werden, dann wird noch manches sich anschließen an dasjenige, was wir hier besprochen und durchgemacht haben, wovon Ihr in schöner Weise ein Gefühlsideal haben könnt, was aber werden kann wirkliche Lebensgestaltung.
> Nun, meine lieben Freunde, so wollen wir es halten.[79]

*

In den Januar- und Februarwochen des Jahres 1924 trafen zahlreiche Briefe der verschiedenen Kursteilnehmer bei Helene von Grunelius in Stuttgart, aber auch bei Ita Wegman in Arlesheim ein. Die Studenten und Ärzte dankten Wegman für ihre Gespräche mit ihnen, berichteten von ihrer Stimmung und Lebensbefindlichkeit, von Hoffnungen und Sorgen nach der Rückkehr an ihren Studien- und Arbeitsort, auch von ihrer neuen Gemeinsamkeit. So schrieb Heinrich Hardt nur zwei Wochen nach seiner Ankunft in Rostock:

> Die Erinnerung an den Kurs wurzelt so tief, dass man noch im Traume, ja gerade dann das deutliche Gefühl hat, mit allen anderen, die teilnahmen, verbunden zu sein; dem gegenüber bedeutete das lebhafte Tageserinnern fast eine Abschwächung.
> Bei den heutigen Verhältnissen im Studium kann man manchmal die Lust vollkommen verlieren, überhaupt Examen zu machen und den Doktor-Titel zu erlangen, weil man beides von Autoritäten nehmen muss, die eben in Wahrheit solche nicht mehr sind. – Nun kann es einem eine neue Freude sein, beides sowie die «Approbation» dennoch zu erlangen für – ja, nur für unsere gemeinsame große Sache![80]

Einige andere – wie die junge Ärztin Ilse Knauer, die mit Wegman ein Gespräch über die mögliche anthroposophische Durchdringung ihres ärztlichen Spezialgebietes geführt hatte – spürten deutlich, welche Bedeutung die Arbeit von Wegman an der Seite Rudolf Steiners zukam, weit über den großen Kurs hinaus, den sie gerade in Dornach innerhalb der neu gegründeten Sektion miterlebt hatten. So hieß es in einem langen Brief diesbezüglich:

> Es ist mir noch Bedürfnis, Ihnen zu sagen, wie stark mein Gefühl der Dankbarkeit Ihnen gegenüber ist. Denn nur durch Ihre rastlose Arbeit war es Dr. Steiner möglich eine medizinische Sektion zu begründen. Und was das für uns bedeutet, kann gar nicht ermessen werden.[81]

Zahlreiche Teilnehmer machten sich mit neuem Elan an ihre Studien oder kehrten hochmotiviert in ihre Krankenhäuser und Praxen zurück, mit neuen Perspektiven und Fragerichtungen, Beobachtungsmöglichkeiten und Gesichtspunkten.[82] Auch versuchten sie nach Möglichkeit, die von Steiner eröffneten meditativen Übungen in ihren Tageslauf zu integrieren, auch wenn die meisten noch sehr unsicher waren, in welcher Ausdehnung, zu welcher Tageszeit und überhaupt in welcher Form die Übungen zu praktizieren waren – und sich mit solchen Fragen an Helene von Grunelius wandten. Madeleine van Deventers Bruder Henk hatte dagegen gemeinsam mit seiner Frau Erna, einer jungen Heileurythmistin, noch in Dornach ein Gespräch mit Rudolf Steiner geführt und in dieser Unterredung weitere, ergänzende Hinweise von dem Lehrer bekommen:

> «Gehen Sie beide jeden Morgen zur gleichen Zeit an den gleichen Ort, wo Wiesen, Bäume, Wasser sind. Suchen Sie sich eine bestimmte Stelle – immer die gleiche – bei jedem Wetter. Wechseln Sie den Ort höchstens vom Sommer zum Winter. Studieren Sie dort die Bäume, Sträucher und Gräser, die Wolkenbildungen, Schatten und Sonnenstrahlen auf den Blättern – jeden Morgen. Nach der Wahrnehmung machen Sie die Meditation von den ‹Heilenden Geistern›. Und was Sie nun versuchen müssen, ist, nicht wie beim abstrakten Studium, sondern wie beim lebendigen Wahrnehmen die Pflanzen anzuschauen. Die Formen der Wurzeln, Stengel und Blüten müssen Ihnen etwas sagen – die Pflanze muss ihr Wesen offenbaren! Nehmen Sie dazu die Bewegungen der Blätter, der Stengel, ja der Wurzeln. Verbinden Sie das mit den Eurythmiebewegungen – sie sind dasselbe wie die Haltung, die Bewegungen der Pflanzen. Nehmen Sie eine Tanne: was sagt Ihnen die Gestalt? Sie formt ja wirklich eine beschützende Geste für den, der darunter steht: ein T, ein A, ein N, wenn sie im Winde weht. Dass in einer anderen Sprache andere Laute dafür gesprochen werden, sagt ja nur, dass zum Beispiel der Franzose – sapin – eine andere Nuance dieses Baumes anspricht. Oder: was tut der Fingerhut? Seine feinen, schlaffen Wurzeln lassen sich durch den Regen tief in die Erde einsinken. Dann entwickelt er einen sehr langen Stiel, der sich ganz über die Schwerkraft der Erde erhebt. Und zum Schluss die glockenartigen Blüten, die sich wieder der Erde zuneigen: sieht man dem Fingerhut nicht imaginativ an, wie er einen Gleichgewichtszustand darstellt – sich erst mit der Wurzel der Schweremacht verbindet, dann kerzengerade emporstrebt, obwohl er das Gleichgewicht vieler Blüten trägt. Sich zum Lichte erhebt, die Blüten aber wiederum nach unten neigt, – sieht man ihm nicht schon an, dass er harmonisierend auf das Herz wirken muss – abwechselnd sich der Schwerkraft und der Sonne verbindend und so sich im Gleichgewicht harmonisch haltend? So muss Meditation Wirklichkeit werden! Sulfur, Salz, dazwischen Merkur wirken und werden Wirklichkeit. So verbinden Sie Ihr Wesen mit den Grundelementen des Pflanzenseins!»

Wir gingen nach Holland mit diesen Weisungen und begannen im März 1924 unsere «Pflanzenstudien». Morgens um 7 Uhr radelten wir in die Rheinauen – um 8 Uhr musste mein Mann in der Klinik sein. [...] Es war ein dramatisches Studium: jeden Morgen anderes Wetter, Sturm, Schnee und Frühjahrssonne. Hatten wir uns eingestellt auf die Veränderungen, die der Regen an den Pflanzen bewirkte – am nächsten Morgen war dicker Nebel. Diese Metamorphosen sollten wir verbinden mit den Stimmungen der Wochensprüche: «wenn aus den Weltenweiten ...», – «wenn aus den Seelentiefen ...» –, ja, so wurde unser Denken bildhaft. Und wenn ich mit meinem eigenen Körper eurythmisierte «Weltenweiten» und «Seelentiefen», dann wurden diese Worte zu Handlungen, zu auf der Erde sichtbar gewordenen Bewegungstendenzen der Götter! Sie wurden zum Schlüssel für das Begreifen von Formen und Bewegungen im Mineral-, Pflanzen- und Tierreich. «Daraus können Sie ablesen, was dem Menschen heilsam oder schädlich ist.»[83]

*

Während in Arlesheim auch Briefe von Medizinern eingingen, die nicht zu dem Kurs eingeladen worden waren, deswegen traurig, verärgert oder verletzt waren[84], arbeitete Helene von Grunelius gemeinsam mit Lilly Kolisko und einigen anderen, in Stuttgart und Umgebung ansässigen Kursteilnehmern die Vorträge nach – anhand von Koliskos Stenogrammen und unter Hinzuziehung von weiterer Literatur. Steiner hatte direkt und indirekt dazu aufgefordert, die unabdingbar notwendigen «exoterischen» Wissensgrundlagen zu erwerben, und dabei nicht zuletzt auf die in seinem Werk verstreut vorhandenen Ausführungen hingewiesen («Und heute liegt schon die Möglichkeit vor, dass dasjenige, was in einer kurzen Skizze angedeutet ist, durch viele Einzelheiten, die in Zyklen und Schriften von mir vorliegen, ausgebaut werde. Das ist nur zum geringsten Teil bis jetzt geschehen [...].»[85]); in Stuttgart war es nun insbesondere Lilly Kolisko, die sich dieser Arbeit nach Kräften annahm und bei den Treffen im großen Stil referierte, worüber sie regelmäßig briefliche Berichte an Ita Wegman sandte.

Helene von Grunelius nahm an allen diesen Aktivitäten – neben ihrer anstrengenden Krankenhausarbeit – teil, befand sich jedoch im Nachgang des Kurses und der Dornacher Geschehnisse in einer anhaltend gedrückten Stimmungslage. So schrieb sie Mitte Februar einmal an Margarethe Bockholt nach Arlesheim[86]:

Liebe Bockholt,

Für Deinen lieben Brief danke ich Dir recht herzlich. – Erst durch Erika Linke hörte ich, dass Du in der letzten Zeit soviel Schweres u. Schmerzliches durchzumachen hattest. Es war mir von Herzen leid, dieses so spät zu erfahren u. vorher nichts davon gewusst zu haben.
Von den Kursteilnehmern höre ich wenig. Mit Altemüller, Büttner, Frl. Bort, Frau Kolisko u. Maria Hachez komme ich jede Woche zusammen. Von gestern an liest uns Frau Kolisko jeden Samstag abend aus ihrem Stenogramm vom Kurs vor, solange wir nicht selber ein Exemplar besitzen. Montag abend kommen wir dann mit einigen Naturwissenschaftlern zusammen u. versuchen, den festen Organismus des Menschen durchzuarbeiten bzw. uns seinem Verständnis zu nähern. – Von Suchantke erhielt ich vor 8 Tagen einen Brief. Er schreibt, er habe bisher sehr viel zu tun gehabt, für die Freie Anthr. Ges. über Dornach zu berichten u. auch sonst viel für die F.A.G. zu tun gehabt, weil er jetzt Vertrauensmann für Breslau ist. – Im übrigen fragt er, wann ich die beiden Meditationen aus dem Kurs mache.
Durch den Vortrag vom Dr. vor 10 Tagen und durch Deinen Brief sowie durch Erzählungen von Erika Linke bin ich wieder um ein Minimales aus meinem dumpfen, schweren Schlaf aufgewacht und will nun heute versuchen, an die übrigen Kursteilnehmer zu schreiben; – nicht etwa allein, um ihnen dies Phänomen mitzuteilen! –
Ich denke, da ich und wohl die meisten anderen nun doch noch nicht als Schüler in die Hochschule aufgenommen sind, werde ich diesen besagten Brief auch nicht – falls ich ihn überhaupt zustande bringe – Frau Dr. Wegman zur Begutachtung vorher schicken brauchen.
Ich möchte natürlich sehr gerne in der nächsten Zeit einmal nach Dornach kommen, um verschiedenes zu besprechen. Vorerst wird es aber schwer möglich sein, da im Krankenhaus unser 1. Assistent krank ist u. ich infolge dessen jetzt als selbständige Assistentin 40 Patientinnen zu verarzten habe. Du kannst Dir wohl nicht denken, wie komisch mir dieses vorkommt, aber durch diese Tätigkeit u. Verantwortung lerne ich natürlich auch viel.

Ich wäre Dir sehr dankbar, wenn Du mir bald wieder schreiben würdest u. mir berichten könntest über die Lage, besonders, was die med. Sektion betrifft.

Sei herzlichst gegrüßt

Von Deiner
Helene Grunelius

Ebenfalls herzliche Grüße an Frau Dr. Wegman u. an Fräulein Walter. Hoffentlich geht es Frau Dr. wieder besser.

Madeleine van Deventer machte sich Sorgen über den gesundheitlichen Zustand von Helene von Grunelius und legte ihr Ende Februar nahe, sich im Süden für einige Zeit zu erholen («Von Helene von Grunelius kriegte ich inzwischen Nachricht. Sie schien mir müde und abgearbeitet. Ich habe ihr den Rat gegeben, ein paar Wochen nach Italien zu gehen.»[87]), was Grunelius jedoch nicht tat.

Statt dessen erhielt sie am Ende der zweiten Märzwoche ebenso wie alle übrigen Kursteilnehmer einen ersten Rundbrief mit 16 Fragenbeantwortungen und einer gewichtigen, auch mit einem weiteren Mantram versehenen Einführung – einen Rundbrief, der von Rudolf Steiner bereits während des Kurses in Aussicht gestellt worden war, den er nun selbst aufgesetzt und gemeinsam mit Ita Wegman unterschrieben hatte und der mit den Worten begann:

> Unseren, einem Versprechen gleichkommenden Mitteilungen über die Führung der Medizinischen Sektion am Goetheanum, die wir gelegentlich der Weihnachtstagung gemacht haben, nachkommend, senden wir an die für die Pflege des Medizinischen mit uns Verbundenen diesen ersten Rundbrief. Er ist getragen von der Gesinnung, die uns bei den medizinischen Kursen im Neujahr vereinte. Er möchte am liebsten jedem Worte etwas mitgeben von den Gefühlen für die leidende Menschheit, aus der allein nicht nur die Hingabe an die Heilkunst, sondern auch deren wirkliche Kraft hervorgehen muss.[88]

Und an einer anderen Stelle hieß es:

> Liebe Freunde, Ihr habt, soweit Ihr im Januar hier versammelt wart, offenen Herzens entgegengenommen, was aus solcher Gesinnung an Euch herantreten wollte. Uns wird unvergesslich sein, wie aus Euern Augen dies gesprochen, aus Euern warmen Worten dies zu uns gedrun-

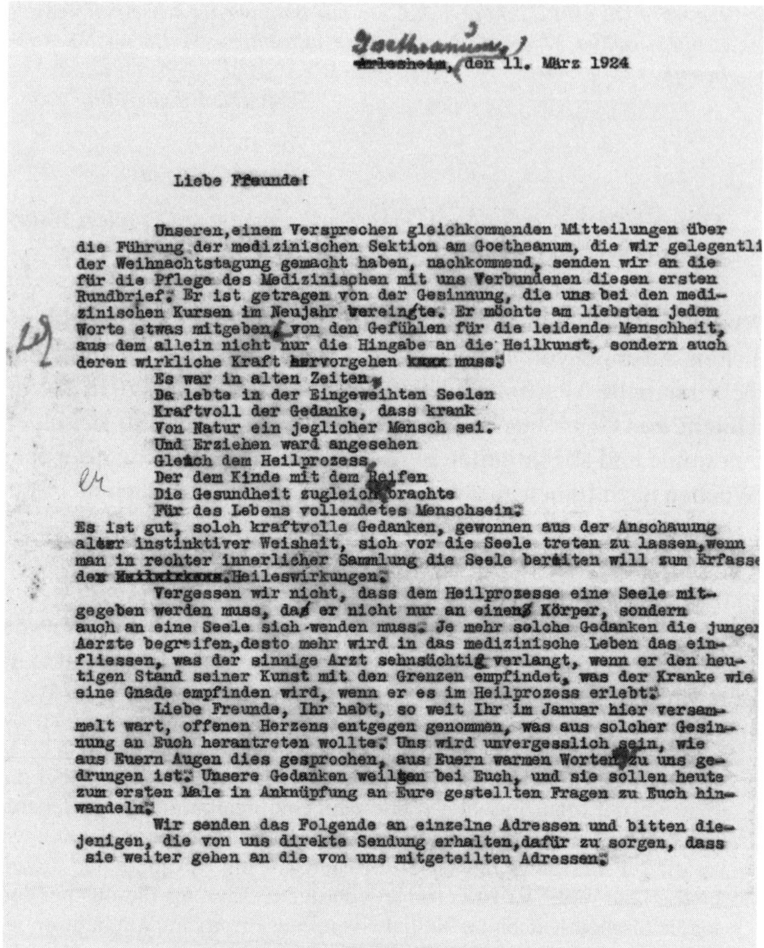

~~Arlesheim~~ Goetheanum, den 11. März 1924

Liebe Freunde!

Unseren, einem Versprechen gleichkommenden Mitteilungen über die Führung der medizinischen Sektion am Goetheanum, die wir gelegentli der Weihnachtstagung gemacht haben, nachkommend, senden wir an die für die Pflege des Medizinischen mit uns Verbundenen diesen ersten Rundbrief. Er ist getragen von der Gesinnung, die uns bei den medizinischen Kursen im Neujahr vereingte. Er möchte am liebsten jedem Worte etwas mitgeben, von den Gefühlen für die leidende Menschheit, aus dem allein nicht nur die Hingabe an die Heilkunst, sondern auch deren wirkliche Kraft hervorgehen muss.

Es war in alten Zeiten,
Da lebte in der Eingeweihten Seelen
Kraftvoll der Gedanke, dass krank
Von Natur ein jeglicher Mensch sei.
Und Erziehen ward angesehen
Gleich dem Heilprozess,
Der dem Kinde mit dem Reifen
Die Gesundheit zugleich brachte
Für des Lebens vollendetes Menschsein.

Es ist gut, solch kraftvolle Gedanken, gewonnen aus der Anschauung alter instinktiver Weisheit, sich vor die Seele treten zu lassen, wenn man in rechter innerlicher Sammlung die Seele bereiten will zum Erfasse der Heileswirkungen.

Vergessen wir nicht, dass dem Heilprozesse eine Seele mitgegeben werden muss, da er nicht nur an einen Körper, sondern auch an eine Seele sich wenden muss. Je mehr solche Gedanken die junge Aerzte begreifen, desto mehr wird in das medizinische Leben das einfliessen, was der sinnige Arzt sehnsüchtig verlangt, wenn er den heutigen Stand seiner Kunst mit den Grenzen empfindet, was der Kranke wie eine Gnade empfinden wird, wenn er es im Heilprozess erlebt.

Liebe Freunde, Ihr habt, so weit Ihr im Januar hier versammelt wart, offenen Herzens entgegen genommen, was aus solcher Gesinnung an Euch herantreten wollte. Uns wird unvergesslich sein, wie aus Euern Augen dies gesprochen, aus Euern warmen Worten zu uns gedrungen ist. Unsere Gedanken weilen bei Euch, und sie sollen heute zum ersten Male in Anknüpfung an Eure gestellten Fragen zu Euch hinwandeln.

Wir senden das Folgende an einzelne Adressen und bitten diejenigen, die von uns direkte Sendung erhalten, dafür zu sorgen, dass sie weiter gehen an die von uns mitgeteilten Adressen.

Entwurf des Rundbriefes von Rudolf Steiner und Ita Wegman vom 11. 3. 1924, Seite 1, mit Korrekturen Rudolf Steiners

gen ist. Unsere Gedanken weilten bei Euch, und sie sollen heute zum ersten Male in Anknüpfung an Eure gestellten Fragen zu Euch hinwandeln.[89]

Eine der nach Dornach/Arlesheim aus dem Kreis der Teilnehmer gesandten Fragen hatte nach einer möglichen Fortsetzung des Kurses gelautet. Auch auf sie wurde von Steiner und Wegman geantwortet – und zwar dahingehend, «dass in unmittelbarem Anschluss an die Ostervorträge vom 19.–22. April drei bis fünf weitere Vorträge gehalten werden sollen, in denen die Betreffenden zunächst Richtlinien für ihr Weiterarbeiten erhalten können. Thema: Menschenwesen und Weltenorientierung im Hinblick auf Erziehung und Heilung sowie auf die zunächst besonders wichtigen Menschheitsaufgaben auf diesem Gebiete.»[90]

*

«Veranstalter» dieses Folgekurses sollten nun dezidiert nicht mehr Helene von Grunelius und Madeleine van Deventer sein, sondern die Medizinische Sektion am Goetheanum. Hier, bei Ita Wegman, wurden in den Folgemonaten viele der Anmeldungen gesammelt, in ihrem Sekretariat und in ihrer Klinik, wobei Margarethe Bockholt immer mehr mit ins Zentrum vieler Briefkorrespondenzen rückte, Verbindungen pflegte und Kontakte aufrechterhielt, zudem viele organisatorische Fragen mit in den Blick nahm und Ita Wegman darin unterstützte – so beispielsweise beim Versand der Nachschriften des Weihnachtskurses, die mittlerweile in getippter Form vorlagen und den Teilnehmern gegen einen entsprechenden Unkostenbeitrag zur Verfügung gestellt werden konnten.

Wegman selbst trug die Hauptsorge dafür, dass der Besitz und die Lektüre der Kursmitschriften im wesentlichen auf den Teilnehmerkreis und einige andere anthroposophische Ärzte beschränkt blieb.[91] Aber auch zahlreiche Schreiben von jungen Menschen, die über gewisse Wege von dem stattgehabten ersten Kurs erfahren hatten und sich für eine Fortsetzung sowie für eine Aufnahme in die Medizinische Sektion interessierten, gingen nun, in den ersten Monaten des Jahres 1924, direkt bei ihr in Arlesheim ein. In einem

Margarethe Bockholt

exemplarischen, in seiner unverfälschten Ehrlichkeit aber außergewöhnlich eindrucksvollen Brief schrieb beispielsweise ein achtundzwanzigjähriger junger Arzt aus Breslau Anfang Februar:

Breslau, Ohlauufer 25
d. 5. Februar 1924

Sehr verehrte Frau Doktor Wegman!

Durch Herrn Gerhard Suchantke aus Breslau, der am Mediziner-Kurs im Januar d. J. teilgenommen hat, hörte ich, dass ich mich an Sie zu wenden habe bezüglich der Wünsche und Bitten, die mir jetzt am Herzen liegen. Ich möchte dann versuchen, meine Situation und ihre Grundlagen zu schildern.
Ich bin «eigentlich» ohne mein Zutun zum med. Studium gekommen. Als ich, im Jahre 1915, nach dem Abitur eine Berufswahl treffen sollte, wählte ich, einfach aus Verlegenheit, das juristische Studium. Ich hatte

meine Jugend im Haus wohlhabender Eltern verlebt. Meine Umgebung war materialistisch gesinnt. Ich hatte den unklaren Wunsch, irgendwie Schriftsteller werden zu wollen. Mein Lebenswille war wohl nur Protest gegen Convention u. Verlogenheit der Umwelt. Ich kam in immer stärkeren Gegensatz zu meiner Umgebung; anfangs versuchte ich als «Frei-Student» die Universität zu reformieren, nach dem Kriege arbeitete ich im Sinne des revolutionären Sozialismus. Ich war im Feld. Während eines Lazarett-Aufenthaltes glaubte ich mir persönlichen Vorteil zu erwerben dadurch, dass ich mich zur Med. Fakultät überschreiben ließ. Ich hatte auch so noch vor Beendigung des Krieges Gelegenheit, einige Semester zu studieren. Ich hörte allerdings nur ganz nebenbei und ohne besonderes Interesse Med. Vorlesungen. Da der philosophische Universitäts-Betrieb mich keinem der mir wichtig scheinenden Probleme näher brachte, erlosch auch hier bald mein Interesse; trotzdem studierte ich aber mit einiger Regelmäßigkeit Philosophie. Nach Beendigung des Krieges blieb ich beim med. Studium, weil ich glaubte, so am schnellsten «fertig» zu werden – ich wollte auch sehr bald heiraten. Auch glaubte ich, dass es schon gut sei, wenn es einen sozialistischen Arzt mehr gäbe. Die Anthroposophie lernte ich im Jahre 1922 erst kennen, nach meinem Staatsexamen. Ich hatte mich früher viel mit pädagogischen Fragen beschäftigt (vor allem Wyneken) und fand nun in dem Büchlein *«Die Erziehung des Kindes ...»*, das ich als erstes in die Hand bekam, mit freudiger Bestürzung die Antwort auf die Grundfragen aller Pädagogik. Im Herbst 1922 war ich zur Mediziner-Woche in Stuttgart. Nun schien es mir doch noch einen Sinn zu haben, wenn ich einmal mich zum med. Studium entschlossen hatte. Die Persönlichkeit Dr. Steiners erschütterte mich unsäglich. Man kann darüber nicht sprechen. Das sind etwa die Grundlagen meiner Situation. (Hier bliebe noch zu erwähnen, dass ich seit ¼ Jahr hier als prakt. Arzt niedergelassen bin. Ich habe sehr wenig Patienten.) Und nun die Situation selbst. – Es ist wohl schon klar zu sehen, dass ich im alten Sinne alles weniger als ein guter Arzt bin. Auch kann ich natürlich nicht nach dem Schema der Schulmedizin (oder sonst einer) arbeiten; denn was tut man da alles in gedankenloser Weise! Und mit dem, was auf der Grundlage der med. Cyclen neu geschaffen ist, hat es auch seine Schwierigkeiten. Da fühle ich mich so oft nur (wenn dies «nur» auch etwas Schönes u. Großes ist!) als ein Durchgangsstadium – als ein Kompendium für auf geisteswissenschaftlicher Grundlage zusammengestellter Mittel. Diese Gefühle wurden so stark, dass ich, vor einigen Wochen, ganz stark den Wunsch hatte, mit voller Absicht den Kranken nicht zu helfen. Ich las dann *«Die Offenbarungen des Karma»*. Die Erkenntnis, dass Licht und Liebe die Grundstoffe von Körper u. Seele seien, gab mir neuen Mut. Mein Hirn sieht da nun endlich einen Weg. Die Ratlosigkeit, die mich quälte, hatte ich in diesem Bild zu sehen gesucht: Im Märchen «Gevatter Tod» sah ich die Geschichte des alten Arztes. Ihm wird noch vom Vater der Pate auf den Lebensweg gemacht. Er steht dann am Krankenbett und darf ... kann heilen: denn sein Inspirator, der Tod, der ihm das Wundermittel gab, zeigt sich ihm zu Häupten oder zu Füßen des Kranken. So sieht er: hier ist Raum für menschliche Tätigkeit, hier nicht. Aber wir! Welches geistige Wesen will unser Inspirator sein! – Es scheint mir richtig zu sein, mich dem Problem zunächst von einer anderen Seite zu nähern, – eben wie es in den *«Offenbarungen des Karma»* angedeutet ist. Aber ich muss mich eben auch wirklich nähern, den Weg beschreiten – nicht nur bedenken. Und wenn ich bei dieser Erkenntnis angelangt bin, setzt auch mit Selbstverständlichkeit das schlechte Gewissen ein: denn was zu tun ist, steht ja zunächst in den *«Erkenntnissen höherer Welten»*. Ich hätte wohl nicht den Mut aufgebracht, Dr. Steiner um neue Übungen zu bitten, ehe ich mich in Befolgung der alten für reif genug betrachtet hätte. Aber nun sind die neuen Übungen da. Und ich habe mir nur zu überlegen, ob ich um das bitten darf, was werden zu lassen ich kaum den Mut gehabt hätte. Da wir aber nun einmal pendeln müssen zwischen den Polen der Mutlosigkeit und des Selbstbewusstseins, will ich mich auf diesen stellen, und Sie, sehr verehrte Frau Dr. Wegman, bitten, mich in den neu gebildeten Kreis junger Mediziner aufzunehmen. Zugleich soll – wenn ich Herrn Suchantke recht verstanden habe – der Brief die Bitte um Aufnahme in das Goetheanum darstellen. Ein besonderes Schreiben an Herrn Dr. Steiner ist dann wohl nicht nötig?

Mit den besten Wünschen u. Grüßen
bin ich Ihr sehr ergebener
Dr. Ludwig Engel

Ita Wegman antwortete Ludwig Engel offenbar positiv und einladend – so konnte auch er bald hinzukommen und an den nächsten Entwicklungen teilnehmen.

Ein weiterer Brief von seiten Helene von Grunelius' traf dagegen bald nach dem von Rudolf Steiner und Ita Wegman versandten «Rundbrief» bei Margarethe Bockholt in Arlesheim ein und trug den Wortlaut[92]:

Liebe Bockholt,

Ich muss Dir doch endlich wieder mal schreiben. Wie geht es Dir? Du hast wohl furchtbar viel zu tun. Das Rundschreiben, das ich an die Teilnehmer des Kurses schreiben wollte – wie ich es Dir in meinem letzten Briefe schrieb –, habe ich doch nicht abgeschickt, weil ich nicht genügend Zeit habe u. zu müde immer bin, um so etwas ordentlich zu durchdenken. Außerdem dachte ich, es sei wohl doch besser, wenn ich vorläufig mich etwas zurückhalte, nach dem, wie ich mich während des Januarkurses verhalten habe u. was wie eine dunkle Schuld u. ein schwerer Druck auf mir liegt. Aus diesem Grunde ist es wohl auch ganz gut, dass ich durch meinen Dienst verhindert bin, den uns für Ostern angekündigten Kurs mitzumachen (ich kann nur von Gründonnerstag bis Dienstag in Dornach sein). Ich denke, dass ich bis zum Schluss meines praktischen Jahres (bis Juni) in meiner jetzigen Stelle bleiben werde. Ich habe mich jetzt dort ganz gut eingearbeitet, habe bereits viel gelernt, was ich schon vor dem Examen hätte wissen müssen, und habe jetzt 40 Kranke selbständig zu versorgen. Diese selbständige Tätigkeit strengt mich zwar vorläufig noch sehr an, aber ich komme auch so in näheren Kontakt mit den Kranken und fange dadurch an, mich etwas in sie einzuleben u. mit ihnen zu fühlen, was ich bis jetzt nicht tat. Dass ich jetzt versuche mehr mitzufühlen mit den Kranken, das ist mir angeregt worden durch den wunderbaren Rundbrief vom 11.3., den ich wie ein großes Gnadengeschenk empfing. – Was ich unter Heileswirkungen u. Heilprozessen mir vorstellen soll, ist mir noch im höchsten Maße unklar. Was heißt das, «dass dem Heilprozess eine Seele mitgegeben werden muss». Ist damit gemeint, der Heilprozess, den ich mit meinen therapeut. Anordnungen in die Wege leite? – aber <u>ich</u> z. B. habe ja gar nicht die Möglichkeit, vom Physischen her einen <u>Heil</u>prozess einzuleiten, – mit den Mitteln, die ich zur Verfügung habe. Oder ist mit dem Heilprozess die Auswirkung der im Körper ruhenden natürlichen Heiltendenzen gemeint? Diese ganze Frage der Heilung ist für mich ein großes Problem; denn die Mittel, die ich ihm verschreiben muss, hemmen sicherlich mehr die Heilung, als dass sie sie fördern. Ich helfe mir damit, dass ich mir immer wieder vorstelle, der Kranke müsste in dem Arzt einen Heilesboten erblicken können u. wenn er den Arzt als einen solchen Heilesbringer empfinden könnte, dann müsste das allein schon eine große Wirkung nach der Heilung hin ausüben. Ich denke, wie der Zuschauer eine große Kraft empfängt bei dem Anschauen einer Eurythmie-Aufführung, so müsste schon das ganze «Wie» des Arztes auf den Kranken heilend wirken können.

Es fällt mir allerdings recht schwer, meine Müdigkeit zu überwinden und dieses Ideal des Arztes, wie ich es mir jetzt vorstelle, nicht zu vergessen. Im

Krankenhaus fühle ich mich in meiner Tätigkeit dauernd wie vor einem kubistischen Bild, wo man sich überall an Ecken und Kanten stößt u. von einer Wand zur anderen geworfen wird u. nirgends zu einer Lösung des Chaos kommt.
Ich freue mich sehr, Dich an Ostern wiederzusehen.

Herzlichst grüßt Dich
Deine Helene Grunelius

Grüße bitte Frau Dr. Wegman u. Frl. Walter herzlich von mir.

Wie *«ein großes Gnadengeschenk»* hatte Helene von Grunelius Steiners Briefseiten empfangen, die intensiv zu ihr sprachen und vieles zum Schwingen brachten, was als Frage und Bewegung bereits seit langem in ihr lebte, nun aber durch die vielen therapeutischen Begegnungen in dem Stuttgarter Krankenhaus zu einem dichteren Erlebnis geworden war. In ihrer freien und zugleich auf geistige Wachheit und Präsenz bedachten Art markierte Grunelius aber trotz aller andächtigen Verehrung dem Steinerschen Wortlaut gegenüber sofort all die Stellen, die ihr vorläufig noch undeutlich geblieben waren – *«Was ich unter Heileswirkungen u. Heilprozessen mir vorstellen soll, ist mir noch im höchsten Maße unklar»*. Zu dem angekündigten Fortsetzungskurs wollte sie nicht kommen und litt immer noch unter den Erlebnissen und Versagensgefühlen, die für sie mit den Vorgängen des Weihnachtskurses verbunden waren – dasjenige, *was wie eine dunkle Schuld u. ein schwerer Druck auf mir liegt.*

Allerdings schrieb sie dann bereits wenige Tage später einen weiteren Brief nach Arlesheim, nach innerer Selbstprüfung und direkt an Ita Wegman – exakt zwölf Monate vor dem Tod Rudolf Steiners:

Stuttgart, 30.3.1924

Hochverehrte, liebe Frau Dr. Wegman,

Ich schreibe Ihnen, um Sie zu fragen, wie ich aus der schwierigen Lage herauskommen kann, in der ich seit unserem Kurs bin, und was ich tun muss, um wieder das Vertrauen von Herrn Dr. Steiner zu bekommen. –

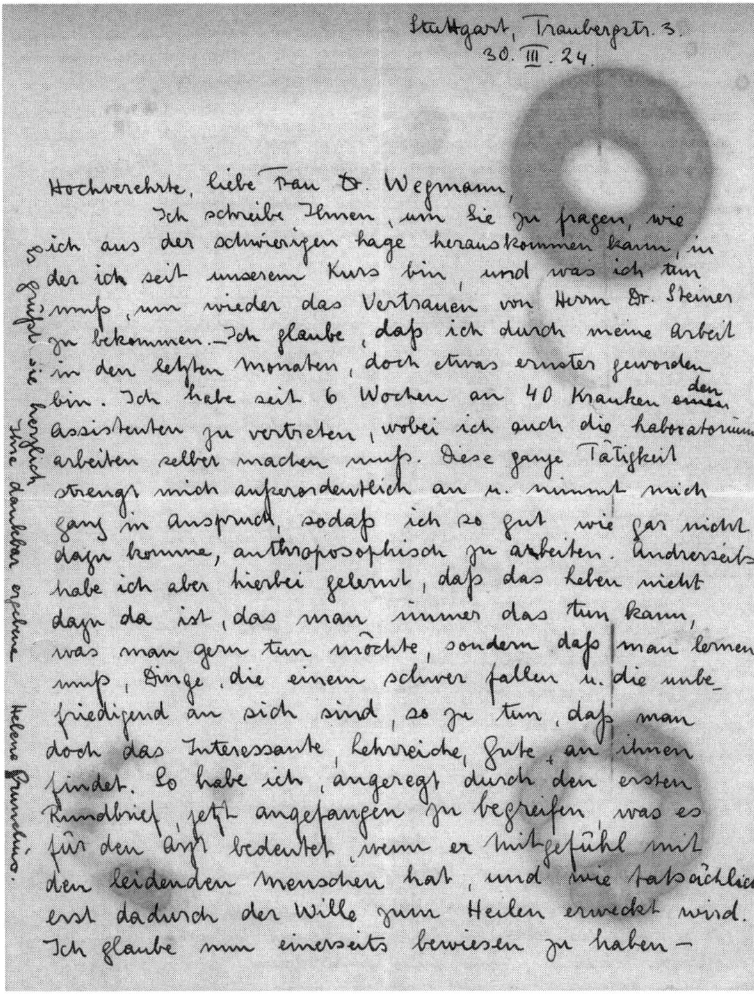
Stuttgart, Traubergstr. 3.
30. III. 24.

Hochverehrte, liebe Frau Dr. Wegmann,

Ich schreibe Ihnen, um Sie zu fragen, wie ich aus der schwierigen Lage herauskommen kann, in der ich seit unserem Kurs bin, und was ich tun muß, um wieder das Vertrauen von Herrn Dr. Steiner zu bekommen. – Ich glaube, daß ich durch meine Arbeit in den letzten Monaten doch etwas ernster geworden bin. Ich habe seit 6 Wochen an 40 Kranken den Assistenten zu vertreten, wobei ich auch die Laboratoriumsarbeiten selber machen muß. Diese ganze Tätigkeit strengt mich außerordentlich an u. nimmt mich ganz in Anspruch, sodaß ich so gut wie gar nicht dazu komme, anthroposophisch zu arbeiten. Andrerseits habe ich aber hierbei gelernt, daß das Leben nicht dazu da ist, das man immer das tun kann, was man gern tun möchte, sondern daß man lernen muß, Dinge, die einem schwer fallen u. die unbefriedigend an sich sind, so zu tun, daß man doch das Interessante, Lehrreiche, Gute an ihnen findet. So habe ich, angeregt durch den ersten Rundbrief, jetzt angefangen zu begreifen, was es für den Arzt bedeutet, wenn er Mitgefühl mit den leidenden Menschen hat, und wie tatsächlich erst dadurch der Wille zum Heilen erweckt wird. Ich glaube nun einerseits bewiesen zu haben –

Es grüßt Sie herzlich Ihre dankbar ergebene Helene Grunelius.

Ich glaube, dass ich durch meine Arbeit in den letzten Monaten doch etwas ernster geworden bin. Ich habe seit 6 Wochen an 40 Kranken den Assistenten zu vertreten, wobei ich auch die Laboratoriumsarbeiten selber machen muss. Diese ganze Tätigkeit strengt mich außerordentlich an u. nimmt mich ganz in Anspruch, so dass ich so gut wie gar nicht dazu komme, anthroposophisch zu arbeiten. Andererseits habe ich aber hier-

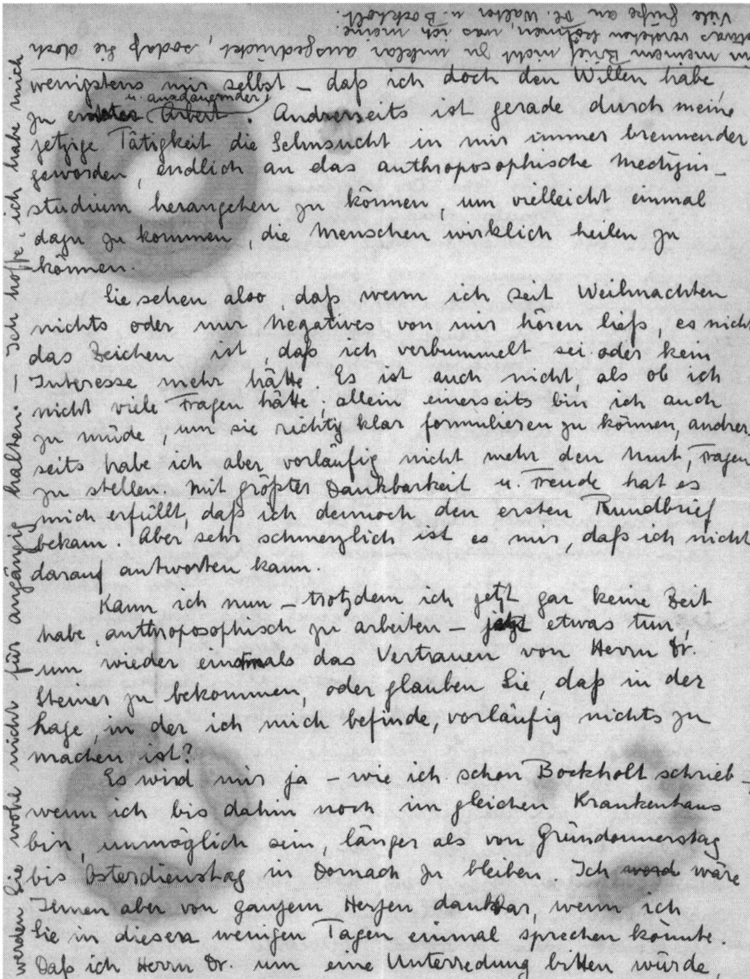

Viele Grüße an Dr. Walter u. Bockholt.
etwas verstehen gekonnt, was ich meine
in meinem Brief nicht zu wirklich ausgedrückt, wobei Sie doch

wenigstens mir selbst – daß ich doch den Willen habe zu ~~ernsthafter~~ u. andauernder Arbeit. Andrerseits ist gerade durch meine jetzige Tätigkeit die Sehnsucht in mir immer brennender geworden, endlich an das anthroposophische Medizinstudium herangehen zu können, um vielleicht einmal dazu zu kommen, die Menschen wirklich heilen zu können.

Sie sehen also, daß wenn ich seit Weihnachten nichts oder nur Negatives von mir hören ließ, es nicht das Zeichen ist, daß ich verbummelt sei oder kein Interesse mehr hätte. Es ist auch nicht, als ob ich nicht viele Fragen hätte. allein einerseits bin ich auch zu müde, um sie richtig klar formulieren zu können, andrerseits habe ich aber vorläufig nicht mehr den Mut, Fragen zu stellen. Mit größter Dankbarkeit u. Freude hat es mich erfüllt, daß ich dennoch den ersten Rundbrief bekam. Aber sehr schmerzlich ist es mir, daß ich nicht darauf antworten kann.

Kann ich nun – trotzdem ich jetzt gar keine Zeit habe, anthroposophisch zu arbeiten – ~~jetzt~~ etwas tun, um wieder einmal das Vertrauen von Herrn Dr. Steiner zu bekommen, oder glauben Sie, daß in der Lage, in der ich mich befinde, vorläufig nichts zu machen ist?

Es wird mir ja – wie ich schon Bockholt schrieb –, wenn ich bis dahin noch im gleichen Krankenhaus bin, unmöglich sein, länger als von Gründonnerstag bis Osterdienstag in Dornach zu bleiben. Ich ~~werde~~ wäre Ihnen aber von ganzem Herzen dankbar, wenn ich Sie in diesen wenigen Tagen einmal sprechen könnte. Daß ich Herrn Dr. um eine Unterredung bitten würde,

werden Sie wohl nicht für angängig halten. – Ich hoffe, ich habe mich

bei gelernt, dass das Leben nicht dazu da ist, dass man immer das tun kann, was man gern tun möchte, sondern dass man lernen muss, Dinge, die einem schwer fallen u. die unbefriedigend an sich sind, so gut zu tun, dass man doch das Interessante, Lehrreiche, Gute an ihnen findet. So habe ich, angeregt durch den ersten Rundbrief, jetzt angefangen zu begreifen, was es für den Arzt bedeutet, wenn er Mitgefühl mit den lei-

denden Menschen hat, und wie tatsächlich erst dadurch der Wille zum Heilen erweckt wird. Ich glaube nun einerseits bewiesen zu haben – wenigstens mir selbst – dass ich doch den Willen habe, zu ernster u. ausdauernder Arbeit. Andererseits ist gerade durch meine jetzige Sehnsucht in mir immer brennender geworden, endlich an das anthroposophische Medizinstudium herangehen zu können, um vielleicht einmal dazu zu kommen, die Menschen wirklich heilen zu können.
Sie sehen also, dass wenn ich seit Weihnachten nichts oder nur Negatives von mir hören ließ, es nicht das Zeichen ist, dass ich verbummelt sei oder kein Interesse mehr hätte. Es ist auch nicht, als ob ich nicht viele Fragen hätte; allein einerseits bin ich auch zu müde, um sie richtig formulieren zu können, andrerseits habe ich aber vorläufig nicht mehr den Mut, Fragen zu stellen. Mit größter Dankbarkeit u. Freude hat es mich erfüllt, dass ich dennoch den ersten Rundbrief bekam. Aber sehr schmerzlich ist es mir, dass ich nicht darauf antworten kann.
Kann ich nun – trotzdem ich jetzt gar keine Zeit habe, anthroposophisch zu arbeiten – jetzt etwas tun, um wieder einstmals das Vertrauen von Herrn Dr. Steiner zu bekommen, oder glauben Sie, dass in der Lage, in der ich mich befinde, vorläufig nichts zu machen ist?
Es wird mir ja – wie ich schon Bockholt schrieb, wenn ich bis dahin noch im gleichen Krankenhaus bin, unmöglich sein, länger als von Gründonnerstag bis Osterdienstag in Dornach zu bleiben. Ich wäre Ihnen aber von ganzem Herzen dankbar, wenn ich Sie in diesen wenigen Tagen einmal sprechen könnte. Dass ich Herrn Dr. um eine Unterredung bitten würde, werden Sie wohl nicht für angängig halten. –
Ich hoffe, ich habe mich in meinem Brief nicht zu unklar ausgedrückt, so dass Sie doch etwas verstehen können, was ich meine. Viele Grüße an Frl. Walter u. Bockholt.

Es grüßt Sie herzlich

Ihre dankbar ergebene
Helene Grunelius

Ob Ita Wegman schriftlich auf dieses Anliegen Helene von Grunelius' einging oder aber bald ein Gespräch mit ihr führte, ist nicht bekannt; ein entsprechender Brief oder Briefdurchschlag erhielt sich nicht. Dafür aber, dass ein Austausch zwischen den beiden Frauen bereits kurz darauf stattfand, spricht alles; Helene von Grunelius war Wegman viel zu wichtig, als dass sie diesen hadernden Rückzug einfach akzeptiert hätte – selbst ein von Wegman zügig arrangiertes Treffen von Grunelius mit Rudolf Steiner erscheint denkbar.

Dokumentarisch gesichert ist jedenfalls, dass Helene von Grunelius nicht nur Margarethe Bockholt bald darauf wissen ließ, sie werde nun doch versuchen, die notwendigen Tage für den Osterkurs frei zu bekommen, sondern sich bereits in der ersten Aprilwoche wieder mitverantwortlich um dessen Organisation kümmerte. Als nämlich Ita Wegman am 3. April – immerhin weniger als drei Wochen vor Beginn des beabsichtigten Kurses (!) – Lilly Kolisko mitteilte, dass sie nun rasch eine konkrete Teilnehmerliste für die weitere Planung benötige («Auf alle Fälle werden die Teilnehmer von dem Weihnachtskursus für jüngere Mediziner noch etwas bekommen, was eine Fortsetzung der esoterischen Betrachtung sein wird. Was momentan wichtig ist, ist, dass ich Anmeldungen bekomme, wer eigentlich kommen will, sonst kann ich nichts arrangieren. Und bis jetzt ist dies, wie gesagt, noch nicht geschehen.»[93]), erhielt sie die gewünschte Teilnehmerliste eine Woche später von Helene von Grunelius, die bei dieser Gelegenheit auch ihrerseits Voten für die Berücksichtigung oder Nichtberücksichtigung neuer Kandidaten abgab und beispielsweise schrieb:

Nun hat Altemüller einem Dr. Eberhard Schickler erzählt, dass diese Vorträge nach Ostern stattfinden. Schickler hat daraufhin an Sie geschrieben u. das Gleiche hat, soviel ich weiß, Altemüller getan, um Schickler zu empfehlen. Ich weiß natürlich nicht, nach welchen Gesichtspunkten Sie die Leute zu diesen Vorträgen eingeladen haben. Ich möchte nur sagen, dass Schickler auch nach Weihnachten nie versucht hat, mit uns in Kontakt zu kommen. Er scheint hauptsächlich mit den Ärzten oben [im Klinisch-Therapeutischen Institut Stuttgart] zu arbeiten. Er gehört zu den Ärzten, die doch noch mit einer ziemlichen Begeisterung das Universitätsstudium durchgemacht haben u. er soll in der gewöhnlich-naturwissenschaftlichen Weise ein sehr tüchtiger Assistent sein. Er hat eine anscheinend sehr interessante Doktorarbeit über Kapillarpuls gemacht, um zu beweisen, dass das Herz keine Pumpe sei. Wenn man auch seinen Artikel in der letzten Nummer der Drei liest, so hat man, finde ich, lebhaft den Eindruck, dass er nicht die Einstellung der Jüngeren hat, die aus der Anthroposophie heraus erst den Weg finden wollen zu einer neuen Medizin und nicht sozusagen eine Brücke schlagen wollen von der naturwissenschaftlich-materialistischen Medizin zur anthroposophischen. Auch Altemüller selber

klebt noch sehr an den total starren Gedankenformen, die einem durch die Universitätsmedizin eingeimpft werden können, wenn man sie gerne aufnimmt. Dadurch aber, dass er aus der Jugendbewegung stammt, findet er doch eher den Weg zu den Jüngeren.
Ich schreibe nur deshalb über Schickler, weil ich weiß, dass Altemüller seiner ganzen Einstellung nach über ihn eine andere Auffassung hat als ich, und wenn Sie die eine Seite hören, ist es vielleicht nicht unberechtigt, wenn auch die entgegengesetzte sich dazu äußert. Sonst würde ich mich selbstverständlich nicht in diese Angelegenheit gemischt haben.[94]

*

Helene von Grunelius übersandte die von Ita Wegman gewünschte Teilnehmerliste mit ihren eigenen Kommentaren am 10. April, einem Donnerstag. Bereits acht Tage später, am Karfreitag, traf sie sich mit den anderen, ebenfalls angereisten Kursteilnehmern wieder im «Sonnenhof» – eine Situation, die erneut Lilly Kolisko in einem späteren Bericht mit den Worten charakterisierte:

Im kleinen Bureau [des Sonnenhofs], zusammengedrängt, ganz dicht, saßen ungefähr 16 junge Menschen, die ersten Ankömmlinge, mit strahlenden Gesichtern, mit leuchtenden Augen. Die Fragen schwirrten nur so durcheinander. Jeder wollte wissen, was der andere gemacht hatte in der Zwischenzeit. Alles war freudig erregt, man fühlte sich wieder zu Hause nach langer Abwesenheit. Jeder Neuankömmling wurde mit einem Jubelruf bewillkommnet, wusste man doch nicht, ob alle die Pass-Schwierigkeiten würden überwinden können. Mitten aus dem Examen heraus waren einige gekommen, und als man ihnen sagte: «Nun seid Ihr doch auch noch gekommen; wir meinten, dass Ihr wegen der Prüfungen nicht kommen könnt!», da kam zur Antwort: «wenn Dr. Steiner uns ruft, werden wir doch kommen. Es ist doch unmöglich, dass wir nicht alles daran setzten, um herzukommen! Die Schwierigkeiten schienen fast unüberwindbar, aber wir haben es doch erreicht, und nun freuen wir uns, hier sein zu dürfen.» [...]
Fast alle kamen, die gerufen wurden, und darüber hinaus vergrößerte sich der Kreis noch um einige Menschen, die das gleiche Streben nach wahrer Wissenschaft aus dem Geiste heraus hingetrieben hatte. Im Ganzen hatten sich 36 Mediziner zusammengefunden. Nun waren alle früher gekommen, als der Kursus beginnen konnte und man legte sich die Frage vor: Wie bereiten wir uns selber vor, für das, was wir wieder

empfangen dürfen? Viele von den jungen Medizinern hatten nicht die Möglichkeit gehabt, die wunderbaren Vorträge Dr. Steiners über die geistigen Wesenheiten, die den Jahreslauf begleiten, kennen zu lernen, die gerade für Mediziner von großer Bedeutung sind, und so las man gemeinsam diese Vorträge zur Vorbereitung.[95]
Man erzählte auch von den Schwierigkeiten, die man erlebt hatte nach Weihnachten. Es war außerordentlich interessant zu hören, was die Einzelnen zu sagen hatten. Da erzählte einer, dass es ihm ganz unmöglich gewesen sei, unmittelbar von Dornach gekommen, wissenschaftliche Bücher zu lesen für die Examensvorbereitung. Der Gegensatz war zu groß. Er sollte Pathologie studieren nach der üblichen Methode für das Examen und war noch so ganz erfüllt von der lebendigen Wissenschaft, die aus der Freien Hochschule für Geisteswissenschaft am Goetheanum fließt. Es dauerte einige Zeit, bis er das Widerstreben überwinden konnte. Ein anderer erzählte von seinen Bestrebungen und wie es ihm jetzt immer leichter werde. Er komme immer besser mit der Außenwelt aus. Und wieder ein Anderer brachte zum Ausdruck, wie ganz anders man nun der Pflanzenwelt gegenübertrete, wie sich die Gefühle dafür vollständig gewandelt hätten seit Weihnachten. Wie man auch den Menschen gegenüber sich ganz anders verhalten würde; man könne sich viel besser verstehen, könne mehr hinhorchen in die Menschheit, wenngleich man andererseits wieder viel empfindlicher würde für gewisse Eigenschaften der Mitmenschen. Diesmal brauchte man nicht zu ringen um ein Gemeinsamkeitsgefühl – es war einfach da. Schöne Worte konnte man hören, wenn gesprochen wurde über das Verhältnis zu Dr. Steiner selber. Z. B.: «Wir müssen uns fühlen wie Kinder, die zu ihrem Vater kommen, dem sie alles sagen können, was ihnen auf der Seele liegt.» Und immer wieder kam die Frage: «Was können wir tun für den, der uns so ungeheuer viel gibt? Der trotz der vielen Arbeit, die auf ihm lastet, immer noch mit vollen Händen und warmem Herzen die Jugend beschenkt mit der Weisheit, die ihr nottut?» Und man fand nur das Eine: Wir wollen mit aller Liebe und Dankbarkeit, derer wir fähig sind, jeden Tag an unseren Vater denken.
Es herrschte eine richtige *Osterstimmung* unter den jungen Menschen. Man spürte deutlich, es will endlich wieder Frühling werden, Weltenfrühling nach einem langen, bangen Winter.[96]

Bereits kurz nach ihrer Ankunft wurden alle Teilnehmer des Kurses in die Erste Klasse der Hochschule aufgenommen, auch diejenigen unter ihnen, die gar kein persönliches Gesuch hierfür eingereicht hatten. Rudolf Steiner schien die gesamte Gruppe als ein

Gemeinschaftsorgan anzusehen, sehr zur Überraschung vieler. Dennoch war die Freude groß – in diesen strahlend-hellen, von Blüten beschenkten Frühlingstagen des Jahres 1924.

Auch an den eindrucksvollen vier Ostervorträgen, die den Titel «Das Osterfest als ein Stück Mysteriengeschichte der Menschheit» trugen und am Karsamstag in der Schreinerei begannen, konnten alle teilnehmen. In ihnen entfaltete Rudolf Steiner weitere Einzelheiten über die Unterweisung in alten Mysterienstätten, insbesondere in Ephesus und im Hinblick auf das Oster- und Inkarnationsgeheimnis des Menschen. Dabei schilderte er erstmals und mit großer, lichter Intensität die vorgeburtlich-kosmische Bildung des ätherischen Leibes, wie sie in Ephesus erfahren werden konnte; darüber hinaus wurde eingehend aufgezeigt, wie die alte Mysterienforschung zu konkreten Erkenntnissen nicht nur über die Naturumgebung des Menschen, sondern auch über das innere Gefüge seiner leiblichen Organisation sowie zu einer geisteswissenschaftlich fundierten Chemie und Kosmologie gelangt war. Von den «medizinischen Abteilungen der Mysterien» war in direkter Weise die Rede und namentlich davon, dass es die Aufgabe des Goetheanum seit der Weihnachtstagung sei, diese Entwicklung aufzugreifen und fortzuführen. Am Ostersonntag hieß es hierzu:

> Die Mysterien selbst sind ja zurückgegangen in der Zeit, in der die menschliche freie Entwickelung Platz greifen musste. Nun ist die Zeit gekommen, in der die Mysterien wiedergefunden werden müssen. Sie müssen wieder gefunden werden. Dessen muss man sich voll bewusst sein, dass heute Anstalten dazu gemacht werden müssen, die Mysterien wieder zu finden. Aus diesem Bewusstsein heraus ist die Weihnachtstagung gehalten worden, denn es ist eine dringende Notwendigkeit, dass auf der Erde eine Stätte ist, wo wiederum Mysterien begründet werden können. Die Anthroposophische Gesellschaft muss in ihrem weiteren Fortgange der Weg zu den erneuerten Mysterien werden.[97]

Auch weitere Veranstaltungen konnten den versammelten Medizinstudenten die tieferen geistigen Hintergründe ihres zur Weihnachtszeit erlebten und nun zur Fortsetzung anstehenden Kurses erläutern – so beispielsweise die Eurythmieaufführung vom Ostersonntag, in der der Grundsteinspruch der knapp vier Monate zurückliegenden Weihnachtstagung erstmals künstlerisch dargestellt wurde, oder auch eine Esoterische Klassenstunde, die zwei Tage später stattfand und an der sie teilnahmen.

Ihr eigener Kurs aber begann am Ostermontag und wurde von Rudolf Steiner mit Worten eröffnet, die klar erkennen ließen, was er von den Studenten und jungen Ärzten seit Weihnachten verantwortlich erwartet hatte und wie er den Fortgang der Arbeit zu gestalten dachte. Nach drei Begrüßungsworten («Meine lieben Freunde!») sagte er zu ihnen relativ direkt:

> Wir haben in derjenigen Zusammenkunft, die wir im Anschluss an den Weihnachtskurs hier gehalten haben, sozusagen auf uns wirken lassen dasjenige, was die Medizin esoterisch vertiefen kann. Und natürlich in der Art, wie dies in einer so kurzen Zusammenkunft [nur] geschehen kann, haben wir versucht, einen möglichst starken Eingang in das Esoterische der Medizin zu gewinnen, wie es gerade für den jüngeren medizinisch Strebenden heute angemessen erscheint. Wir haben auch in einzelnen Formeln dasjenige in uns aufgenommen, was hervorrufen kann medizinische Gesinnung, und wir haben ja betont, wie nötig das ist, was medizinische Gesinnung ist.
> Nun stelle ich mir vor, meine lieben Freunde, dass Ihr eine Zeitlang diese Dinge innerlich verarbeitet habt. Ich stelle mir natürlich diese Arbeit nicht so vor, dass man sitzt und diese Dinge theoretisch bearbeitet, sondern dass man ab und zu, wenn das innere Bedürfnis dazu vorhanden ist, die Dinge auf die Seele wirken lässt, und die Seele sich weiter entwickeln lässt.
> Nun, gerade in der Art, wie diese Dinge damals an uns herangetreten sind, musste sich eine ganz bestimmte Tatsache herausstellen, die, wie ich glaube, jetzt für die Zusammenkunft von Bedeutung ist. Es musste durch die starke Art des Zusammendrängens der damals gegebenen esoterischen Sachen in gewissem Sinne bei dem einen oder dem andern mehr oder weniger das Bedürfnis entstehen, auf gewisse innere Schwierigkeiten hinzuschauen. Es sind die Dinge, die esoterisch gegeben werden, nicht immer dazu da, um uns das Leben möglichst leicht zu machen, sondern es ist schon in gewisser Weise das Gegenteil der Fall. Sie sind schon auch dazu da, um uns das Leben zu erschweren, uns in Schwierigkeiten des Weltauffassens, des Weltempfindens, des Menschenempfindens hineinzutragen, indem wir dann, wenn wir auf diese

Schwierigkeiten aufmerksam werden, das Gegenteil von demjenigen Entwickelungsweg machen, der heute so vielfach innerhalb unserer Zivilisation gemacht wird, nämlich das Gegenteil eines oberflächlichen Entwickelungsweges. Nur wenn man auf die zwischen der Außenwelt und dem Menschen gegebenen Schwierigkeiten aufmerksam wird, kann man in der Seele sich vertiefen, und deshalb meine ich, wird es diesmal der beste Weg sein, den wir durchmachen können, wenn Ihr Euch auf diese inneren Schwierigkeiten besinnt, diese vorbringt in Form von Fragen und wir dann dasjenige, was eigentlich fördernd für die weitere Entwickelung unserer Sache ist, zum Gegenstand der Besprechung machen. Ich würde zunächst bitten, dass mir gesagt würde aus Eurem eigenen Kreis heraus, welche inneren oder äußeren Schwierigkeiten sich ergeben haben.[98]

Die von Steiner erhofften, ja erwarteten Schilderungen der auf dem meditativ-esoterischen Übungsweg angetroffenen Schwierigkeiten aber blieben am Ostermontag vollständig aus; lediglich Ilse Knauer stellte eine wichtige Frage zur prinzipiellen Vorgehensweise einer Ich-geführten Meditation und entlockte Steiner damit eine seiner wesentlichen Antworten.[99] Mit eigenen Erfahrungsschilderungen und persönlichen Beiträgen aber meldete sich niemand, obwohl Steiner seine einleitende Frage angesichts des allseitigen Schweigens ganz offensichtlich noch mehrmals wiederholt und hinsichtlich des ursprünglich Erwarteten zuletzt immer weiter zurückgenommen hatte («Ich möchte fragen, ob irgendwie doch eine Frage auftaucht, sie kann so bestimmt oder unbestimmt sein, wir werden dann schon an der Frage zu weiterem kommen.»[100]).

Als die Kursstunde am nächsten Morgen dann erneut mit einer entsprechenden Aufforderung Steiners begann («Heute wäre es mir lieb, wenn dasjenige, was auf der Seele von den Freunden liegt, sich wirklich aussprechen würde, damit wir auf das hingeordnet die Besprechung führen können.»[101]), war es schließlich Helene von Grunelius, die stellvertretend für die Gruppe und doch zugleich ganz aus sich selbst heraus das Wort ergriff und zu Rudolf Steiner sagte:

Eine Frage, die uns allen am Herzen liegt, ist die, wie wir zurechtkommen sollen mit allen Meditationen, die wir haben. Zu welcher Zeit wir sie machen sollen, ob wir den richtigen Rhythmus hineinbringen sollen, wie

Rudolf Steiner

wir das machen sollen. Ob wir es so machen sollen, dass wir die, die wir zu Weihnachten bekommen haben, alle zu gleicher Zeit machen sollen? Bis jetzt erscheint es uns so, dass die meisten von uns wenigstens noch erdrückt sozusagen sich fühlen von dem ganzen Stoff von Meditation, und noch nicht richtig mit ihm zu leben wissen.[102]

Steiner antwortete auf diese Worte umfänglich, skizzierte den Unterschied zwischen persönlich gegebenen, «in das esoterische Leben des einzelnen nach Maßgabe seiner Fähigkeit und seines Karmas» eingreifenden Meditationen und solchen Mantren und Übungen, die sehr gezielte und genau angegebene Wirkungen hervorrufen sollten – wie die medizinischen Sprüche aus dem Weihnachtskurs. Dies weiter erläuternd, sagte er unter anderem zu Grunelius und den Freunden:

> Bei [diesen] Meditationen wird es sich darum handeln, dass man wirklich will, innerlich will Mediziner werden, dass man sich sagt: Das ist der Weg; und nun gehe ich so oft an die Meditation heran, als ich nur kann. Ich bin mir bewusst, wenn ich die eine oder die andere mache, hat sie diese oder jene Absicht. Es muss also immer aus dem freien wollenden Innern des Menschen der Drang da sein nach einer solchen Meditation, dem Verrichten einer solchen Meditation. Und es ist eigentlich unvorstellbar, wie man sich bedrückt fühlen kann. Denn warum sollte dasjenige, nach dem man innerlich dürstet, zu gleicher Zeit bedrücken? Da ist es schon hinübergeleitet in eine Art pflichtgemäße Sache, und das sollte sie eigentlich niemals sein, niemals eine pflichtgemäße Sache.[103]

Auf die Medizin und das eigentliche Kursanliegen der jungen Menschen gewendet, fuhr daraufhin Rudolf Steiner fort:

> Gerade wenn es sich um das Arztwerden handelt, so sollte man im allertiefsten Sinne des Wortes bedenken: Arzt werden sollte nicht so aufgefasst werden, wie man es heute auffasst, in einen Beruf hineinzukommen. Sondern Arzt werden sollte man eigentlich durch innere Berufung, durch innere Hingabe an das Heilen und so weiter. Und wenn man diesen Trieb, zu heilen, im allgemeinen empfindet, dann wird man die Wegleitung haben an dieser Meditation und wird dann dem Ziele zugeführt. Es ist vielleicht bei wenigen Berufen so schädlich, wenn man den Beruf als äußere Verpflichtung auffasst, wie gerade beim Arztberuf. Es gehört eben durchaus zum Arztberuf Liebe zur Menschheit und ein wirkliches selbstverständliches Sich-Hineinfinden in das Arztsein.[104]

Nach dem Ende von Steiners entsprechenden Ausführungen meldete sich Helene von Grunelius erneut zu Wort und berichtete, dass sie dennoch eine *gewisse Bedrückung* angesichts der Meditationsaufgaben empfunden und oftmals nicht *die richtige Frische* gehabt habe, um *sie als Bedürfnis* empfinden zu können. In einer für die allermeisten der Anwesenden für undenkbar erachteten Aufrichtigkeit fuhr sie dann gegenüber Steiner offen, ehrlich und unerschrocken fort:

> *Und nun kommt es ja vielleicht daher, jedenfalls bei mir, dass ich bis jetzt eben nicht so eingestellt war, wie man als Arzt eingestellt sein müsste, nämlich mit dem Willen zum Heilen. Ich glaube, dass es einigen so gegangen ist. Man ist nicht Mediziner geworden, um zu heilen, wenigstens mancher von uns, sondern des großen Interesses wegen, das man hatte, den Menschen kennenzulernen – die kranken Zustände und die normalen Zustände –, und ist eigentlich ganz von der Erkenntnisseite aus an die Medizin herangekommen. Es war mir auch bis Weihnachten etwas völlig Fremdes, der Wille zum Heilen, und so durch meine jetzige Arbeit war ich zuerst sehr unglücklich, weil ich viel zu tun hatte und im Anfang zu müde war, um Meditationen zu machen. Nun kam ich durch diese Arbeit mehr mit Patienten zusammen, so dass ich jetzt eine Ahnung habe von dem Willen zum Heilen; und so glaube ich, dass ich jetzt eher die Meditationen werde machen können, weil es dann aus dem wirklichen Bedürfnis heraus entspringt und die Meditation dann wirklich als ein Weg zum Ziel angesehen wird. Gerade diese Hingabe an das Menschheitsschicksal, dieses Mitgefühl, das man an allem hat als Arzt und der Wille zum Heilen, das ist, weil man durch das Studium nicht darauf hingewiesen wurde und viel mehr von der Erkenntnisseite hinkommt an die Medizin, sicher etwas, was vielen von uns bis vor kurzem noch Schwierigkeiten gemacht hat.*[105]

Steiner widersprach ihr deutlich – die Erkenntnisseite und *der Wille zum Heilen* seien in Wirklichkeit überhaupt nicht voneinander zu trennen, denn eine wirkliche Erkenntnis der *Krankheitszustände* bedeute zugleich ein Wissen um die notwendigen *Heilungsprozesse* («Der Krankheitszustand soll eigentlich nur angesehen werden vom Menschen, indem er weiß, so und so wirkt ein gesundendes Heilmittel. Es soll das Gefühl, das man gegenüber der Erkenntnis hat, überall, auf allen Gebieten des Lebens, zur Realität hin drängen, nicht zu formalem Auffassen. So war es ja, als das Wissen überall ein Mysterienwissen war. Da musste man denjenigen, die bloß erkennen wollten, das Wissen vorenthalten und gab es nur denen, die den Willen hatten, dieses Wissen in Realität überzuführen.»[106]). Am Ende seiner Ausführungen fragte Rudolf Steiner sodann Helene von Grunelius, ob dies nun eine Antwort auf ihre Frage sei, worauf sie ihm entgegnete:

> *Vielleicht habe ich mich etwas übertrieben ausgedrückt, wenn ich nur von der Gesundheit und der Krankheit gesprochen habe. Eigentlich rechne ich das, wie die Menschen geheilt werden sollen, auch noch zu dem Erkenntnismäßigen. Ich meine etwas anderes. Dass man, trotzdem man wissen kann, wie der Mensch geheilt werden kann, nicht den Willen haben kann, ihn zu heilen. Bis jetzt hatte ich innerlich nicht den Impuls, nur deshalb den Menschen zu erkennen und zu erfahren, wie man heilt, um eben Menschen zu heilen. Ich hatte nicht diesen Impuls, dass ich meine ganze Arbeit, mein ganzes Studium und alles, was ich aufnehme an Wissen, innerlich durchpulst sein lasse davon: ich muss den Menschen heilen können.*[107]

Als Steiner ihr daraufhin konstatierte, dass dies «Hypertrophie der Erkenntnis»[108] sei, Helene von Grunelius aber dennoch darauf beharrte, ihre ureigene Situation völlig wahrheitsgemäß geschildert zu haben *(Das ist aber bei mir so, und es ist eine Tatsache, die ich hinstellen wollte, weil sie eben existiert, und es wird vielleicht sehr eigenartig vorkommen.*[109]*)*, hieß es von Steiner schließlich am Ende in ungewohntem Ton, ja fast mit Schärfe:

> Das Wissen vom Heilen sollte eigentlich gar nicht da sein ohne den Willen zum Heilen, und Sie sollten eigentlich heute von etwas ganz anderem sprechen. Sie sollten nicht davon sprechen, sondern Sie sollten eigentlich sagen: Ja, ich habe erst kurze Zeit Medizin studiert, nun steckt in mir ein unbändiger Wille zum Heilen. Ich muss mich zurückhalten, dass dieser Wille, der vom Wissen kommt, dass der nicht ausbricht und ich nun anfangen will, alle Gesunden zu heilen. – Es ist nicht spaßhaft, dass ich das sage. Es sollte eigentlich die Stimme der Zurückhaltung sein, die sich ausspricht. Es sollte gar nicht möglich sein zu sagen: Ich habe angestrebt das Wissen vom Heilen, aber nicht den Willen zum Heilen. – Denn ein Wissen, das also real ist, kann sich gar nicht vom Willen trennen, das ist ganz unmöglich.[110]

Obwohl so nicht in der Buchausgabe der Kursmitschrift vermerkt, wird daraufhin eine gewisse, angespannte Stille im Dornacher Glashaus eingetreten sein. Schließlich stellte sich ein weiterer Kursteilnehmer gewissermaßen hinter Helene von Grunelius und betonte in einer längeren Stellungnahme, dass die von ihr sehr persönlich geschilderte Problematik dem heutigen universitären Ausbildungsgang gewissermaßen immanent sei («Es scheint mir das ein Ergebnis zu sein, welches man durch zehn bis zwölf Semester vorfindet als Endergebnis des Studiums.»[111]), worauf Steiner dann sehr positiv und mit beruhigendem Abstand einging («Von dieser Seite gefasst, hat die Frage eine außerordentlich große Wichtigkeit. Sie haben schon recht, und ich wollte auch nicht von persönlichen Eigentümlichkeiten von Fräulein von Grunelius sprechen, sondern ich wollte nur charakterisieren, was ganz notwendigerweise als eine Gesinnung vorlag aus dem heutigen Studium.»[112]), um in seinen weiteren Ausführungen auf die Notwendigkeit neuer universitärer Ausbildungsformen sowie – andeutend – auf die damit verbundenen, «pionierhaft»-gesamtgesellschaftlichen Aufgaben der vor ihm sitzenden jungen Menschen hinzuweisen («Das soll durch Sie angestrebt werden, möglichst ein allgemeines öffentliches Urteil hervorzurufen über das, was da vorliegt.»[113]).

Helene von Grunelius' Aussagen hatten Rudolf Steiner inhaltlich, aber auch in ihrer Deutlichkeit offensichtlich überrascht; die Studenten- und Ärztegruppe reagierte ihrerseits verärgert und machte ihr in internen Nachgesprächen massive Vorwürfe, was aus späteren Erinnerungen von Norbert Glas[114], aber auch aus einem Brief Heinrich Hardts hervorgeht, der im Rückblick auf den Dornacher Osterkurs an Ita Wegman geschrieben wurde und in dem es unter anderem hieß:

> Das Besprechen der beim Studium empfundenen Schwierigkeiten, das man z.B. Helene v. Grunelius etwas zum Vorwurf machen wollte – es geschah das nachträglich nur innerhalb unseres Kreises –, war doch nicht so unfruchtbar, wie es scheinen konnte, jedenfalls musste es einmal gründlich heraus![115]

Dabei ist jedoch zu berücksichtigen, worum es Helene von Grunelius insgesamt ging und in welchem inhaltlichen Zusammenhang sie sich zu Wort gemeldet hatte. Steiner hatte dezidiert nach dem Stand der meditativen Bemühungen des Einzelnen gefragt. Helene von Grunelius wusste, von welch zentraler Bedeutung diese Frage und die damit verbundene Problematik war – wie geschildert hatte sie selbst von Steiner die «Wärme»-Meditation ein halbes Jahr zuvor für die innere Vorbereitung der Gruppe anvertraut bekommen. Zugleich empfand sie ihr eigenes Versagen angesichts der gestellten esoterischen Aufgabe, suchte nach Gründen und Voraussetzungen, spürte auch, warum Steiner so entschieden und wiederholt nachfragte.[116] Nicht allzu viele Menschen in der jugendlichen Gruppe sahen das so klar und entschieden wie sie. Viele waren beglückt von Steiners Ausführungen und lebten mit einer gewissen Selbstzufriedenheit in manchen der so lichten Inhalte, auch in der Schönheit der Sprüche und meditativ skizzierten Zusammenhänge. Grunelius dagegen empfand die Tragik, die im eigenen Unvermögen, in der unreifen eigenen Seele lag – die Tragik im Zurückbleiben hinter dem von Steiner Erwarteten, mit Steiners Wirksamkeit Verbundenen. Ein melancholisches Element durchzog ihr Wesen[117] und schärfte die Empfindung für die geschichtliche Situation, in der sie und die anderen lebten und der man offensichtlich nicht ausreichend gewachsen war. Auch ihr tiefes Schuldgefühl nach dem Weihnachtskurs stand damit in Zusammenhang.

Trotz der nicht erhaltenen Rückmeldungen über die auf dem Übungsweg vorgefundenen «inneren und äußeren Schwierigkeiten» verlängerte Steiner auf Bitten seiner Hörer schließlich sogar den ganzen Kurs[118], war bereit, weitere Meditationen der Gruppe zu übergeben, appellierte wiederkehrend an den Willen der Einzelnen, sich das Empfangene innerlich anzueignen, und skizzierte große menschenkundlich-kosmologische sowie auch zunehmend diagnostisch-therapeutische Gesichtspunkte, wobei er erneut verschiedene Male ausgesprochen direkt auf entsprechende Forschungen in den alten Mysterienstätten zu sprechen kam.[119] Unter inhaltlichem Aufgreifen von Motiven, die auch in den vorangegan-

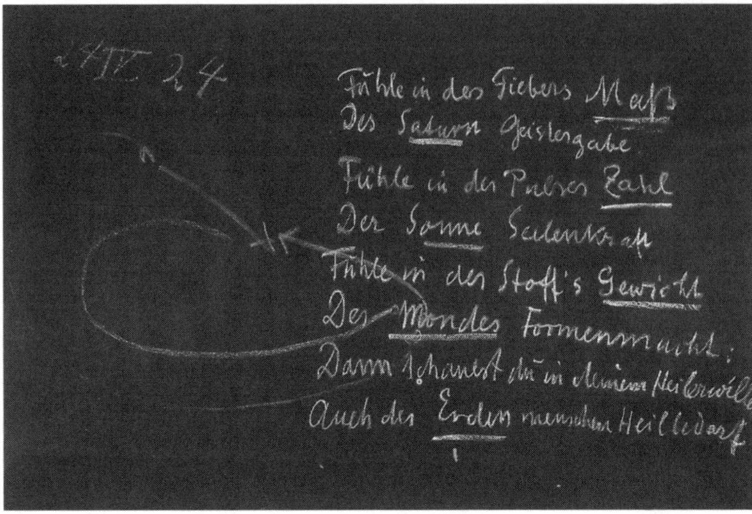

Wandtafelzeichnung zum Vortrag vom 24.4.1924

genen Vorträgen über «das Osterfest als ein Stück Mysteriengeschichte der Menschheit» andeutend erklungen waren, zeigte Steiner dabei erstmals den Medizinern gegenüber auf, inwiefern die von ihm vorgetragene «ursprüngliche kosmische Denkweise über den Menschen» in ihrem Kern christologischer Natur und dazu bestimmt war, eine große Wende innerhalb des herrschenden Materialismus europäisch-okzidentaler Prägung einzuleiten. Er charakterisierte mit intensiven, wenn auch vorläufig nur andeutenden Strichen die vehementen geistigen Kräfteauseinandersetzungen innerhalb der gegenwärtigen Medizin und ihrer sozialen Strukturen, ja den spirituellen Weltenkampf um das Schicksal des Menschen. Fortsetzende Vorträge darüber stellte er für ein künftiges Treffen in Aussicht («Wenn wir noch einmal zusammenkommen, werde ich Ihnen erzählen, wie die ahrimanischen Mächte darauf aus sind, das Karma des Menschen totzuschlagen, damit sie ihr

Ziel erreichen.»[120]), bat jedoch auch dezidiert darum, für das abschließende Zusammentreffen am Freitagmorgen die zu stellenden Fragen in dieser Hinsicht auszurichten («Nun, *dahingehend* formulieren Sie sich bitte Ihre Fragen. Wir werden morgen noch einmal zusammenkommen.»[121]). Die Mehrzahl seiner Hörer aber versäumte ganz offensichtlich diesen großen geschichtlichen Moment – gefragt wurde im ganzen Kursverlauf vielmehr nach dem Verhältnis zur Jugendbewegung, der Beziehung zu den pädagogischen Bemühungen innerhalb der anthroposophischen Bewegung oder zu den karmischen Aufgaben der eigenen Gruppe, letzteres zudem in einer ausgesprochen ungeschickten Weise.[122] – Die vor Rudolf Steiner sitzenden Menschen waren offenbar nur sehr bedingt wach für das eigentlich Geforderte, was auch im Verlauf eines zusätzlichen abendlichen Treffens mit Steiner und Wegman nachhaltig deutlich wurde.[123] Das «sichere Gefühl», von dem Madeleine van Deventer zu Recht bezüglich der aufbrechenden Studenteninitiative gesprochen hatte («Mit dem sicheren Gefühl, dass man gerade als junger Mensch hat, wussten wir, dass die Zeit seines Hierseins bemessen war und dass es nicht wiedergutzumachen wäre, wenn nicht die Fragen an ihn herangebracht würden, die ihm ermöglichten, noch intimere Seiten des medizinischen Wirkens zu enthüllen»), trug keinesfalls dauerhaft und durchgängig.

Das möglicherweise während dieses – großen – Kurses Versäumte kam freilich den allerwenigsten der Studenten und Ärzte zu Bewusstsein, auch wenn es Einzelne dunkel empfanden und dabei auch bemerkten, dass Steiner zunehmend mitgenommen und gesundheitlich angegriffen wirkte.[124] Wie schon zur Weihnachtszeit überstrahlte die Empfindung des Beschenktseins schließlich alles andere – und Rudolf Steiner beendete den Kurs nicht nur mit ermutigenden, die spirituelle Beziehung der jungen Menschen zum Goetheanum stärkenden Worten («Machen wir es so, dann wird schon alles gut werden»[125]), sondern verfasste eigenhändig einen Bericht über das Treffen für das Nachrichtenblatt der Wochenschrift «Das Goetheanum», der mit den zukunftsgerichteten Worten endete:

> Die Innigkeit, mit der von den Teilnehmern das hier Gewollte ergriffen worden ist, wird eine Gewähr dafür bieten, dass von einigen Menschen in der nächsten Zeit wirklich für die Heilkunst die Vertiefung und Erweiterung gesucht werden, die so notwendig sind.[126]

*

Erneut gelangten in den Wochen und Monaten nach dem Kurs zahlreiche Dankesschreiben der Teilnehmer nach Arlesheim, in denen die seelische Gefühlslage der einzelnen umfänglich und mitunter überschwenglich, wenn auch inhaltlich zutreffend und mit aufrichtigster Empfindung zum Ausdruck kamen («Ob es nun mit der Jahreszeit zusammenhing, die meisten von uns fühlten, dass sie – wenigstens zu Beginn – nicht recht wach waren. Um so tiefer drang manches Wort zu Herzen, das Herr Dr. Steiner sagte. Wie viel Vertrauen zu uns sprach aus seinen Worten, wie oft tönte es aus seinem Munde so, als ob das eigene Ich – uns selbst noch weithin unbekannt – von seinen Lippen spräche. […] Sagen Sie Herrn Dr. Steiner gelegentlich einmal, wie dankbar wir ihm alle sind, der unsere Seelen besser hütet als wir selber!» Heinrich Hardt[127]), darüber hinaus aber auch der große Dank derjenigen, die neu zu der Gruppe hinzugestoßen waren. So schrieb beispielsweise Franz Tabuschat, ein junger, aus Düsseldorf stammender Arzt, der bereits drei Jahre später an den Folgen einer Kriegsverletzung versterben sollte, an Ita Wegman:

> Zunächst ist es mir Herzensbedürfnis, Ihnen gegenüber meiner überaus großen und meine tiefste Befriedigung darüber zum Ausdruck zu bringen, dass ich hier in Dornach den Anschluss an den jungen Medizinerkreis finden durfte. Ich bin außerordentlich dankbar dafür. In vielen Freunden unseres Kreises habe ich etwas Gemeinsames entdecken dürfen und ich habe gefunden, dass ich erst in diesem Kreis meine wahre Aufgabe gefunden. Es lebt nämlich in ihm genau dasjenige, was mich vor Jahren dazu bestimmte, Medizin zu studieren. Gestärkt und mit großer Begeisterung im Herzen werde ich an meine Arbeit gehen.[128]

Ebenso aber kamen auch neuerliche Beschwerdebriefe von anthroposophischen Ärzten, die keine Berücksichtigung gefunden hatten. Wie schon vier Monate zuvor, hatte Steiner auch diesmal einen «Parallelkurs» für ältere, praktizierende anthroposophische Ärzte gehalten, ebenfalls im Glashaus und – Christoph Lindenberg zufolge[129] – im direkten Anschluss an die frühmorgendliche Zusammenkunft mit der Gruppe um Helene von Grunelius. Einer dieser Briefe, der von dem in Freiburg erfolgreich praktizierenden Arzt Josef Kalkhoff an Ita Wegman verfasst wurde, legt indes nahe, dass die zeitliche Reihenfolge gerade umgekehrt war und die älteren Ärzte nach der Therapiebesprechung mit Rudolf Steiner, bei der die Grunelius-Gruppe diesmal mit dabei war, mehr oder weniger den Raum zu verlassen hatten.[130] Das Schreiben beleuchtet darüber hinaus in eindringlicher Weise, wie ein Arzt wie Kalkhoff diese gravierende und für ihn persönlich völlig unverständliche Situation empfinden musste und wo seiner Auffassung nach die medizinische Arbeit mit Rudolf Steiner außerhalb der Jungmediziner-Gruppe stand[131]:

> Die «Entlassung» der alten Ärzte u. Weiterführung der jungen hat mir – frei von allen Neidgefühlen – bitter wehe Stunden gebracht. Ich fühle mich zwischen 2 Stühlen sitzen; die alte Weise ist anscheinend hoffnungslos festgerannt, wie die Aussprache bewies. Den Anschluss an die neuen fand ich schon zu Weihnachten für mich verschlossen, als meine Anfrage durch Collegin Rennefeld vergeblich war. Sicher können die Jungen sich einladen, wen sie wollen; dass mein Streben bisher sich nicht besser legitimierte, bedaure ich. In welcher Weise kann ich privatim erarbeiten, was mir als Erleben in der Gemeinschaft diesmal entging? Vor richtigem Altwerden sträube ich mich nicht, aber hier steht meinem Empfinden nach Anderes, auch noch Wichtigeres zur Entscheidung. Die Erlebnisse u. Aufgaben der beiden Klassenstunden geben mir viel mit; wie kann ichs ärztlich intensivieren?[132]

Ita Wegmans Antwort auf dieses Schreiben ist bisher nicht auffindbar. Nach wie vor aber galt offenbar für sie:

> Diese Medizinerfrage ist noch ungeheuer schwer zu lösen, aber ich glaube doch, dass sie im richtigen Sinne gelöst wird.[133]

*

Bis zum August 1924 arbeitete Helene von Grunelius noch im Rahmen ihrer Pflichtassistenz im Stuttgarter Krankenhaus. An der sich steigernden Intensität und Dramatik, die Steiners Karmakurse gewannen, nahm sie teil, wann immer sich eine Reise nach Dornach ermöglichen ließ; auch die regelmäßig erscheinenden Leitsätze und autobiographischen Aufsätze Steiners sowie die ersten Ansätze zur Bildung der Jugend-Sektion studierte sie mit wachstem Interesse. Von anderen Vorgängen und Geschehnissen im Umkreis von Rudolf Steiner, von dem frühen Tod Edith Maryons, den Karmavorträgen in Paris oder aber den Geschehnissen in der Arlesheimer Klinik und im «Sonnenhof» ließ sie sich berichten. Bei Steiners «Landwirtschaftlichem Kurs», der am 7. Juni in Schloss Koberwitz begann, sowie bei den Karmavorträgen im nahe gelegenen Breslau und den dortigen Jugend-Ansprachen war ihr Bruder Andreas zugegen, der auch Steiners tägliche Post in den frühen Morgenstunden zur Station brachte, darunter die großen Briefe an Ita Wegman nach Arlesheim. Auch Lilly Kolisko war in Koberwitz, deren wissenschaftliche Arbeiten Helene von Grunelius weiterhin aufmerksam verfolgte und mit der sie sich häufig in Stuttgart traf, um im Kreise einiger Freunde die Ostervorträge nachzuarbeiten – «was ist da für ein Material gegeben und wie wenig haben wir es genutzt», schrieb ihr einmal die Botanikerin Maria Hachez, die ebenfalls daran teilnahm[134].

Helene wartete in den Koberwitzer Tagen gespannt auf die Rückkehr ihres Bruders und schrieb zu dieser Zeit einen ihrer schwungvoll-jugendlichen, auf den ersten Blick so eindrucksvoll leichten, ja fast flüchtigen Brief an ihre Freundin Madeleine van Deventer. Deventer befand sich zu dieser Zeit in Examensvorbereitungen, hatte einige Wochen nichts mehr von Grunelius gehört und ihr daraufhin eine besorgte Nachricht geschickt, worauf sie das folgende Schreiben erhielt[135]:

Stuttgart, Traubergstr. 3
18. Juni 1924

Liebe Maddy,

um mit Deiner ersten Frage anzufangen: Ja, ich lebe noch! Wo: in Stuttgart; Wie: ? – – – ? Ja, das weiß ich selber nicht genau, wie!!
Es hat mich aber sehr gefreut, ein Lebenszeichen von Dir zu bekommen. Auch herzl. Dank für das fabelhafte Programm [der Arnheimer Tagung]!
Ich wollte Dir schon die letzten Tage schreiben. Hoffentlich ist, bis dieser Brief Dich erreicht, Dein Examen glücklich vorbei.
Ich bin also seit Sonntag [15. 6.] im Krankenhaus fertig bis auf Krankengeschichten, die ich noch fertig schreiben muss. Ich will jetzt dieser Tage [auch] noch meine Doktorarbeit fertig schreiben u. dann würde ich am liebsten einige Tage nach Dornach. Mitte Juli muss ich dann wohl für 14 Tage zu meiner Mutter, so dass ich ziemlich bestimmt nicht nach Holland kommen werde, zumal es mich auch sehr langweilen würde, dort bei meiner Tante zu wohnen, die zudem wohl in den Sommermonaten in der Sommerfrische sich von den Strapazen des Frühjahrs erholt!
Wie geht es Euch allen?
Ich muss jetzt in der nächsten Zeit fleißig anthroposophisch arbeiten. So kann es nicht weitergehen.
Vom Landwirtschaftl. Kurs u. von den Tagen in Breslau erzählen die bereits Zurückgekehrten sehr begeistert. Maria Hachez war ja auch dort. Andreas kommt erst heute abend zurück. Ich bin sehr gespannt, was er erzählt. Jedenfalls werden wir wohl sofort in unserem Garten mit landwirtschaftlichen Versuchen in größerem Stil anfangen!!
In allernächster Zeit soll in Dornach ein Kursus sein für die Jenaer (Strohschein etc.). Ich habe mich dafür bei Frau Wegman angemeldet u. hoffe, dass ich ihn werde mitmachen können.
Ich hoffe, Du bist mit und durch diesen Brief einigermaßen befriedigt. Grüße herzlich Henk, Erna, Peter, Zeylmans, van Houten.

Herzlichst
Deine Helene

P. S. Von den anderen habe ich gar keine Nachricht.

Eine Einladung zum «Heilpädagogischen Kurs» erhielt Helene von Grunelius von seiten Ita Wegmans nicht, da Steiner den kleinen, intimen Teilnehmerkreis auf diejenigen Menschen beschränkte, die mit den seelenpflegebedürftigen Kindern konkret arbeiteten oder im Rahmen der Stuttgarter Waldorfschule mit kindlichen Entwicklungsproblemen näher befasst waren. Die eher dürftig begründete Absage, nach Arnheim zu Steiners großen, umfassenden Vorträgen zu fahren, wird Grunelius dagegen später bitter bereut haben, nachdem sie Madeleine van Deventers ausführlichen Tagungsbericht in Händen hielt und auch an Margarethe Bockholt weitergab.[136]

Die Juni- und Juliwochen des Jahres 1924, in denen Helene von Grunelius ihre Stuttgarter Arbeiten abschloss, waren eine – trotz äußerlicher Betriebigkeit – verhaltene Zeit. Zunehmend fühlte sie sich körperlich erschöpft und erhielt von verschiedenen Seiten den Rat, sich auszuruhen. Sie selbst war offensichtlich unsicher, wie es nun konkret weitergehen sollte, innerlich müde, unzufrieden und auf der Stelle stehend. Schließlich entschied sie sich, Steiners Rückkehr aus Holland abzuwarten und ein weiteres, persönliches Gespräch mit ihm über die Zukunft ihrer medizinischen Initiative zu führen.

Nachdem am 10. August im Nachrichtenblatt der Zeitschrift «Das Goetheanum» die Ankündigung eines im September stattfindenden «Pastoralmedizinischen Kurses» mit betonter Miteinladung der Medizinstudenten zu lesen war («Es findet parallel zur Theologen-Tagung am Goetheanum vom 8. bis 15. Sept. ein Kursus in Pastoral-Medizin statt. Zu demselben sind alle praktizierenden Ärzte und alle, die ein Studium betreiben, das zur ärztlichen Praxis führt, eingeladen, wenn sie Mitglieder der Anthroposophischen Gesellschaft und der ersten Klasse der freien Hochschule für Geisteswissenschaft sind (damit sind die betreffenden auch Mitglieder der mediz. Sektion am Goetheanum)»[137]), setzte die Korrespondenz zwischen den Teilnehmern des Weihnachts- und Osterkurses wieder verstärkt ein. Die Briefwechsel insbesondere mit Arlesheim waren zumindest zwischen einzelnen nie ganz abgerissen und

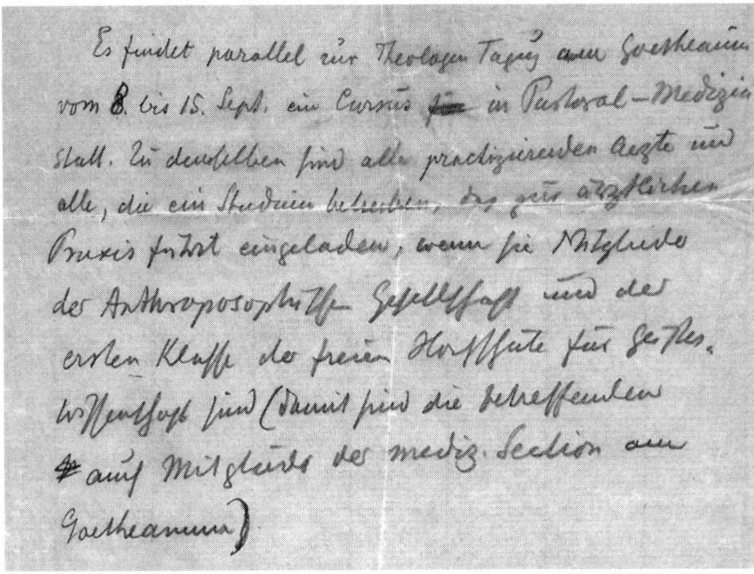

Es findet parallel zur Theologen-Tagung am Goetheanum
vom 8. bis 15. Sept. ein Cursus für in Pastoral-Medizin
statt. Zu demselben sind alle practizierenden Aerzte und
alle, die ein Studium betreiben, das zur ärztlichen
Praxis führt eingeladen, wenn sie Mitglieder
der Anthroposophischen Gesellschaft und der
ersten Klasse der freien Hochschule für Geistes-
wissenschaft sind (damit sind die betreffenden
auch Mitglieder der mediz. Section am
Goetheanum)

Textentwurf zur Ankündigung des Pastoralmedizinischen Kurses (Rudolf Steiner)

hatten verschiedene Themen vertraulich weiterbewegt; durch die Ankündigung des Kurses und einen noch vorausgehenden, persönlichen Aufruf Wegmans an die «jungen Mediziner» zur Teilnahme[138] aber geriet alles in größere Bewegung. Zudem versandte auch Margarethe Bockholt ab Mitte August von Arlesheim aus zahlreiche Briefe und motivierte die Freunde energisch, sich im September auf den Weg zu machen und die jeweiligen Willenskräfte auf ein gemeinsames Ziel zu zentrieren, nachdem Ita Wegman ihr aus England entsprechende Anweisungen gegeben hatte.

Viele der verstreut lebenden jungen Ärzte und Studierenden hatten eine herzliche Verbindung untereinander oder arbeiteten in kleinen Gruppen die Kurse nach, in Stuttgart, Arlesheim und Jena. Eine größere, gemeinsame Willensintention aber war trotz vieler Gespräche und der beiden großen Kurse zu Weihnachten und Ostern bisher nicht entstanden. Zunehmend empfanden einzelne diesen Mangel, aus sich heraus und durch die Schreiben von Wegman und Bockholt angeregt, obwohl sie von der entschiedenen Dynamik der vorausgegangenen Wochen in Steiners Vortragstätigkeit kein Bewusstsein hatten und beispielsweise die Michaels-Briefe der Leitsätze noch nicht erschienen waren. Gleichwohl antwortete Ilse Knauer am 16. August mit den Worten:

Liebe Grete Bockholt!

Ihr Brief bringt in so schönen klaren Worten zum Ausdruck, was uns nottut. Es ist das, was auch in uns lebt, und aus diesem Impuls heraus arbeiten wir sehr intensiv an dem Weihnachts- und Osterkurs und empfinden stark die Wichtigkeit dieser Arbeit. Es ist ungeheuer, wie viel Neues einem jetzt an diesen Vorträgen aufgeht, und ich nehme sie jetzt wieder mit ganz neuer Intensität und viel stärkerem Bewusstsein auf. Und ich glaube schon, dass daraus die innere Bereitschaft, von der Sie sprechen, entspringt. Es ist uns dreien, Heiner Hardt, Kurt Magerstädt und mir, jetzt vollkommen klar geworden, dass wir unbedingt im September nach Dornach müssen und alles andere da zurückstehen muss. Entscheidend war für uns der Brief von Frau Dr. Wegman.
Sie schreiben: wir müssen zum Wesenhaften der Medizin kommen, weil wir, die wir täglich schon heilen und helfen müssen, das ja besonders brauchen. Sehen Sie, Bockholt, ich habe mich oft gefragt, was ist es, was mich zur Medizin getrieben hat; was ist es, was mir überhaupt möglich macht, einen Heilwillen zu entfalten? Das ist eben dieses Wesenhafte, von dem Sie sprechen. Und ich spüre, je mehr ich mich ihm verbinden kann, desto mehr Kräfte bekomme ich. Das empfinde ich auch in meiner Saalfelder Praxis stark, wenn ich morgens eine oder die andere unserer Meditationen gemacht habe und dann an die Patienten herangehe. Es ist ein so ungestümes Drängen und Wollen in einem, wie es schwer zu beschreiben ist. Es konzentriert sich ganz stark auf die Kranken, und dieses Heilenwollen gibt einem Gedanken, die sonst nie gekommen wären.
Wir sprechen uns ja bald mündlich. Ich melde mich hiermit für die Septembertage offiziell bei Ihnen an und bitte um Zusendung der Einladung. Ich denke, dass ich am Sonnabend, den 4. IX. werde da sein können.

Einstweilen herzliche Grüße an Sie, Walter und Bort

Ihre Ilse Knauer[139]

Auch Kurt Magerstädt schrieb in diesen Tagen nach Arlesheim an Margarethe Bockholt und in Antwort auf ihren Brief, den ihm Ilse Knauer vorgelesen hatte. Bei ihm hieß es in bezug auf die Gemeinschaftsfrage unter anderem:

> Wir haben tatsächlich 2 Richtungen in unserem kleinen Kreis. Da sind die Studierenden, die so stark aus dem Gefühl heraus eine Gemeinschaft anstreben. Besonders die Baseler wollen so ein Herz und eine Seele sein und suchen etwas, was eigentlich in der Christengemeinde [Christengemeinschaft] lebt. Ursache dazu ist, dass durch das Studium an den Universitäten das medizinische Denken, das da gelernt wird, nachts keine Bestätigung finden kann, durch den im Schlaf freigewordenen Astralleib. Die Studierenden werden immerfort beirrt eigentlich im Denken und suchen eben dann mehr ein Gefühlsmäßiges, eine Ergänzung am anderen Menschen. Anders bei uns, die wir Gott sei Dank mit den Gespenstern Examina fertig sind. Man muss erst recht gehen lernen eigentlich, nachdem man vorher nach Studienplänen gegangen wurde. Uns eint von vornherein die Tatsache: Heilen zu wollen. Willen und Sympathie sind eines aus dem anderen hervorgehend. Wir werden also ganz anders zusammenstehen können, wir müssen die anderen tragen helfen. Wir müssen Mittelpunkt werden im Kreis, nach der einen Seite die Hand ausstreckend nach unseren Freunden, die noch studieren, nach der anderen Seite nach den Älteren, die noch kommen werden.
> Wir kommen nun um die Zeit des Michaelsfestes zum 3. Male zusammen, alle freuen sich darauf. Wir sind ruhiger geworden zueinander, selbstverständlicher werden wir einander gegenüberstehen. Die gemeinsame Basis muss der Weihnachtskurs und der Osterkurs sein, auf diesem Boden gestellt, werden wir die Grundsteine legen können für den Dom des Mysterienwesens in der Medizin. Pastorale Medizin wird eine gewisse Trilogie herstellen als 3. Vortrag unseres med. Zyklus. Was wird dann Weihnachten für ein Kurs uns geschenkt werden vom lieben Doktor!

Aus Berlin, wo die miteinander befreundeten und gemeinsam praktizierenden Ärztinnen Ilse Rennenfeld und Kläre Meumann lebten, kamen dagegen die Worte:

> Wir arbeiten nun wieder fleißig und bemühen uns, in den Impulsen, die uns Dr. Steiner zu Weihnachten und Ostern gab, wach zu sein und immer wacher zu werden und diese Wachheit ganz in unser tägliches Tun zu tragen, um wohl vorbereitet im Herbst nach Dornach zu kommen.[140]

Schließlich meldete sich fast zeitgleich zu Ilse Knauer und Kurt Magerstädt auch noch Ludwig Engel aus Breslau und sandte seinerseits am 15.8.1924 einen sehr persönlichen Brief an Margarethe Bockholt, in dem er formulierte:

> Es ist für mich ja sehr schwer, Ihnen etwas Positives schreiben zu können. Ich selbst stecke schon eine ganze Zeit in den verschiedensten persönlichen Schwierigkeiten. Dazu kommt, dass ich ja bis jetzt noch gar keine richtige Praxis habe. Erst dieser Tage ist es mir gelungen, eine Wohnung zu mieten, in der ich von Mitte September an regelmäßig u. richtig praktizieren kann.
> Es fehlt in unserem Kreis sicher vieles von dem, was etwa im Priesterkreis wohl schon vorhanden ist. Und wir können wohl jetzt nur fest zueinander halten und uns sehr lieb haben. Suchantke und ich wollen ja schon am 31. August in Dornach sein. Wir werden ja dann zusammen sein, und das wird weiter führen. Wir haben es sicher sehr schwer und es kann nur langsam vorwärts gehen. Ich glaube übrigens, dass die Menschen mit einer großen Praxis, z. B. Thylmann, es genau so schwer haben wie die Studenten. Bei Suchantke ist es übrigens nicht so. Das macht wohl sein Temperament. Er ist guter Dinge (trotz allem), macht die Meditationen, hört sehr viel Collegs. Unsere gemeinschaftliche medizinische Arbeit besteht freilich nur darin, dass wir die Vorträge lesen. Auch sprechen wir öfters über Patienten von mir, die er auch kennt.
> Es ist ja möglich, dass für uns im September kein besonderer Kurs zustande kommt. Ich glaube es ist besser, wenn wir diesmal bescheiden sind und nur darum bitten, wenn es aus tiefsten realen Bedürfnissen kommt. Sonst warten wir wohl besser. Es darf doch nicht so sein, dass das, wozu wir allein hätten kommen müssen in unserer Arbeit, uns von Herrn Doktor gegeben werden muss. – Sehr schade ist, dass wir nicht zu einem Wander-Brief gekommen sind.[141] Wir müssen natürlich viel mehr voneinander wissen.
> Wie ich das Geld für die Reise aufbringe, ist mir vorläufig noch nicht klar. Sagen Sie, ging es nicht etwa so, dass einer von uns, der eine gute Praxis hat – z. B. Thylmann – es mir leiht? Ich verdiene ja vom September an dann auch richtig Geld und kann's gleich zurückgeben.[142]

Tatsächlich war der Hamburger Arzt Thylmann nicht nur bereit, Geld zu leihen, sondern trug schließlich – wie auch erneut Helene von Grunelius und Ita Wegman – einen Teil der Reisekosten verschiedener, weitgehend mittelloser Teilnehmer.

Kurt Magerstädt war nicht der einzige, der den bevorstehenden «Pastoralmedizinischen Kurs» in gewisser Hinsicht als «dritten Kurs» für die Gruppe betrachtete, sehr im Unterschied zur Nüchternheit eines Ludwig Engel. Magerstädts Brief beinhaltete einige übersteigerte Formulierungen. Er war nicht eingebildet und selbstbezogen – seine jugendlichen Wendungen über die von der Gruppe zu legenden «Grundsteine» für den «Dom des Mysterienwesens in unserer Zeit» und die fast naiv-gläubige Vorfreude auf eine weitere Fortsetzung am Jahresende («Was wird dann Weihnachten für ein Kurs uns geschenkt werden vom lieben Doktor!») aber kontrastierten krass zu der realen Dornacher Lage und der Situationseinschätzung Rudolf Steiners, wie sie Helene von Grunelius Ende Juli zu hören bekam.

Darüber schrieb sie selbst, ebenfalls Mitte August, drei Tage nach ihrem 27. Geburtstag, an Madeleine van Deventer in Utrecht den folgenden Brief[143]:

Wengen, Berner Oberland
Parkhotel Beausite
17. Aug. 1924

Liebe Maddy,

als Herr Dr. von Holland zurückkam fuhr ich auch wieder nach Dornach. Da ich aber dann dauernd erhöhte Temperatur hatte u. mich dabei ziemlich matt fühlte, riet mir Frau Dr. Wegman, etwas ins Gebirge zu gehen. Ich wäre ja viel lieber in Arlesheim geblieben u. bis jetzt ging es mir hier auch weniger gut als zuletzt dort. Auch hat es in den letzten Tagen hier dauernd geregnet. Ich sehe jedenfalls, ich muss mich in Geduld üben. Auf alle Fälle komme ich am 2. September wieder nach Arlesheim. Es wäre ja wirklich sehr gut, wenn Du dann auch schon kommen könntest od. wenigstens einige Tage vor dem Kurs für Pastoralmedizin.
Denn unser Zusammensein im September, besonders vor dem Kurs, wird für uns jungen Mediziner u. Ärzte ganz entscheidend sein. Herr Dr. ist mit uns äußerst unzufrieden. Er sagt: die wissen nicht, was sie wollen, die haben keine Knochen usw. – Wer von uns wäre nicht auch mit uns unzufrieden! – Wenn nicht unter uns Medizinern im Herbst sich ein fester Kern bildet von Menschen, die wissen, was es gilt u. was sie wollen, die das konkret erlebt haben, was der junge Mediziner sucht u. wodurch allein wir ein

gemeinsames Bewusstsein u. einen geschlossenen Tatwillen entfalten können, – wenn das nicht eintritt, werden die besten unserer jungen Mediziner u. Ärzte zu den Priestern übergehen u. sich von ihnen führen lassen. Die Priester sind von einem großen Erleben durchdrungen, sind durch dieses Erleben u. durch ihre von diesem Erleben getragene Kulturaufgabe u. -wirksamkeit zu einer innerlich sehr geschlossenen Gemeinschaft verbunden. Durch dieses Erleben können sie sich fühlen als wahre Abgesandte der geistigen Welt, als Verkünder. Und dadurch stellen sie ihre Aufgabe mit dem Verrichten der Menschenweihehandlung als die notwendigste u. höchste auf Erden hin. Wenn wir unsere Aufgabe, die ja fast die entgegengesetzte derjenigen der Priester ist, und die nicht geringer, sondern wie mir scheint noch notwendiger ist, – wenn wir uns diese unsere Aufgabe nicht klar genug ins Bewusstsein rücken u. uns zu ihrer Erfüllung jetzt fest zusammenschließen, dann wird die anthroposoph. Gesellschaft ein Anhangsgebilde der Christengemeinschaft. Warum wir zu diesem – eigentlich von uns allen mehr oder weniger gewollten – Zusammenschluss nicht gekommen sind, warum wir ihn nicht erreicht haben, andererseits sich möglichst klar u. konkret ins Bewusstsein zu rufen, was wir wollen u. wollen müssen (auch im Zusammenhang mit dem, was Herr Dr. als unsere Aufgabe innerhalb der Jugend bezeichnet hat) – ich glaube, wenn wir uns in den nächsten Tagen u. Wochen intensiver einzeln u. zu mehreren im Gespräch mit solchen Gedanken beschäftigen, dann werden wir zu dieser schicksaltragenden Prüfung u. zu diesem Wendepunkt in unserer Bewegung gut gerüstet kommen.

Wie ist es mit Henk, wird er auch kommen können? Zeylmans soll doch bestimmt kommen. So wertvoll u. großartig die Arbeit eines Einzelnen an seinem Ort sein kann, – wir brauchen jetzt dringend einen festen Zusammenschluss – das betont auch sehr Frau Dr. Wegman u. Herr Dr. Auch van Houten sollte sicher kommen – eben jeder, dem die Sache wirklich am Herzen liegt, denn die Zusammmenkunft im September wird entscheidend sein.

Unsere Meditation hat Frau Dr. Wegman jetzt gegeben an Büttner, Ungar, Kahnert u. Förstner. Ob Sie es [sie] noch anderen inzwischen gegeben, weiß ich nicht. Die Sache mit dieser Meditation ist überhaupt ein dunkler Punkt. Unsere Bewegung stände jetzt nicht so schlecht, wenn wir nicht in diesem Punkt – nämlich der Meditationsgemeinschaft, die einen Kern geben sollte für die medizin. Bewegung – ganz versagt hätten. Und jetzt werden nur den Kern bilden können Menschen, die diese Meditation haben (wer die innere Einstellung hat, dass er diese Meditation braucht, kann sie ja von Frau Dr. Wegman bekommen).

Helene von Grunelius (o.J.)

Also dieses wäre für heute genug. Schreib mir bald oder auch nicht, aber komm dann rechtzeitig!
Viele herzliche Grüße allen Freunden.
Wie geht es Henk, Erna u. Gotthard Michael u. was tun sie.

Herzlichst grüßt Dich
Deine Helene

Helene von Grunelius war durch das Gespräch mit Rudolf Steiner und mit Ita Wegman erneut ganz entschieden aufgewacht. Hochkonzentriert betonte sie nun die Notwendigkeit für einen *festen Zusammenschluss* auf der spirituellen Basis einer *Meditationsgemeinschaft,* einen *festen Zusammenschluss* zur Entwicklung eines *geschlossenen Tatwillens* im Sinne der anthroposophisch-medizinischen Bewegung und mit esoterischem Fundament. Ebenfalls von Wengen aus, wohin sie sich geschwächt zurückziehen musste – am selben Ort, an dem Ita Wegman genau zehn Jahre später eine beinahe tödlich verlaufende Krankheit überwinden sollte –, hieß es dann nur vier Tage später in einem weiteren, ergänzenden Brief, diesmal an Margarethe Bockholt:

> *Herr Dr. sagte mir neulich: Sie müssen versuchen, sich tiefer in das Wesen dieser Meditation einzuleben, sich stärker damit zu verbinden, dann wird schon das kommen, was Sie suchen (so ähnlich drückte er sich aus). Ich war mir nun gar nicht klar, wie ich das tun sollte. In den ersten Tagen hier las ich hauptsächlich das Buch von Wachsmuth, das wirklich großartig ist u. etwas mir die Gedanken lichtete. Außerdem las ich unseren medizin. Osterkurs, der mich aber nur noch verzweifelter machte. In den ersten Tagen fühlte ich mich von Tag zu Tag weniger wohl, bis ich mich wirklich krank fühlte. Die Temperatur stieg auch etwas an, und ich blieb dann 2 Tage ganz zu Bett. Als es etwas besser ging, lag ich dann auf einem Liegestuhl auf dem Balkon oder, wenn es draußen zu kalt war, im Zimmer. Ich las dann die 3 Vorträge vom Dezember 1920, die ja sehr mit der Meditation zusammenhängen. Zuerst wollte mir gar nichts klar werden, bis plötzlich vorgestern früh, als ich wieder den Zyklus «Das Lukas-Evangelium» in die Hand nahm, mir mehrere Lichter aufgingen. Seitdem fühle ich mich auch fast ganz gesund!*
> *Ich glaube, dass gerade das Eindringen in das Wesen dieser Meditation uns erst den richtigen Karmawillen geben kann. Ich glaube, dass jedenfalls für diejenigen, die diese Meditation haben, es <u>der</u> Weg ist, um zu einem Tat- und Karmawillen von innen heraus zu kommen. Darin stimme ich mit Dir ganz überein, dass das letztere erst da sein muss, wenn es sich um Neubildung eines esoterischen Kreises handeln soll, der wirklich ein Initiativ- u. Führerkreis werden soll u. will.*[144]

Margarethe Bockholt verstand und unterstützte die Worte von Helene von Grunelius vorbehaltlos; von der Schwägerin Madeleine van Deventers, Erna van Deventer-Wolfram, erhielt Grunelius dagegen in der letzten Augustwoche einen verständnislosen, einer Antwort Madeleine van Deventers beigelegten Brief.[145] Daraufhin sandte sie ebenfalls ein paar aufklärende Sätze nach Holland, die den Wortlaut trugen:

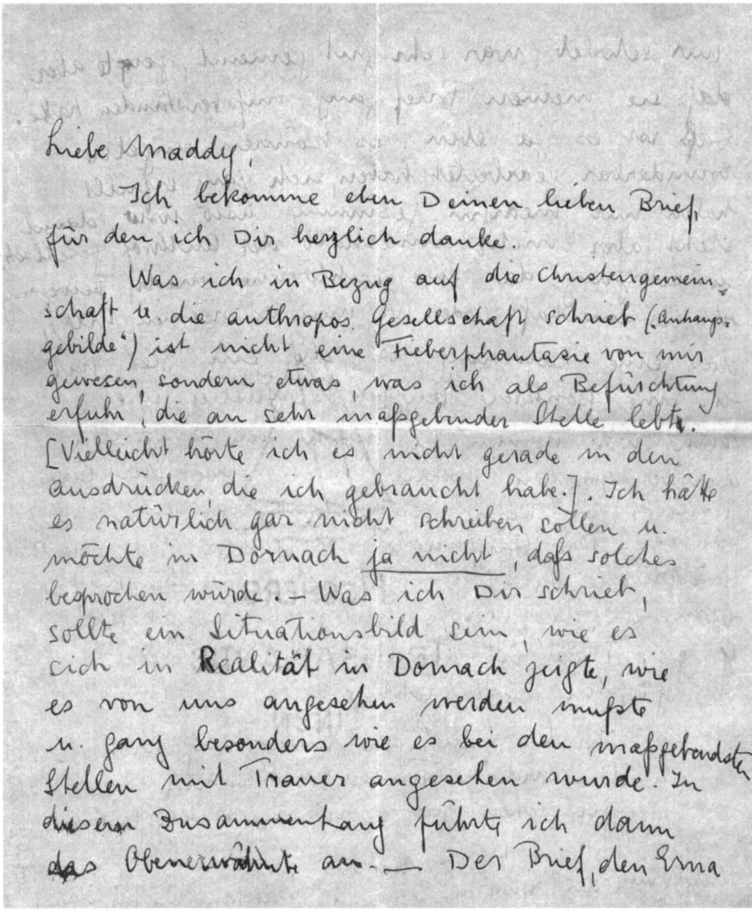
Liebe Maddy,

Ich bekomme eben Deinen lieben Brief, für den ich Dir herzlich danke.

Was ich in Bezug auf die Christengemeinschaft u. die anthropos. Gesellschaft schrieb („Anhangsgebilde") ist nicht eine Fieberphantasie von mir gewesen, sondern etwas, was ich als Befürchtung erfuhr, die an sehr maßgebender Stelle lebt. [Vielleicht hörte ich es nicht gerade in den Ausdrücken, die ich gebraucht habe.]. Ich hätte es natürlich gar nicht schreiben sollen u. möchte in Dornach ja nicht, daß solches besprochen würde. – Was ich Dir schrieb, sollte ein Situationsbild sein, wie es sich in Realität in Dornach zeigte, wie es von uns angesehen werden mußte u. ganz besonders wie es bei den maßgebendsten Stellen mit Trauer angesehen wurde. In diesem Zusammenhang führte ich dann das Obenerwähnte an. – Der Brief, den Erna

Liebe Maddy,

Ich bekomme eben Deinen lieben Brief, für den ich Dir herzlich danke. Was ich in Bezug auf die Christengemeinschaft u. die anthropos. Gesellschaft schrieb («Anhangsgebilde») ist nicht eine Fieberphantasie von mir gewesen, sondern etwas, was ich als Befürchtung erfuhr, die an sehr maßgebender Stelle lebt. [Vielleicht hörte ich es nicht gerade in den Ausdrücken, die ich gebraucht habe.] Ich hätte es natürlich gar nicht schrei-

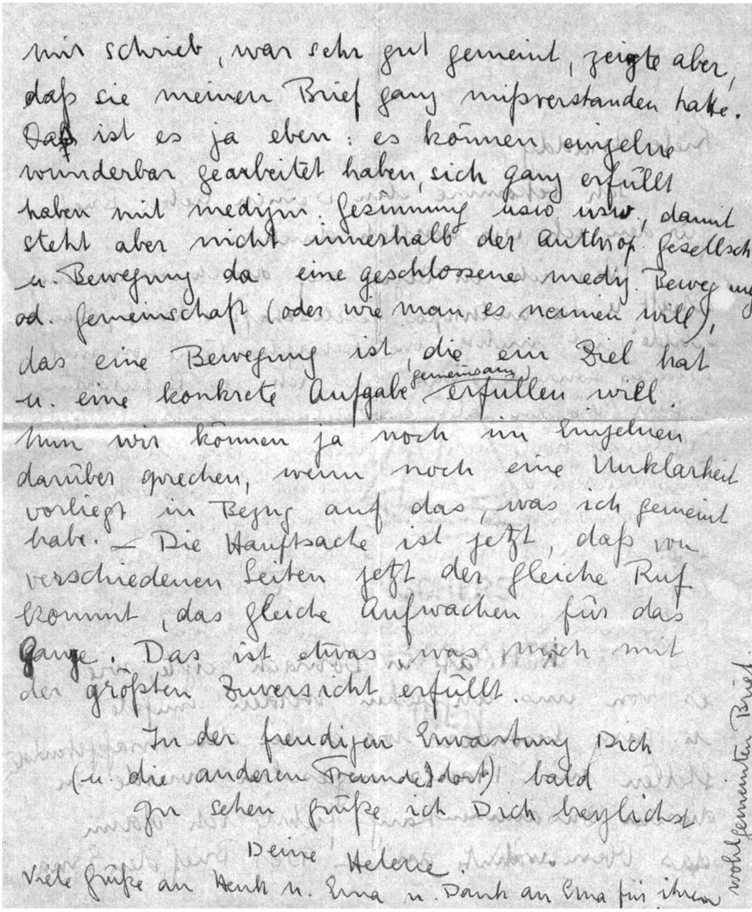
mir schrieb, war sehr gut gemeint, zeigte aber, daß sie meinen Brief ganz mißverstanden hatte. Das ist es ja eben: es können einzelne wunderbar gearbeitet haben, sich ganz erfüllt haben mit medizin. Gesinnung usw usw, damit steht aber nicht innerhalb der Anthrop. Gesellsch. u. Bewegung da eine geschlossene mediz. Bewegung od. Gemeinschaft (oder wie man es nennen will), das eine Bewegung ist, die ein Ziel hat u. eine konkrete Aufgabe gemeinsam erfüllen will. Nun wir können ja noch im Einzelnen darüber sprechen, wenn noch eine Unklarheit vorliegt in Bezug auf das, was ich gemeint habe. – Die Hauptsache ist jetzt, daß von verschiedenen Seiten jetzt der gleiche Ruf kommt, das gleiche Aufwachen für das Ganze. Das ist etwas, was mich mit der größten Zuversicht erfüllt.

In der freudigen Erwartung Dich (u. die anderen Freunde dort) bald zu sehen grüße ich Dich herzlichst

Deine Helene.

Viele Grüße an Henk u. Erna u. Dank an Erna für ihren wohlgemeinten Brief.

ben sollen u. möchte in Dornach ja nicht, dass solches besprochen würde. – Was ich Dir schrieb, sollte ein Situationsbild sein, wie es von uns angesehen werden musste u. ganz besonders wie es bei den maßgebenden Stellen mit Trauer angesehen wurde. In diesem Zusammenhang fügte sich dann das Obenerwähnte an. –

Der Brief, den Erna mir schrieb, war sehr gut gemeint, zeigte aber, dass sie meinen Brief ganz missverstanden hatte. Das ist es ja eben: es können einzelne wunderbar gearbeitet haben, sich ganz erfüllt haben mit medi-

zin. Gesinnung usw. usw., damit steht aber nicht innerhalb der Anthrop. Gesellsch. u. Bewegung da eine geschlossene mediz. Bewegung od. Gemeinschaft (oder wie man es nennen will), das [die] eine Bewegung ist, die ein Ziel hat u. eine konkrete Aufgabe gemeinsam erfüllen will.
Nun, wir können ja noch im Einzelnen darüber sprechen, wenn noch eine Unklarheit vorliegt in Bezug auf das, was ich gemeint habe. – Die Hauptsache ist jetzt, dass von verschiedensten Seiten jetzt der gleiche Ruf kommt, das gleiche Aufwachen für das Ganze. Das ist etwas, was mich mit der größten Zuversicht erfüllt.

In der freudigen Erwartung Dich (u. die anderen Freunde dort) bald zu sehen grüße ich Dich herzlichst

Deine Helene

Viele Grüße an Henk u. Erna u. Dank an Erna für ihren wohlgemeinten Brief.

*

Schließlich kamen viele der jungen Menschen, die Steiners Weihnachts- und Osterkurs gehört hatten, in der ersten Septemberwoche tatsächlich nach Arlesheim und bewegten intensiv und in zahlreichen Gesprächen die Gemeinschaftsfrage. Daran und an den kommenden Vorträgen versuchten schließlich selbst diejenigen der Freunde innerlich teilzunehmen, denen es nicht möglich gewesen war, anzureisen[146], oder die ihrerseits vorzeitig abbrechen mussten.[147]

Als Rudolf Steiner in der Nacht vom dritten auf den vierten September selbst in Dornach eintraf – von Stuttgart kommend, wohin er wenige Tage zuvor geeilt war, gerade erst aus England nach langer Bahnfahrt in die Schweiz zurückgekehrt –, warteten insgesamt mehr als tausend Menschen auf ihn, um Fachkurse zu hören und Probleme zu besprechen, Priester und Ärzte, Sprachgestalter, Eurythmisten und Schauspieler, allgemeine Mitglieder der Anthroposophischen Gesellschaft und Arbeiter am Goetheanum. Allein am Kurs über Pastoralmedizin, der am Abend des 8. September, einem Montag, in der Schreinerei begann, nahmen über 200 Menschen teil, am «Kursus über Sprachgestaltung und dramatische Kunst» mehr als 700.

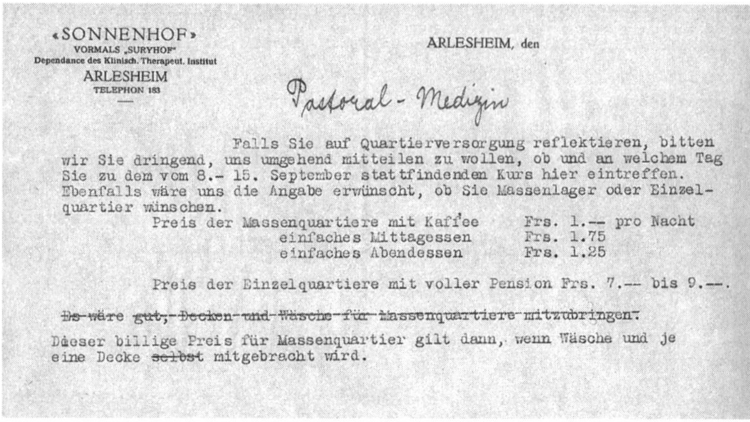

«SONNENHOF»
VORMALS „SURYHOF"
Dependance des Klinisch. Therapeut. Institut
ARLESHEIM
TELEPHON 183

ARLESHEIM, den

Pastoral-Medizin

Falls Sie auf Quartierversorgung reflektieren, bitten wir Sie dringend, uns umgehend mitteilen zu wollen, ob und an welchem Tag Sie zu dem vom 8.- 15. September stattfindenden Kurs hier eintreffen. Ebenfalls wäre uns die Angabe erwünscht, ob Sie Massenlager oder Einzelquartier wünschen.

Preis der Massenquartiere mit Kaffee	Frs. 1.--	pro Nacht
einfaches Mittagessen	Frs. 1.75	
einfaches Abendessen	Frs. 1.25	

Preis der Einzelquartiere mit voller Pension Frs. 7.-- bis 9.--.

~~Es wäre gut, Decken und Wäsche für Massenquartiere mitzubringen.~~

Dieser billige Preis für Massenquartier gilt dann, wenn Wäsche und je eine Decke ~~selbst~~ mitgebracht wird.

Quartierbenachrichtigung, September 1924

Für eine eigenständige Veranstaltung mit den «jungen Medizinern» war (sofern sie Steiner überhaupt zu diesem Zeitpunkt intendiert hatte) keinerlei Raum, und der von der Gruppe um Helene von Grunelius miterlebte «Pastoralmedizinische Kurs» hatte einen vollständig anderen Charakter als die im Glashaus zuvor erfahrenen Unterweisungen – im dortigen kleinen Rahmen, mit Frageaufforderungen und unter besonderer Berücksichtigung der umschriebenen Hörerschaft und ihrer Situation. Zugleich sprach Rudolf Steiner in seinen elf Septembervorträgen vor den Theologen und Ärzten noch eindeutiger aus der erneuerten, christlichen Mysterienweisheit heraus, in einer dichten, reinen und hohen Weise, die sich unvergesslich in die Seelen sämtlicher Zuhörer einschrieb.[148] Willem Zeylmans van Emmichoven, dessen Kommen Helene von Grunelius gegenüber Madeleine van Deventer so eindringlich erhofft hatte, notierte später:

> Im September 1924 hatten wir alle, die zu den neuen Kursen in Dornach weilten, das Gefühl, weit über unser normales Bewusstsein hinaus zu leben; man war in andere Sphären gehoben, wir sahen alle anders aus, wir sahen und hörten jenseits unserer eigenen Möglichkeiten. Wenn wir uns gegenseitig anschauten, sagten wir uns: Ist das der? Es war etwas

Unglaubliches und Unbeschreibliches. Man lebte schon in einer geistigen Welt, die man natürlich gar nicht beherrschte. Es gab Momente bei den letzten Vorträgen des Pastoralmedizinischen Kurses, da Rudolf Steiner nur Liebe und Geist ausströmte – so sehr, dass es beinahe schwer war, auf das zu hören, was er sprach.[149]

Am letzten Tag des «Pastoralmedizinischen Kurses», am Donnerstag, dem 18. September, wandte sich Rudolf Steiner in den frühen Abendstunden noch einmal den versammelten Ärzten alleine zu, nachdem die Priestergruppe den Raum verlassen hatte. Er sprach über den notwendigen, spirituellen Zusammenschluss der anthroposophischen Mediziner, über dessen schwierige, aber dennoch mögliche Voraussetzungen, und sagte dann:

Diese Gemeinschaft muss in den Herzen derjenigen, die sich ehrlich anschließen wollen an die Heilpraktik des Goetheanum, ausgeübt werden. Sie muss im Grunde genommen viel innerlicher sein, als der Zusammenhalt in der Priesterschaft ist. Sie muss mit einem ganz bestimmten Bewusstsein diejenigen, die da im Sinne der Anthroposophie als Ärzte wirken wollen, verbinden mit dem Quell dieser Wirksamkeit hier am Goetheanum. Zu erstreben einen solchen Quell der Wirksamkeit hier am Goetheanum für das Medizinische, das ist das Sinnen und Trachten der Zusammenarbeit von Frau Dr. Wegman und mir. Und nur in dem Sichanschließen an dasjenige, was hier Quell sein soll, nur in dem Bewusstsein der Zusammengehörigkeit kann eigentlich der Sinn dessen liegen, was Heiler mitnehmen aus dem Medizinischen Kurs an der Medizinischen Sektion am Goetheanum: Reales Zusammengehörigkeitsgefühl mit demjenigen, was von dem angedeuteten Zentrum ausgehen soll. Und so darf ich wohl am Schluss gerade zu Euch, meine lieben Freunde, sagen: Suchet den Weg, der in diesem Sinne den Zusammenschluss der praktischen Ärzteschaft darstellt. Suchet den Weg zu diesem Zusammenschluss, Ihr werdet ihn finden. Und es wird unsere Sorge sein, dass Ihr ihn findet.
Dass damit ein erster Schritt getan werde, ist von Frau Dr. Wegman und mir Veranlassung genommen worden, zunächst einen ersten esoterischen Impuls dadurch zu geben, dass ein durchaus erweiterbarer esoterischer Kern geschaffen worden ist, der, wie gesagt, durchaus erweiterbar ist, der aber aus guten Gründen zunächst nur aus einer Anzahl von praktischen Ärzten besteht, welche ihrerseits jene Angelobung geleistet haben, die für das esoterisch-medizinische Wirken notwendig ist. Dieser Kreis besteht aus den praktischen Ärzten: Dr. Walter, Dr. Bock-

holt, Dr. Zeylmans, Dr. Glas, Dr. Schickler, Dr. Knauer, Dr. Kolisko. Zwei andere Persönlichkeiten [Dr. Thylmann und Dr. M. Glas] sind noch in Aussicht genommen, die sind jetzt nicht hier. – Da aber der Zusammenschluss real erfolgen sollte, nicht bloß durch Ernennung, so konnte zunächst dieser Zusammenschluss nur innerhalb dieser sieben Persönlichkeiten geschehen, die sich mit all ihrem menschlichen Tun in den Dienst der von hier in der Zukunft ausgehenden medizinischen Ideen stellen werden und die damit die Einleitung geben zu jener esoterisch-medizinischen Strömung, die allmählich vom Goetheanum ausgehen soll.[150]

Die geschichtlichen Vorgänge, die zur Bildung dieses – so Steiner – «esoterischen Kernes» der Medizinischen Sektion Mitte September in Dornach geführt haben, sind nicht im einzelnen bekannt. Dokumentarisch belegt ist allerdings, dass Ita Wegman ihrerseits Rudolf Steiner wenige Wochen zuvor in England gefragt hatte, ob es nicht möglich sei, eine reale medizinische Mysterienschule zu begründen – und bald darauf nicht nur eine positiv bejahende Antwort, sondern auch den Auftrag erhalten hatte, die dafür in Frage kommenden Menschen zu sammeln («Die Antwort Rudolf Steiners war: ‹Das geht nicht so einfach, das muss von der geistigen Welt gewollt sein und Menschen müssen da sein, die es empfangen wollen.› Nach einigen Tagen sagte er mir, dass er den Geist Merkur-Raphael gefragt habe und eine bejahende Antwort bekommen habe. Ihm war die Aufgabe zugeteilt, alten Brauch zu erneuern, der einmal auf heiligen, altehrwürdigen Stätten stattgefunden hat, unter Führung Merkur-Raphaels. Mir käme die Aufgabe zu, geistgetragene Menschenseelen zu suchen, die Sinn für solches Tun haben und Gehör geben wollen den Worten Raphaels.»[151]). Daraufhin schrieb Ita Wegman ganz offensichtlich mehrere Briefe an ihre Mitarbeiterinnen Hilma Walter und Margarethe Bockholt mit der dringenden Bitte, bei der Suche und dem Zusammenschluss dieser Menschen behilflich zu sein und rasch initiativ tätig zu werden («Schließt Euch Mediziner zusammen, aber mit Takt diejenigen auswählen, die zusammen gehören, damit ein Kreis gebildet werden kann.»[152]) – Briefe, die den erwähnten Schreiben Margarethe Bockholts an ihre Freunde aus dem Kreis der «jungen Mediziner» von Mitte August und den zitierten Antworten von Ilse Knauer,

Kurt Magerstädt und Ludwig Engel zugrunde lagen. Helene von Grunelius, die in engem Kontakt zu Margarethe Bockholt stand, wird in diese Hintergründe zumindest teilweise miteingeweiht gewesen sein. Zu dem schließlich zustande gekommenen *festen*, esoterisch begründeten *Zusammenschluss*, den sie selbst an absolut zentraler Stelle inständig herbeigewünscht und seit Oktober 1922 vorbereitet und intendiert hatte, gehörte sie aber schließlich selbst nicht – ebensowenig wie Madeleine van Deventer und einige andere tragende Persönlichkeiten der ursprünglichen Gruppe, wobei dabei zu berücksichtigen ist, dass weder Helene von Grunelius noch Madeleine van Deventer im September 1924 als «praktizierende Ärzte» im engeren Sinne zu bezeichnen waren.

Das letztendliche Zustandekommen des von Steiner aufgezählten Personenkreises blieb, von mündlichen Berichten abgesehen, bis heute unbekannt[153], auch wenn der mantrische Text der «Angelobung», von der Rudolf Steiner am 18. September sprach und die im Angesicht der Christus-Plastik in seinem Dornacher Atelier durchgeführt worden war, ein Dreivierteljahrhundert später veröffentlicht wurde.[154] Wie immer die genauen Zusammenhänge aber auch gewesen sein mögen – zusammengeschlossen wurde nicht die ringende Gruppe der jungen Mediziner (wie einst bei der Aufnahme in die Erste Klasse der Hochschule), sondern lediglich einzelne Persönlichkeiten aus ihren Reihen. Helene von Grunelius, die die «Seele» ihres Kreises gewesen war, die erste und zentrale Meditation von Rudolf Steiner bekommen und den *Ruf* mit am intensivsten von allen vernommen hatte[155], befand sich nicht unter ihnen.

*

Rudolf Steiner war im September 1924 ein schwerkranker Mann, der sich «nur mit größter körperlicher Anstrengung jeweils vom Auto zum Rednerpult hinbewegen» konnte (Emil Bock[156]) und sich erst im Verlauf seiner Vorträge wieder etwas erholte. In der Darstellung des Augenzeugen Friedrich Hiebel:

> Es konnte wohl keinem entgehen, wie er von Tag zu Tag mit zunehmend schweren Schritten an uns vorbeikam, kaum die Schuhsohlen vom Fußboden zu heben vermochte, was wir deutlich hörten, da doch bereits, ehe er erschienen war, vorher lautlose Stille im Saal herrschte.
> Aber jedes Mal während des Vortrages begann sich nach anfänglich zögernd gesprochenen Sätzen das Antlitz leuchtend zu beleben. Seine Darstellungsart wurde immer lebendiger, sein Vortrag hinreißender, bis er nach einer Stunde völlig erfrischt, wie auf Flügeln getragen und beinahe jünglingshaft beschwingt den Saal wieder verließ.[157]

Ende September jedoch waren Steiners Kräfte vollständig erschöpft und es begann die Zeit eines sechsmonatigen, qualvollen Krankenlagers in seinem Dornacher Atelier, unter der medizinischen Obhut und permanenten Pflege von Ita Wegman.

Ob Helene von Grunelius in der Weihnachtszeit 1924, zum Jahrestag der Grundsteinlegung und des ersten esoterischen Kurses für «junge Mediziner», in Dornach war, ist nicht bekannt, indes wahrscheinlich. Anfang 1925 weilte sie jedoch zur Erholung ihrer immer noch schwachen Kräfte auf Capri, wo sie in Fortsetzung der vor einem Jahr und zu Ostern 1924 erhaltenen Unterweisungen intensive Naturstudien anstellte. *(Besonders interessant und inspirierend ist es für mich, das Meer mit seinem Wellenspiel zu beobachten, diese Wechselwirkung zwischen Luft und Wasser. Gerade im Anschluss an das im medizinischen Weihnachts- und Osterkurs Gesagte hat man ja die wunderbarsten Richtlinien zu einer Naturbetrachtung – das entdecke ich jetzt wieder von neuem –, die zu einer Menschenerkenntnis führen kann, wie wir als Mediziner sie brauchen.)* Grunelius' zitierter Brief, den sie am 25. März 1925 nach Arlesheim an Margarethe Bockholt sandte, endete mit den Sätzen:

> *Wenn man nur bald bessere Nachrichten von Herrn Dr. bekommen könnte.*[158]

Am selben Tag schrieb auch Madeleine van Deventer nach Arlesheim, ebenfalls an Magarethe Bockholt. Bei ihr stand in bezug auf die Situation Rudolf Steiners:

Man spürt so stark, wie das Einzige, was wir tun können, ist, richtig anthroposophisch arbeiten, und da fühlt man so schmerzlich das eigene zu wenig.[159]

Nur fünf Tage später, am Montag, den 30. März, erreichte Helene von Grunelius noch am späten Vormittag die Nachricht vom Tod Rudolf Steiners. Auch Grunelius' sofortige Antwort aus Neapel erhielt sich: *In tiefer Trauer mit Euch. Ankomme Mittwoch abend.*

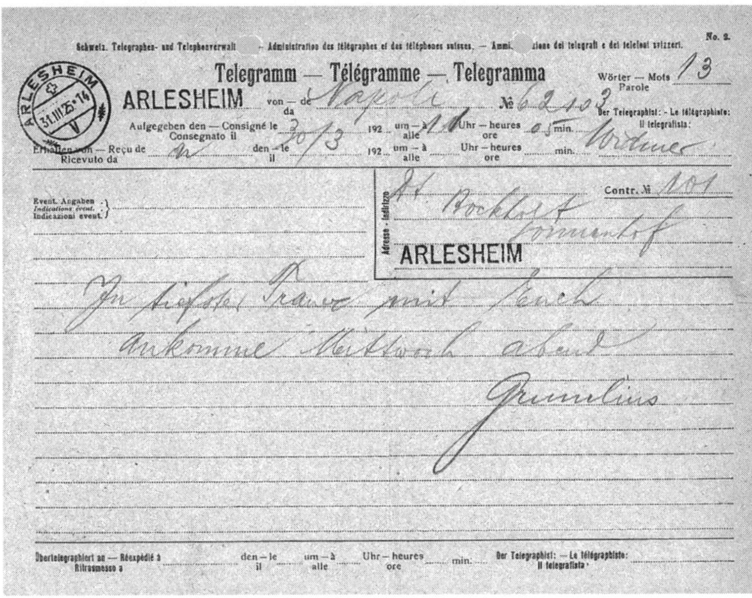
No. 2.
Telegramm — Télégramme — Telegramma
ARLESHEIM
von — de — da Napoli
№ 62103
Wörter — Mots — Parole 13
Aufgegeben den — Consigné le — Consegnato il 30/3 192.. um — à — alle 11 Uhr — heures — ore 05 min.
Erhalten von — Reçu de — Ricevuto da ... den — le — il ... 192.. um — à — alle ... Uhr — heures — ore ... min.
Contr. № 101
Event. Angaben — Indications event. — Indicazioni event.
Adresse — Indirizzo: Dr. Bockholt Sonnenhof ARLESHEIM
In tiefer Trauer mit Euch
Ankomme Mittwoch abend
Grunelius
Übertelegraphiert an — Réexpédié à — Ritrasmesso a ... den — le — il ... um — à — alle ... Uhr — heures — ore ... min. Der Telegraphist: — Le télégraphiste: — Il telegrafista:

Telegramm von Helene von Grunelius an Margarethe Bockholt, 30.3.1925

*

Bei der Kremation Rudolf Steiners war Helene von Grunelius wie die meisten ihrer Freunde anwesend. Einer von ihnen, der sensible und wache heilpädagogische Arzt Heinrich Hardt, beschrieb später auf seine Weise die dort erlebten Vorgänge, durchaus im Geist der von ihm vernommenen Vorträge Rudolf Steiners für die «jungen Mediziner»:

Es war ein wolkenloser, strahlender Frühlingshimmel, unter dem die unübersehbare Menschenmenge um das innen vollbesetzte Basler Krematorium versammelt war. Die Stuten'sche Musik war verklungen, und Albert Steffens Rede war für uns in der freien Natur Stehende bruchstückweise hörbar. Tiefe Trauer durchzog mich über den Hingang des geliebten Lehrers und noch eine besondere über das bald bevorstehende Verschwinden seiner teuren irdischen Gestalt, seines geistdurchdrungenen Hauptes, seiner hochbegnadeten Sternen-Stirn. Das alles sollte nun den Elementen übergeben werden. – Warme Erinnerungen an seine der ganzen Natur innigst verbundenen Hinweise und Offenbarungen, die Pflanzen, die Tiere, die Elementarwesen betreffend, durchzogen meine Seele, und bei aller Würde und Schönheit, die dem ganzen vor sich gehenden Geschehen von Menschenherzen und Menschenhänden zuteil geworden war, empfand ich etwa: es kann ja eigentlich gar nicht anders sein, als dass die Natur selbst, sie, die *nicht* uns Menschen botmäßig ist, ihre eigenste Teilnahme an dieser Stunde bekundet. Die unserem Geisteslehrer brüderlich vertrauten Naturwesen selbst, ja, *sie* müssten, sie werden ihre Teilnahme zeigen, einfach ihr sichtbarliches Dabeisein, sonst bliebe diese einzigartige, zugleich so schmerzensreiche und doch auch so erhabene Stunde unvollständig. – Am Giebel des grauen Krematoriums sah man die Form einer großen antiken Vase, und ich sah zu ihr hin mit einem suchenden, erwartenden Blick: wann und woher kommt nun der große, schöne Vogel, der sich just darauf setzt, die Nähe so vieler Menschen nicht beachtend und gerade dadurch seine nicht zufällige Anwesenheit beweisend? – Doch die Vase blieb wie sie war. – Da – es mag zwei oder drei Minuten später gewesen sein – veranlassten mich leise Möwen-Schreie und ein ganz sanftes Rauschen, gen Himmel zu blicken. Was sah ich? – Ganz genau senkrecht über dem Krematorium in einer Höhe von etwa 40 Metern stand ein Gebilde wie eine lebendige Krone. Sie bildete sich aus etwa 22 bis 24 Möwen. Froh und beschwingt war ihr Flug. Vor dem ganz hell-blau strahlenden Himmel funkelte ihr Gefieder silbern und, an den Brüsten, golden. Ein unbeschreiblicher Farbendreiklang! Ab und zu durchschwangen in halber Lemniskatenform einzelne Vögel den Kreis und gliederten sich in eine neue Reihenfolge ein. Der ganze krönende Kranz, diese alles bekränzende Krone blieb, wie von Götterhänden gehalten, minutenlang an genau gleichem Ort. Ich stieß meinen Freund zur Rechten an, wir sahen lange, bis ins Innerste ergriffen, hinauf. Ein Blick auf die Umstehenden zeigte uns, dass leider wohl niemand außer uns aufsah. Es zuckte in einem, zu rufen, anzustoßen, aufmerksam zu machen – wir waren ja noch so jung! –, aber das Bewusstsein, dadurch zu stören, ließ uns still bleiben. – Erst ganz allmählich schwebte der Hochzeitsflug – so nennen die Ornithologen solch ein Ereignis – langsam, seinen Kreis wahrend, von uns aus gesehen nach rechts rückwärts ab. Daher aber blitzte die unverhüllte Sonne! Unsere Augen mussten sich schließen, als die gefiederte, lebendig-bewegte, hohe Krone sich ihren Strahlengarben allzu sehr näherte. – Innerlichst erschüttert von der Schönheit dieses Erfüllung-spendenden, die Seele tief anrührenden Ereignisses verließen wir dann mit den anderen die Stätte, schauten in den schweigend strömenden Rhein, und dankten jenen Vögeln wie aus geheimer Verbundenheit für ihren unaussprechlichen Reigen.[160]

Die Kremation Rudolf Steiners war das letzte Treffen der «jungen Mediziner», der als *Meditationsgemeinschaft* intendierten Gruppe um Helene von Grunelius.[161] Von da an gingen die Einzelnen endgültig ihre eigenen Wege, auch wenn viele von ihnen sich immer wieder begegneten und in manchem vereint wussten – einen *festen Zusammenschluss,* einen *geschlossenen Tatwillen* aber erreichten sie nie, weder zu Lebzeiten des Lehrers noch nach seinem Tode.

Ita Wegmans Arlesheimer Klinik war in der Folge noch am ehesten der Ort, an dem eine spirituelle Gemeinschaftssphäre im Aufbau einer neuen Mysterienmedizin gepflegt wurde. Allerdings erwies sich auch der ganz zuletzt noch gebildete «esoterische Kern» der Medizinischen Sektion nach Steiners Hingang nicht wirklich funktions- oder gar entwicklungsfähig; die sieben Menschen trafen sich mit Ita Wegman als Gesamtheit oder gar Organ in den nächsten Jahren nicht mehr wieder und vermochten keine weitergehende gemeinschaftliche Arbeit zu realisieren.[162] Mit dem 30. März 1925 brach vieles ab, trotz Ita Wegmans ungebrochenem Einsatz und Zukunftselan, der sie konsequent fortschreiten ließ, in innerer Verbindung zu Rudolf Steiner und in Fortführung des von ihm erteilten Auftrags.

*

Auch Helene von Grunelius verfügte unmittelbar nach Steiners Tod über tragende Kräfte, die ihr ermöglichten, vorübergehend expansiv im inneren Anschluss an Steiners große Karma-Darstellungen und Leitsätze zu arbeiten. Als sie sich im April 1925 in

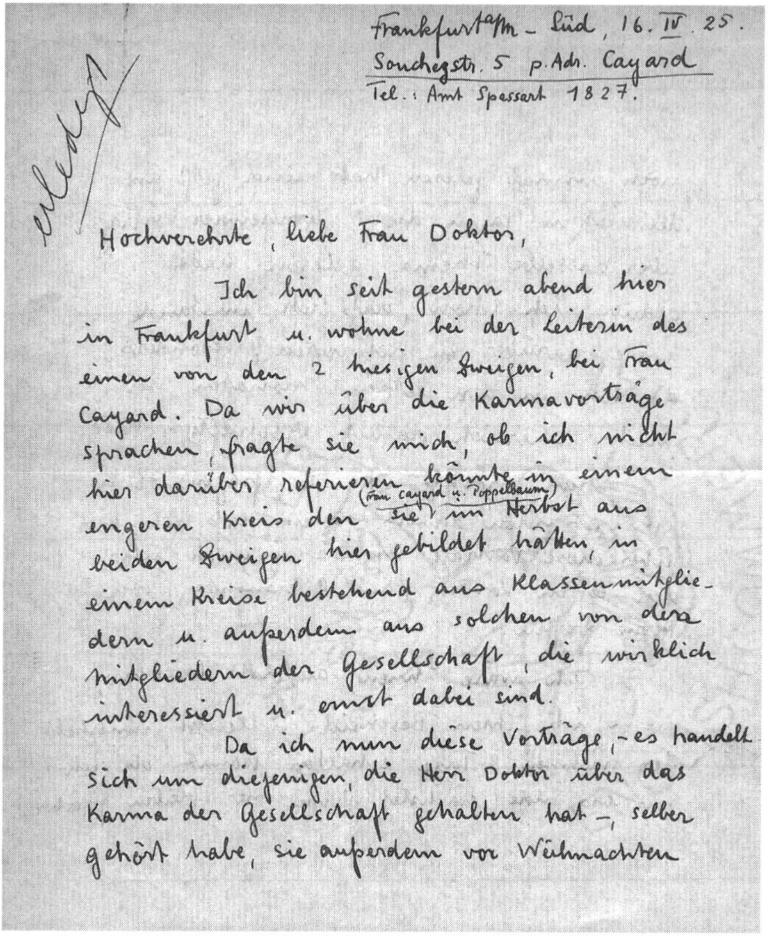
erledigt

Frankfurt a/M. – Süd, 16. IV. 25.
Souchaystr. 5 p. Adr. Cayard
Tel.: Amt Spessart 1827.

Hochverehrte, liebe Frau Doktor,

Ich bin seit gestern abend hier in Frankfurt u. wohne bei der Leiterin des einen von den 2 hiesigen Zweigen, bei Frau Cayard. Da wir über die Karmavorträge sprachen, fragte sie mich, ob ich nicht hier darüber referieren könnte in einem engeren Kreis den sie (Frau Cayard u. Poppelbaum) im Herbst aus beiden Zweigen hier gebildet hätten, in einem Kreise bestehend aus Klassenmitgliedern u. außerdem aus solchen von den Mitgliedern der Gesellschaft, die wirklich interessiert u. ernst dabei sind.

Da ich nun diese Vorträge, – es handelt sich um diejenigen, die Herr Doktor über das Karma der Gesellschaft gehalten hat –, selber gehört habe, sie außerdem vor Weihnachten

Brief von Helene von Grunelius an Ita Wegman, 16.4.1925, Seite 1

Frankfurt aufhielt, um ihre Promotionsformalitäten abzuschließen, erbat sie sich schriftlich von Wegman die Erlaubnis, im Rahmen der Anthroposophischen Gesellschaft über die großen Arnheimer Vorträge und die dort von Steiner eröffneten spirituellen Zusammenhänge referieren zu dürfen. Sie hatte sich zuletzt intensiv mit diesen Inhalten beschäftigt und die gerade angefangenen Bemü-

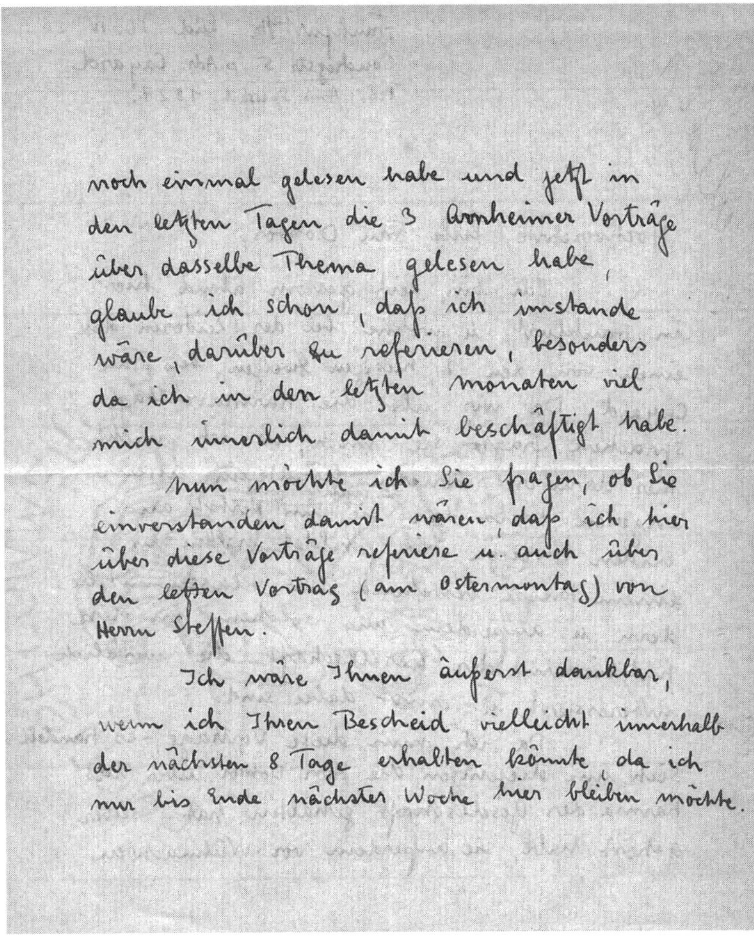

noch einmal gelesen habe und jetzt in
den letzten Tagen die 3 Arnheimer Vorträge
über dasselbe Thema gelesen habe,
glaube ich schon, daß ich imstande
wäre, darüber zu referieren, besonders
da ich in den letzten Monaten viel
mich innerlich damit beschäftigt habe.

Nun möchte ich Sie fragen, ob Sie
einverstanden damit wären, daß ich hier
über diese Vorträge referiere u. auch über
den letzten Vortrag (am Ostermontag) von
Herrn Steffen.

Ich wäre Ihnen äußerst dankbar,
wenn ich Ihren Bescheid vielleicht innerhalb
der nächsten 8 Tage erhalten könnte, da ich
nur bis Ende nächster Woche hier bleiben möchte.

Seite 2

hungen Wegmans, auch auf schriftlichem Wege Steiners Leitsatz-Intentionen fortzuführen, mit innerster Herzensteilnahme verfolgt. Wegman gestattete es ihr («Ich bin ja überzeugt, dass Sie es richtig machen werden»[163]). Drei Tage darauf schrieb Helene von Grunelius, die ausgesprochen ungern Vorträge hielt, an Margarethe Bockholt:

[...] Inneren Mut und Begeisterung muss man ja gerade stark in sich machen, wenn man aus Dornach kommend den Anthroposophen und Nichtanthroposophen einen Hauch dieser hohen, durchchristeten Geistesluft in die Herzen tragen will. Denn eine große Vertiefung aller Anthroposophen, eine tiefe Erschütterung u. Erweckung scheint mir jetzt das Dringendste u. Wichtigste zu sein. Deshalb bin ich auch tief dankbar, dass mir Frau Doktor die Erlaubnis gegeben hat, hier über den Inhalt der Arnheimer Vorträge vom Juli 1924 zu referieren. Und mit diesem Thema sich auseinander zu setzen ist ja unbedingt nötig, wenn man die letzten Sätze in Frau Doktors herrlichem Artikel verstehen u. innerlich aufgreifen will.
Ich sehe wirklich die Hauptaufgabe meines Aufenthaltes hier darin, so viel und so gut ich es eben kann vom Dornacher tatenmutigen Geist an die Menschen zu tragen und mich von meiner übrigen Arbeit hier darin – was meine Stimmung u. meinen Mut betrifft – möglichst wenig beeinträchtigen zu lassen. Wenn mir das weiter gelingt, wie es mir bis jetzt gelungen ist, dann werde ich auch sicher den Mut finden, in der Schwesternschule vorzutragen.
Körperlich geht es mir leider ziemlich miserabel, aber ich hoffe auch darin bestimmt durchhalten zu können, wenn nicht besonderes dazwischen kommt.[164]

Einen Tag zuvor, am 19. April, war im Nachrichtenblatt der Zeitschrift «Das Goetheanum» Ita Wegmans erste schriftliche Darstellung nach dem Tod Rudolf Steiners veröffentlicht worden: «Die Krankenlager, die letzten Tage und Stunden Dr. Steiners.» Wegmans, von Grunelius gemeinte und für wegweisend erachteten «letzten Sätze» lauteten darin:

> Wir müssen nun die Zeit vorbereiten, dass ihm [Rudolf Steiner] wieder eine irdische Aufgabe zuteil wird, und bald wird diese Zeit kommen. Wollen wir hoffen und stark sein und versuchen, aus der geistigen Welt seine Intentionen zu empfangen. Wir fühlen ihn unter uns, den wunderbarsten, den herrlichsten Menschen, den Gottesfreund.[165]

*

Ita Wegman 1928

Von Frankfurt und ihren dortigen Promotionsangelegenheiten zurückgekehrt, reiste Helene von Grunelius direkt nach Arlesheim, um am ersten anthroposophischen Krankenpflegekurs – der am 2. Mai 1925 im «Sonnenhof» begann[166] – unterrichtend teilzunehmen. Auch in den Folgejahren zogen Ita Wegman und Margarethe Bockholt, die selbst viele Lehraufgaben übernahm, Helene von Grunelius nach Möglichkeit immer wieder zu diesem Kurs hinzu, obwohl Grunelius mit der didaktischen Tätigkeit rang und eine hohe innere Verantwortung gegenüber dieser bedeutenden Aufgabe verspürte.

Gesundheitlich sehr angeschlagen, schwach, von ausgeprägter Blässe und immer wieder von Fieberattacken heimgesucht, lebte Helene von Grunelius in diesem Sommer 1925 in Dornach und Arlesheim und litt sehr unter den in steigender Intensität ausbrechenden Intrigen innerhalb der Anthroposophischen Gesellschaft, auch unter den zunehmenden Angriffen auf Ita Wegman. Im Herbst musste sie sich schließlich in einen längeren Kuraufenthalt begeben, offensichtlich erneut auf deutliches Anraten Wegmans. Für einige Monate hielt sie sich erstmals in einem höher gelegenen Chalet in Aeschi bei Spiez auf – wo sie sich auf Bitten Ita Wegmans um eine Arlesheimer Patientin kümmerte, die dort ebenfalls zur Erholung war –, ehe sie dann im Winter über Meran schließlich für fast eineinhalb Jahre ins Tessin, nach Locarno-Monti reiste.

Helene von Grunelius war krank und wurde aus der Ferne von dem hervorragenden Arzt Ludwig Noll behandelt, der ihr mit sicherem Griff wirksame Medikamente sandte, sie aber auch immer wieder ermahnte, sich Zeit zu nehmen, für Ruhe zu sorgen, ihre Rückkehr nicht zu übereilen und sich völlig auszukurieren («Von Ihrer Mutter erfahre ich, dass Sie beabsichtigen, in der zweiten Hälfte April bereits nach Dornach zurückzukehren. Dazu kann man wohl kaum raten. Ich habe Ihrer Frau Mutter geschrieben, wie wir das auch vereinbart hatten, dass Sie zunächst einmal in Locarno ¼ Jahr bleiben sollten. Weitere Entschlüsse wird man dann erst nach Ablauf dieses Vierteljahres im Hinblick auf den Grad der erzielten Besserung und auf Grundlage des dann vorlie-

Helene von Grunelius (o.J.)

genden Befindens und Befundes treffen können. Es ist nach meiner Überzeugung unbedingt notwendig, dass Sie sich längere Zeit erholen müssen.»[167]).

Auch in Locarno-Monti behandelte Grunelius trotz der eigenen Schwäche bald einige anthroposophische Patienten aus der ausgedehnten Praxis von Ludwig Noll mit, die der Kasseler Arzt zur Kurierung ihrer Lungenleiden in das heilsame südliche Klima gesandt hatte. Grunelius kümmerte sich mit größter Sorgfalt und Liebeskraft um diese Kranken, wie zahllose Dankesbriefe in ihrem Nachlass, aber auch verschiedene Schreiben von Ludwig Noll erkennen lassen. Noll, der nach dem Scheitern des Stuttgarter Klinisch-Therapeutischen Institutes und der Mitbehandlung Rudolf Steiners wieder ganz auf sich gestellt in Kassel therapierte, ermutigte Grunelius in der Folge auch wiederholt, ein Lungensanatorium im Tessin zu eröffnen, und wünschte sich eine ärztliche Gemeinschaftsarbeit, um die zahlreichen Hinweise Rudolf Steiners aufgreifen und umsetzen zu können.[168] Helene von Grunelius erwog dies vorübergehend, wollte dann aber doch nicht längerfristig im Tessin bleiben.

Brieflich hielt sie auch in der langen, schweren Tessiner Zeit den Kontakt zu vielen ihrer Freunde und Kollegen, unter anderem auch zu Madeleine van Deventer, die mittlerweile ihr Studium abgeschlossen hatte und nach vorübergehender Hospitation bei Eugen Kolisko in Stuttgart zu Weihnachten 1925 ins Klinisch-Therapeutische Institut von Ita Wegman eingetreten war. Deventer berichtete ihr nach Locarno lebendig von der anstrengenden und intensiven Situation in der Klinik[169], ebenso wie Gerhard Suchantke, der als ein weiterer Arzt aus der Gruppe der «jungen Mediziner» bei Wegman mitarbeitete. Henk van Deventer dagegen, Madeleines Bruder, starb kurz vor Vollendung seines Studiums im Frühsommer 1926 an einer tuberkulösen Erkrankung in Arlesheim, im Beisein seiner Schwester, die ihn bis zuletzt begleitete. Helene von Grunelius hatte ihn wenige Monate zuvor noch in Ascona besucht und zahlreiche Briefe mit ihm und seiner Frau Erna gewechselt – «Es ist das so bedeutungsvoll. Er ist der erste der jungen Mediziner, der sein Leben auf der Erde beendet hat.» (Suchantke[170])

Auch Grunelius waren solche Gedanken zu dieser Zeit nicht fern. Sie befand sich oft in einem körperlich sehr schlechten Zustand und seelisch in tiefer Ratlosigkeit, nach der intensiven Aufbruchszeit mit Rudolf Steiner und dem späteren Scheitern vieler der erfolgversprechenden Bemühungen. Helene von Grunelius war von labiler physischer und seelischer Konstitution, trotz ihrer aufrechten Gestalt und einem sie auszeichnenden, idealistisch durchglühten Tatwillen und großen Hingabekräften. Sie konnte in einen *dumpfen, schweren Schlaf* und in nachhaltig melancholische Zustände verfallen, die sie zeitweise lähmten und einer passiven Duldung anheim stellten. Weiter beschäftigte sie sich viel mit der immer schwieriger werdenden Situation der Medizinischen Sektion und der Allgemeinen Anthroposophischen Gesellschaft in Dornach, aber auch mit der perspektivarmen Ansatzlosigkeit des eigenen Weges. In gewisser Hinsicht schien sie in der Locarno-Zeit am Nullpunkt ihrer Existenz zu stehen, in einem Durchgang durch das Nichts – sie ordnete alle ihre Briefe und versiegelte sie in kleinen Paketen, möglicherweise auch einem baldigen eigenen Tod entgegensehend, wenn nicht nach einem solchen sich sehnend. In diesen Stimmungen und bei entsprechender Benachrichtigung konnte Ludwig Noll entschieden und energisch widersprechen – Anfang Juni begann er einmal einen Brief an sie mit den Worten:

> Was machen Sie für Sachen. Sie sprechen von einer «zerrütteten Gesundheit». Das ist doch ganz ausgeschlossen. Ich kann mir gewiss denken, dass Sie hin und wieder noch einmal Beschwerden haben werden. Aber im großen und ganzen sind Sie nach meiner Überzeugung soweit gekräftigt, dass keinerlei Besorgnis bestehen kann.[171]

Andererseits: als Heinrich Hardt Grunelius gegenüber wenige Monate später einen etwas larmoyant-klagsamen Brief schrieb, den losen Zusammenhang der ehemaligen Mediziner-Gruppe bedauerte, sowie von Otto Palmers Angriffen auf Wegman, von Intrigen in Stuttgart um Hans Altemüller und vom negativen Verhalten älterer Mitglieder der Anthroposophischen Gesellschaft berichtete («Die älteren Menschen haben leider kein rechtes Organ für die Zukunft, noch für das, was gerade ihnen selbst in der Zukunft frommen kann u. durch die Dämpfung des Impulses, den der Dr. weit mehr als die Jugend in sich trug, und der eben nach dem Kali Yuga möglich ist, wird manches in Gefahr gebracht u. sogar zerstört.»[172]), antwortete sie ihm postwendend, überlegen und deutlich. Entgegen sonstiger Gepflogenheiten fertigte sie sogar eine Abschrift ihrer Antwort an, die erhalten blieb[172a]:

Locarno-Monti
Pension Lotos
Tessin, Schweiz
12.9.26

Lieber Heinrich,

Ich habe mich sehr gefreut, wieder einmal etwas von Dir zu hören.

Ich will zunächst auf das eingehen, was der scheinbare Anlass zu Deinem Brief war, nämlich das von Dir erwähnte «Memorandum von Dr. Palmer». Da ich mit Palmer nie etwas zu tun hatte und mit ihm auch nicht in Korrespondenz stehe, kenne ich das besagte Schriftstück nicht und kann mich also nur auf das beziehen, was Du darüber schreibst.
Altemüller hat ja, soviel ich mich entsinne, nur den 1. mediz. Jugendkurs mitgemacht und sich nachher nicht wieder blicken lassen, so dass man nicht gerade sagen kann, dass er mit unserem damaligen Streben sich eng verknüpft hätte. Er suchte scheinbar einen anderen Weg oder war vielleicht durch irgendwelche Schwierigkeiten gehindert, sich enger an uns anzuschließen. Vielleicht haben wir ihn abgestoßen, vielleicht war unser Impuls und unsere Be-Geisterung nicht stark genug, um ihn mitzureißen u. zu befeuern. Das letztere wird wahrscheinlich die richtige Vermutung sein. Aber, wenn er sich auch Palmer anschließt, so kann ich darin für uns keine Gefahr erblicken. Die Mächte, die uns jetzt abbringen wollen vom rechten Weg, arbeiten ungeheuer stark. Das empfindet sicher jeder. Wo aber die Gefahr wirklich liegt, das müssen wir auffinden. Und da kommt man an den Punkt, wo jeder bei sich selbst anfangen muss. Ich habe oft den Eindruck, dass wir gar nicht genügend begreifen, welche ungeheure Veränderung der Lage eingetreten ist dadurch, dass Rudolf Steiner nicht mehr auf dem physischen Plane ist. Während er noch auf dem physischen Plane war, konnten wir sein Wort mit dem physischen Ohr vernehmen, seinen richtenden Blick mit dem physischen Auge wahrnehmen. Sein Tod kann aber für uns doch noch zum Segen werden – wenn ich diese Worte gebrauchen darf –, wenn wir Selbstbesinnung, Selbsterkenntnis üben und uns mit der größten Hingabe auf den Weg begeben, ihn, unseren Führer,

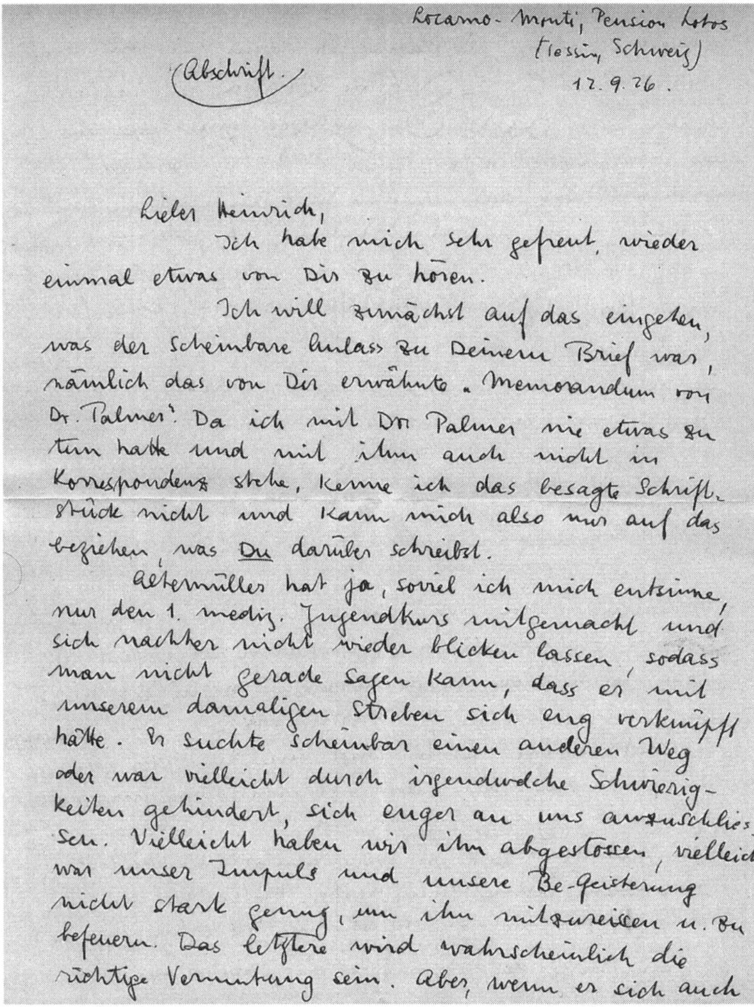

(Abschrift.

Locarno-Monti, Pension Lotos
(Tessin, Schweiz)
12.9.26.

Lieber Heinrich,

Ich habe mich sehr gefreut, wieder einmal etwas von Dir zu hören.

Ich will zunächst auf das eingehen, was der scheinbare Anlass zu Deinem Brief war, nämlich das von Dir erwähnte „Memorandum von Dr. Palmer". Da ich mit Dr. Palmer nie etwas zu tun hatte und mit ihm auch nicht in Korrespondenz stehe, kenne ich das besagte Schriftstück nicht und kann mich also nur auf das beziehen, was <u>Du</u> darüber schreibst.

Altermüller hat ja, soviel ich mich entsinne, nur den 1. mediz. Jugendkurs mitgemacht und sich nachher nicht wieder blicken lassen, sodass man nicht gerade sagen kann, dass er mit unserem damaligen Streben sich eng verknüpft hätte. Er suchte scheinbar einen anderen Weg oder war vielleicht durch irgendwelche Schwierigkeiten gehindert, sich enger an uns anzuschliessen. Vielleicht haben wir ihn abgestossen, vielleicht war unser Impuls und unsere Be-geisterung nicht stark genug, um ihn mitzureissen u. zu befeuern. Das letztere wird wahrscheinlich die richtige Vermutung sein. Aber, wenn er sich auch

Brief von Helene von Grunelius an Heinrich Hardt vom 12.9.1926, Seite 1

zu suchen. Er ist von uns gegangen, aber den Lichtweg, der zu ihm hinführt, hat er uns hinterlassen auf dem physischen Plane: seine Werke. Halten wir uns an seine «Philosophie der Freiheit», an «Wie erlangt man Erkenntnisse der höheren Welten», an seinen «Lebensgang», – um nur einiges von den grundlegenden Schriften anzuführen –, so sind wir auf dem rechten Wege. Seien wir Mediziner, Künstler oder was auch immer; – der Michaelische Weg, d.h. der Weg, der uns Rudolf Steiner vorangeschritten ist – er ist für alle gleich. Etwas Wunderbares, indem es auch in besonderem Maße Richtung-gebend und ebenso Weg- wie Ziel-weisend ist, sind ja auch Dr. Steiners Briefe an die Mitglieder im Mitteilungsblatt und die (größtenteils damit zusammenhängenden) Leitsätze. Aber der Pfad ist schmal – und wie unendlich sind da die Versucher der Seele! – So tritt da z.B. die von Dir erwähnte «Geheimnistuerei» auf. Diese besteht darin – ich kann es Dir ganz genau sagen, weil ich nach dem Tod von Herrn Dr. etwa ½ Jahr in Dornach war und da in verschiedene Kreise Einblicke tun konnte –, dass in kleinen Kreisen über Dinge geredet wird und phantastische Vorstellungen und Mythen ausgebrütet werden, die das Tageslicht scheuen müssen, weil sie nichts mit dem Wesen der Anthroposophie zu tun haben. – Eine andere Gefahr ist die einer – ich möchte es nennen – Selbstbespiegelung. Dies tritt jetzt ganz besonders auf bei der Jugend. Wenn uns Herr Dr. darauf aufmerksam gemacht hat, dass in uns jüngeren Menschen Impulse leben, wie sie in dieser Art in den meisten älteren Menschen nicht leben, so kann es doch für uns nur eine Aufforderung sein, diesen Impuls zu entwickeln und zur Wirksamkeit zu bringen. Du sprichst von einer «Dämpfung dieses Impulses» durch die älteren Menschen. Davon kann nach meinen Erfahrungen gar keine Rede sein und ich bin ganz überzeugt davon, dass die Worte Dr. Ungers über diesen Punkt (der letzte Absatz vom V. Abschnitt seines jetzt im Mitteilungsblatte abgedruckten Vortrages) vielen älteren Menschen ganz aus der Seele gesprochen sind.[172b] *Lassen <u>wir</u> also diesen Jugendimpuls versanden, so liegt es <u>an uns selbst</u> und wir laden dadurch eine ungeheure Schuld auf uns. Es ist vielleicht missverständlich, wenn ich hier von «uns» spreche, denn es kommt dabei nicht auf eine Gruppenseele an, sondern auf jede freie, bewusste, klar denkende und nüchtern urteilende Individualität.*
Seien wir wachsam, dass wir nicht dem Michael-Christus-Impuls in uns die Wege in unserer Seele <u>mit eigener Hand</u> verbauen, die Wege, um zu einer herrlichen und segensreichen Wirksamkeit zu gelangen.
Wo nun Herr Dr. nicht mehr hier ist, um uns zu korrigieren und uns die Richtung zu geben, ist es klar, dass selbst die besten unter uns viel größere Fehler machen als vorher. Lassen wir uns aber um alles in der Welt durch Menschen nicht beirren, den von unserem Führer uns vorgezeichneten Weg zu gehen.

Über all diese Probleme lässt sich leichter sprechen in Rede u. Gegenrede, als schreiben. Denn durch Geschriebenes können leichter Missverständnisse entstehen. Wenn ich wüsste, wann Du in nächster Zeit nach Dornach kommst, würde ich am liebsten versuchen, dorthin zu fahren und Dich zu sprechen – wenn Dir etwas daran liegt.

Mir geht es zwar schon viel besser, aber ich werde doch wohl den Winter über noch hier bleiben.
Ich bekam vor kurzem einen sehr lieben u. frohen Brief von Suchantke, der ja jetzt in Arlesheim in der Klinik ist.
Ich bin sehr gespannt auf die neue Dependance der Arlesheimer Klinik in Lugano. Ich werde in den nächsten Tagen hinfahren, um es mir anzusehen. Ob ich dort wohl Bekannte antreffen werde?
Wie geht es eigentlich Magerstädt? Grüße ihn bitte sehr von mir.
Wenn Du Zeit hast, mir bald wieder zu schreiben, wird es mich freuen. Ich würde auch sehr gerne etwas über Deine Tätigkeit hören. In aller Herzlichkeit

Deine H. G.

P.S. Auch ich möchte meinen Brief nicht als Moralpredigt aufgefasst wissen, oder höchstens als eine Moralpredigt, von der ich mich nicht ausschließe.

Nachtrag. 15.9.26.

Was ich in diesem Briefe geschrieben habe, drückt nur sehr unvollkommen u. unvollständig aus, was ich meine u. sagen möchte in Beantwortung Deines Briefes. Deshalb habe ich mir auch ein paar Tage überlegt, ob ich ihn überhaupt abschicken sollte. Nun schicke ich den Brief doch ab, weil ich zunächst keinen anderen, besseren Brief zustande bringen werde und Dich nicht länger auf Antwort warten lassen will.
Falls Du einiges nicht verstehst von dem, was ich schreibe, so rate ich Dir – ehe Du meine Gesinnung missverstehst –, Dich wieder in das Buch «Wie erlangt man Erkenntnisse ...» zu vertiefen. Denn Du wirst vielleicht, wie ich, einen sehr guten Nutzen aus diesem Studieren u. Üben ziehen können.

H. G.

*

Abgesehen von den zentralen, in ihrem Schreiben an Heinrich Hardt genannten seelisch-geistigen Übungswegen, die sie beschritt, bewegten Helene von Grunelius weiter die von Steiner erhaltenen medizinischen Kurse von Weihnachten und Ostern, die «Moral des medizinischen Studiums und der Praxis», in exoterischer und esoterischer Hinsicht. Gemeinsam mit Anna Iduna Zehnder, einer in Ascona niedergelassenen und therapeutisch ausgesprochen erfolgreichen Ärztin, die der Generation von Ita Wegman entstammte, vertiefte sie vieles in Gesprächen über Patienten und in medizinischen Studien. Zehnder hatte selbst einen betont meditativen und heilkünstlerischen Zugang zur Medizin, lebte wach in den sie umgebenden Naturprozessen, war eine bemerkenswerte Malerin und Helene von Grunelius sehr zugeneigt, deren menschliches und therapeutisches Format sie erkannte.[173] Im Oktober 1926 fragte Helene von Grunelius schließlich schriftlich bei Ita Wegman an, ob es möglich sei, der Kollegin die meditativen Inhalte der Kurse für die «jungen Mediziner» zugänglich zu machen, auch die «Wärme»-Meditation. Nach wie vor ging Grunelius sehr achtsam mit den ihr und der Gruppe anvertrauten Wortlauten um und fühlte die hohe Verantwortung, die mit jeder Weitergabe verbunden war. Ihr Brief an Ita Wegman lautete:

Monti della Trinitate
Tessin, Pension Lotos
1. Dez. 1926

Sehr verehrte Frau Dr. Wegman,

Ich arbeite seit 2 Monaten öfters mit Frl. Dr. Zehnder aus Ascona zusammen. Da ich weiss, dass Sie sie auch kennen, möchte ich Sie fragen, ob Sie damit einverstanden wären, dass ich Frl. Dr. Zehnder die Meditation gebe, die wir im Frühjahr 1923 bekommen haben (über das «Gute»), und die Meditationen aus den beiden medizinischen Jugendkursen, – und ob Sie damit einverstanden wären, dass sie die beiden Kurse liest.
Ich habe bei unserem Zusammenarbeiten Frl. Dr. Zehnder in ihrem anthroposophischen Streben in einer Weise kennengelernt, dass ich es für meine Pflicht halte, die nötigen Schritte – soweit es an mir liegt – zu unternehmen, damit dieses von ihr ersehnte Gut ihr zugänglich werden kann.

Da ich annehme, dass für die Weitergabe der medizinischen Meditationen dieselben Gesetze herrschen wie für die Klassensprüche, habe ich nicht Frl. Dr. Zehnder veranlasst, Ihnen zu schreiben, sondern ich tue es selber. – Sollte ich aber darin im Irrtum sein, so wäre ich recht dankbar, wenn Sie mir dieses schreiben würden.

In Verehrung grüßt Sie herzlich
Ihre Helene Grunelius[174]

Anna Iduna Zehnder gehörte nicht zu den Ärzten, die hinter und zu Ita Wegman standen. Dennoch antwortete Wegman Grunelius sofort und ausgesprochen positiv, gab ihre ehrliche Freude über die Zusammenarbeit zum Ausdruck und erteilte gerne das erbetene Einverständnis.[175]

*

Helene von Grunelius verließ das Tessin schließlich im Frühsommer 1927 und kehrte nach Deutschland zurück. Dreißig Jahre alt geworden und damit an einem biographischen Zeitpunkt angelangt, an dem – altem, von Steiner am Ostersonntag 1924 wieder thematisiertem Mysterienwissen zufolge – die eigentliche Ich- oder «Sonnengeburt» des Menschen sich ereignet und die Loslösung von Vergangenheitskräften ermöglicht[176], fühlte Grunelius erstmals seit dem Tod Rudolf Steiners die Kräfte, nach vorne gehen und ihren ärztlichen Zukunftsweg aktiv ausschreiten zu können.

Vorübergehend übernahm sie Praxisvertretungen in Essen und Stuttgart (bei ihren anthroposophischen Kollegen Hans Mothes und Eberhard Schickler), ehe sie zum Jahresende ihre eigene Praxis in dem gemeinsam mit ihrem Bruder und Julia Mellinger bewohnten Haus in der Stuttgarter Traubergstraße eröffnete.

An diesem Ort arbeitete sie dann für sieben Jahre sehr erfolgreich und mit einem sich ständig vergrößernden Patientenkreis, auch wenn sie mehrmals erwog, persönliche Angebote und Einladungen Ita Wegmans zur ärztlichen Mitarbeit in Berlin[177] oder zur Übernahme des Erholungsheimes im Schloss Hamborn[178] aufzugreifen. Ihr Bruder Andreas hatte seinerseits kurz vor der Rückkehr von Helene die Geschäftsführung des von Ita Wegman begründeten Orient-Occident-Verlags in Stuttgart übernommen, in dem auch die ersten Jahrgänge von Wegmans medizinischer «Natura»-Zeitschrift erschienen, und begründete gemeinsam mit Julia Mellinger eine Waldorfspielzeug und -verlag GmbH.

Helene von Grunelius' Kontakte nach Arlesheim waren weiter eng und tragend. Mit ihren dortigen Kollegen besprach sie oft schwierige oder auch besonders erfolgreiche Therapieverläufe, ließ sich beraten oder wies Patienten in die Klinik ein. Eine hervorragende fachliche Zusammenarbeit entwickelte sich so, eine menschliche Verbindlichkeit im Ringen um jeden Patienten, der zu Helene von Grunelius, aber auch zur Qualität und zum Ton von Wegmans Korrespondenz im Rahmen des Klinisch-Therapeutischen Institutes gehörte, mit Dutzenden von eingehenden Anfragen von Ärzten und Kranken jeden Tag. Die therapeutische Qualifikation und der absolute Einsatz der Menschen um Ita Wegman war in diesen Jahren bemerkenswert – junge Ärzte wie Hilma Walter oder Ilse Knauer, Margarethe Bockholt, Madeleine van Deventer und Alex-

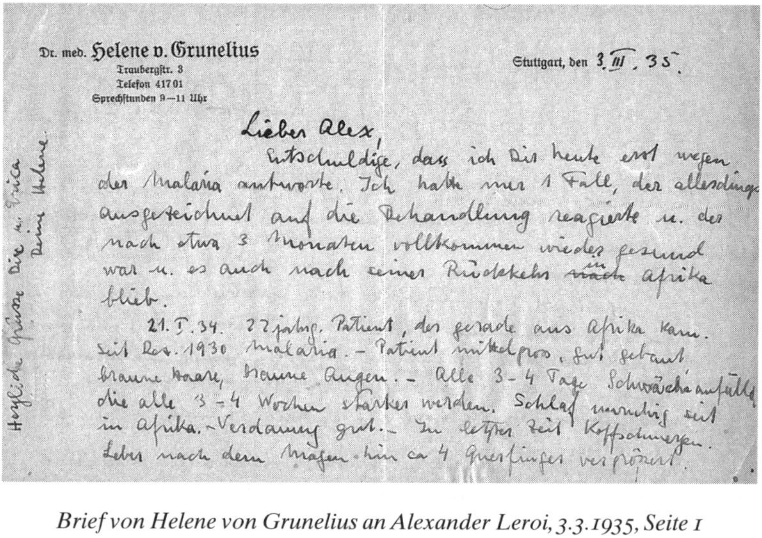
Dr. med. Helene v. Grunelius
Traubergstr. 3
Telefon 41701
Sprechstunden 9–11 Uhr

Stuttgart, den 3. III. 35.

Lieber Alex,
Entschuldige, dass ich Dir heute erst wegen der Malaria antworte. Ich hatte nur 1 Fall, der allerdings ausgezeichnet auf die Behandlung reagierte u. der nach etwa 3 Monaten vollkommen wieder gesund war u. es auch nach seiner Rückkehr in Afrika blieb.

21. I. 34. 22 jährig. Patient, der gerade aus Afrika kam. Seit Nov. 1930 Malaria. – Patient mittelgross, gut gebaut braune Haare, braune Augen. – Alle 3–4 Tage Schwächeanfälle die alle 3–4 Wochen stärker werden. Schlaf unruhig seit in Afrika. – Verdauung gut. – In letzter Zeit Kopfschmerzen. Leber nach dem Magen hin ca 4 Querfinger vergrößert.

Herzliche Grüsse Dir u. Erica
Deine Helene

Brief von Helene von Grunelius an Alexander Leroi, 3.3.1935, Seite 1

ander Leroi, aber nicht zuletzt Ita Wegman selbst wussten oft weiter und hatten fruchtbare Gesichtspunkte und Ideen in aussichtslos erscheinenden Situationen, die sie gerne weiterschenkten. Nicht alles wurde erreicht, aber viele Elemente, die zur Substanz der «medizinischen Jugendkurse» (Grunelius) gehört hatten, fanden so ihre eigenen Formen der Realisierung, im Umkreis Ita Wegmans.

Eine weitere, nicht weniger bemerkenswerte und intensive Zusammenarbeit gelang Helene von Grunelius in den sieben Stuttgarter Praxisjahren mit Eugen Kolisko. Kolisko war nur vier Jahre älter als sie, doch hatte sie den formvollendeten und hochtalentierten, aus großbürgerlichen Wiener Akademikerkreisen stammenden Arzt anfangs falsch eingeschätzt, ja im Unterschied zu seiner Frau Lilly – für die sich Grunelius spontan begeisterte – mit Nachdruck unterschätzt *(Frau Kolisko habe ich als Gast [zum Weihnachtskurs] eingeladen, nachdem ich vorigen Sonntag ein längeres, sehr feines Gespräch mit ihr hatte. Ihren Mann einzuladen können wir aber meiner Ansicht nach keine Veranlassung haben. Es ist ja doch ein großer Unterschied zwischen den beiden. Wenn Herr Dr.*

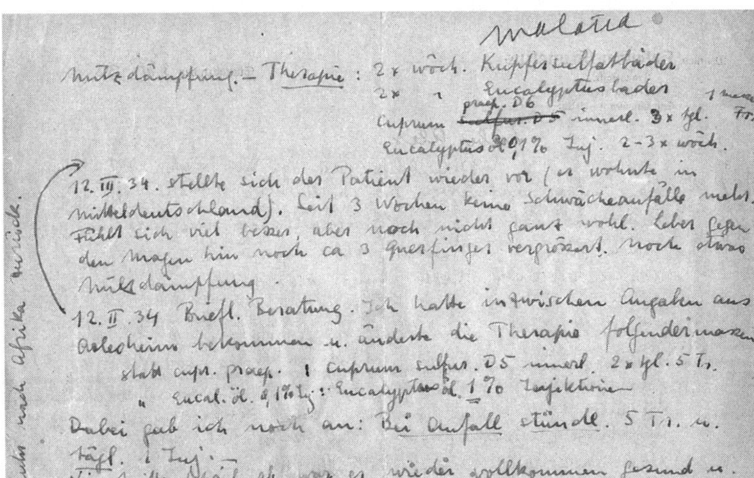
Malaria

Milzdämpfung. – Therapie: 2x wöch. Kupfersulfatbäder
2x " Eucalyptusbäder
Cuprum praep. D6 ~~sulfur. D5~~ innerl. 3x tgl.
Eucalyptusöl 0,1% Inj. 2–3x wöch.

12. III. 34. stellte sich der Patient wieder vor (er wohnte in Mitteldeutschland). Seit 3 Wochen keine Schwächeanfälle mehr. Fühlt sich viel besser, aber noch nicht ganz wohl. Leber gegen den Magen hin noch ca 3 Querfinger vergrössert. Noch etwas Milzdämpfung.

12. II. 34 Briefl. Beratung. Ich hatte inzwischen Angaben aus Arlesheim bekommen u. änderte die Therapie folgendermaßen:
statt cupr. praep.: Cuprum sulfur. D5 innerl. 2x tgl. 5 Tr.
" Eucal. öl. 0,1% Inj.: Eucalyptusöl 1% Injektionen
Dabei gab ich noch an: Bei Anfall stündl. 5 Tr. u. tägl. 1 Inj.
Von Mitte April ab war er wieder vollkommen gesund u.

fuhr nach Afrika zurück.

Seite 2

ihn auffordern will, so ist das etwas anderes u. geht uns nichts an.). Kolisko kannte die akademische Welt von innen und hatte im Unterschied zu der Gruppe um Helene von Grunelius mit Freuden und großer Faszination studiert – zugleich war er ein hochbefähigter, initiativer Anthroposoph mit einer maximalen inneren Beweglichkeit und einem einzigartigen Zukunftselan. Im Laufe der Jahre seit dem Herbst 1923 war Grunelius dies immer deutlicher geworden; nun erlebte sie ihn aus nächster Nähe in seiner hingebungsvollen, absolut therapeutisch und zugleich kulturwirksamen Kraft im Rahmen der Waldorfschule. Kolisko, der über drei Jahre eng mit Rudolf Steiner im Aufbau einer therapeutischen Waldorfpädagogik zusammengearbeitet hatte[179], war mit sämtlichen Schulkindern vertraut, behandelte die Kranken und förderte die Bedürftigen, beriet das Kollegium und half zahllosen Menschen im Umkreis der Schule. Unterstützt wurde er dabei insbesondere von der Germanistin und Anglistin Bettina Mellinger, einer jüngeren Schwester von Julia Charlotte Mellinger, die Klassenlehrerin war und viele soziale und therapeutische Initiativen gemeinsam mit Kolisko entfaltete.[180] Sie, Bettina Mellinger, war es auch, die 1940, nach Koliskos frühem Tod, seine im Herzen der Schule gelegene Praxis mit den Worten beschrieb:

> Da warteten kranke Menschen auf ihn, Mütter mit blassen, nervösen Kindern, Klassenlehrer mit ihren Buben und Mädchen, Schüler aus den oberen Klassen, die in Lebensschwierigkeiten beraten sein wollten, junge und alte Menschen ohne Stellungen, in gedrückter Lebenslage, – und einmal saß in einer Ecke ein Junge mit seinem Kaninchen auf den Knien, das ein Bein gebrochen hatte und das nach Aussage des Jungen nur von Dr. Kolisko geschient werden konnte. Nach einer anstrengenden Tätigkeit in den Klassen kam er dann heiter, frisch, humorvoll und nahm die Einzelnen in sein Arztzimmer, und jeder hatte das Gefühl: nun bist Du ganz allein da, niemand wartet noch draußen, er ist jetzt nur für Dich da und Du könntest Stunden mit ihm reden, ohne dass er nervös würde. Es wirkte so, dass auch die wartenden Menschen nicht unlustig wurden.[181]

Auch eine weitere Schilderung Mellingers, in der sie Koliskos Mitgestaltung von Ferienaufenthalten bedürftiger Kinder charakterisierte, lässt zum Vorschein kommen, über welche Jugend- und Mutkräfte dieser körperlich zarte, aber von einem unbeugsamen Heilwillen beseelte Arzt verfügte und inwiefern Grunelius sich bald nach ihrem Stuttgarter Praxisbeginn davon überzeugen konnte, keinen Arzt der «älteren Generation» vor sich zu haben:

> Auch hier [bei der Planung der Freizeiten] war er von einem manchmal schwindelerregenden Vertrauen in die guten Geister, die diese Reisen begleiten mussten –, Aufenthalte in hohen Berggegenden mit Gletscherwanderungen, längere Seefahrten – nirgends sah er Gefahr oder hatte Bedenken, und er konnte ärgerlich werden, wenn jemand in seiner Umgebung kleinliche Ängstlichkeiten äußerte oder sich von irgend etwas, was er als günstig ansah, wegen allzu großer Schwierigkeiten ablenken ließ. Für ihn war alles möglich –, ja, erst dann lockte ihn etwas, wenn es Hindernisse zu überwinden gab; da wurde er heiter, vergnügt, humorvoll und unerhört aktiv. Er gehörte zu den Menschen, die über alle Gegenbeweise hinweg glauben, dass der Mensch alles vermag, wenn er will.[182]

*

Helene von Grunelius hospitierte – wie Madeleine van Deventer einige Jahre zuvor – in Koliskos Schularztpraxis, besprach mit ihm immer mehr Kinder und auch ältere Patienten ihrer Praxis und vertrat ihn zunehmend bei seinen Abwesenheiten in der Schule, wodurch sie im Laufe der Jahre alle Kinder kennenlernte und geradezu seine ärztliche Mitarbeiterin wurde. Diese Situation war zutiefst beglückend und gesundend für sie. Hier, im therapeutisch-sozialen Feld der Waldorfschule, lernte Helene von Grunelius eine immense Lebensfülle kennen, die mit dem «Wollen des Guten» in innerstem Zusammenhang stand und zugleich ihre tiefe, bleibende Verbundenheit mit der Welt der Kindheitskräfte ansprach («Eine Fülle goldblonder Haare umrahmte sie. Ein kleiner Junge liebte es besonders, mit ihnen zu spielen. Einige Zeit hindurch vollzog sich zur Wonne von Helene und dem Kleinen täglich der folgende Vorgang: Sie beugte sich nieder, die Haare fielen nach vorne, verdeckten ihr Gesicht, und das Büblein wühlte in der goldenen Pracht mit beiden Händen. In ihrer großen Liebe für die Kinder schwand alle hemmende Scheu aus ihrem Wesen, sobald sie mit diesen beisammen war.»[183]).

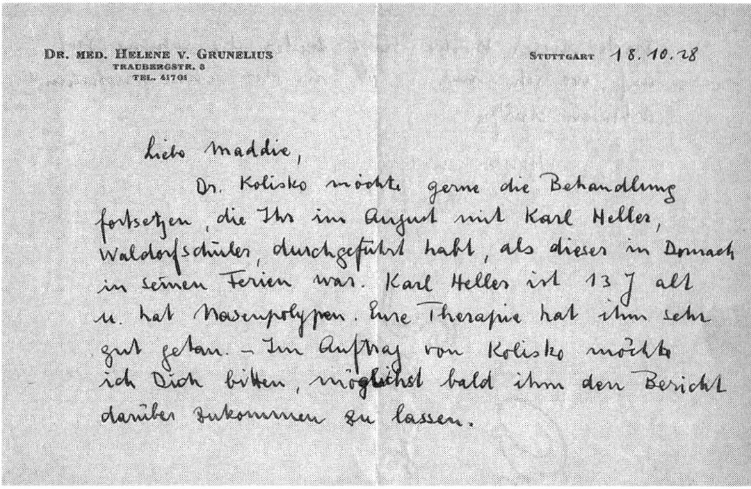

Dr. med. Helene v. Grunelius
Traubergstr. 8
Tel. 41701

Stuttgart 18.10.28

Liebe Maddie,

Dr. Kolisko möchte gerne die Behandlung fortsetzen, die Ihr im August mit Karl Heller, Waldorfschüler, durchgeführt habt, als dieser in Dornach in seinen Ferien war. Karl Heller ist 13 J alt u. hat Nasenpolypen. Eure Therapie hat ihm sehr gut getan. – Im Auftrag von Kolisko möchte ich Dich bitten, möglichst bald ihm den Bericht darüber zukommen zu lassen.

Brief von Helene von Grunelius an Madeleine van Deventer, 18.10.1928, Seite 1

Zugleich war die Situation, in der Kolisko Ende der 20er und Anfang der 30er Jahre in Stuttgart arbeitete und lebte, kräftezehrend und dramatisch. Obwohl Helene von Grunelius daran nicht den allerpersönlichsten Anteil nahm, wusste sie natürlich, wie intensiv Kolisko um Lösungen der Dornacher Vorstandsproblematik bemüht war und wie er mit größtem, kämpferischem Einsatz in diese dramatischen Auseinandersetzungen einzugreifen versuchte. Auch das Lehrerkollegium der Waldorfschule war in sich tief zerrissen, wobei die Mehrheit seiner Kollegen die Situation völlig anders einschätzte als Kolisko und er sich immer gravierenderen Angriffen gegenübersah, die selbst seine fachliche Arbeit betrafen und schließlich über seine Kräfte gingen.[184] 1934 entschied sich Kolisko schließlich, nach den Sommerferien die Schule zu verlassen – ein dreiviertel Jahr später wurde er selbst von der Allgemeinen Anthroposophischen Gesellschaft ausgeschlossen.

Der Weggang von der Schule fiel ihm schwer, und die aus den Ferien kommenden Kinder glaubten, er sei plötzlich verstorben. Später schrieb Lilly Kolisko im Rückblick auf diese Situation:

Viele Jahre unermüdlicher Arbeit waren in die Waldorfschule hineingeflossen. Er liebte die Kinder und die Kinder liebten ihn und vertrauten ihm. Die Eltern hatten zu ihm sowohl als Lehrer, wie auch als Schularzt unbedingtes Vertrauen. Wer würde nun die Kinder ärztlich betreuen? Er hatte mit Dr. Steiner zusammen arbeiten dürfen und seine Ratschläge für die Behandlung der Kinder empfangen. Er hatte ein neues Feld ärztlicher Tätigkeit aufgebaut, und zwar nicht nur in Stuttgart, sondern mit anderen Kollegen zusammen in vielen anderen Waldorfschulen innerhalb Deutschlands. Auch nach England und Holland war er gereist, um dort in dieser Hinsicht ratend und helfend beizustehen.
Es schien Dr. Kolisko die beste Lösung die, dass seine Stellung als Schularzt in der Waldorfschule durch Fr. Dr. Helene von Grunelius übernommen würde, die bereits Jahre hindurch mit ihm zusammen in der Waldorfschule gearbeitet hatte. Sie war mit den Kindern vertraut, die Kinder kannten sie. Sie hatte Dr. Koliskos Vertretung im Arztzimmer, wenn er verreisen musste. Die Schule lehnte Dr. von Grunelius ab. Es war dies nicht nur schmerzvoll für Dr. Kolisko, sondern bedeutete auch eine tiefe Verletzung für Dr. von Grunelius. Sie konnte nicht verstehen, warum man sie nicht haben wollte. Auf ihr Fragen wurde schließlich erklärt: Man wolle nicht in der Schule einen Arzt haben, der eine so starke Verbindung mit Dr. Kolisko habe.
Ich glaube, das war der letzte Schlag, der ihm dann auch das Weggehen erleichterte. [...][185]

*

Helene von Grunelius fasste schließlich den Entschluss, mit Eugen und Lilly Kolisko zu gehen und ihre Praxis nur in kleinerem Umfang weiterzuführen. Einigen Menschen, die um Koliskos medizinische und spirituelle Fähigkeiten wussten, war es im Laufe des Jahres 1934 gelungen, ein großes Gebäude für seine künftige therapeutische Arbeit in Unterlengenhardt, einem kleinen schwäbischen Dorf über Bad Liebenzell, zu erwerben – an einer besonderen, hoch gelegenen und aussichtsreichen Stätte in gesegneter Landschaft. Dorthin wollte Helene von Grunelius mit Eugen Kolisko ziehen, für ein aufbauendes ärztliches Gemeinschaftswerk, das ganz der Therapie gewidmet sein sollte. Kolisko berichtete darüber erstmals Anfang 1935 in Arlesheim – in einem Brief von Margarethe Bockholt an Helene von Grunelius aus diesen Tagen finden sich die Sätze: «Kolisko hat uns hier etwas erzählt über Eure Pläne. Es ist ja für Dich sicher sehr schön, die Arbeit so zu erweitern.»[186]

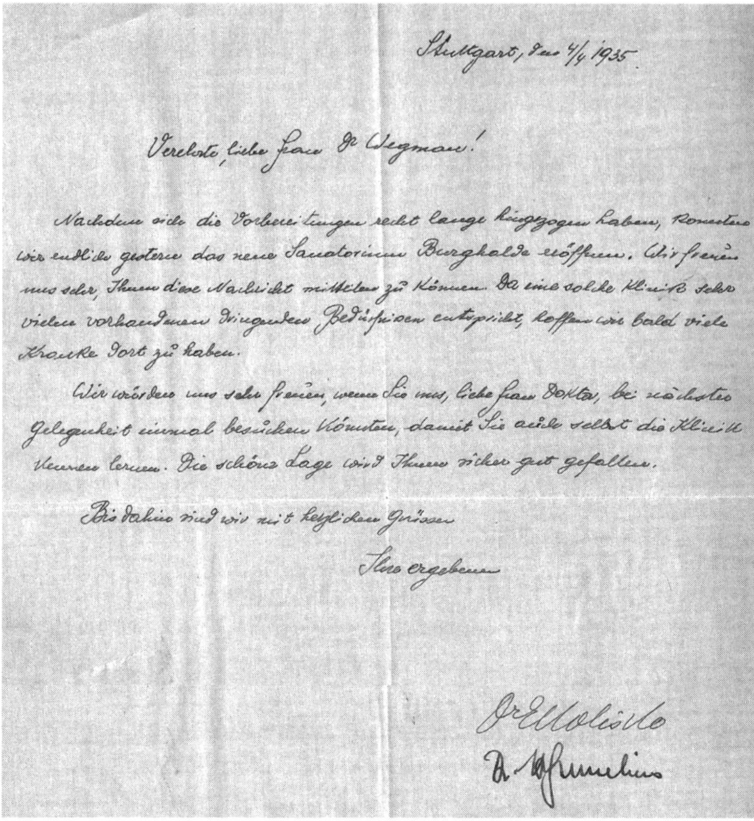
Stuttgart, den 4/4 1935.

Verehrte, liebe Frau Dr Wegman!

Nachdem sich die Vorbereitungen recht lange hingezogen haben, konnten wir endlich gestern das neue Sanatorium Burghalde eröffnen. Wir freuen uns sehr, Ihnen diese Nachricht mitteilen zu können. Da eine solche Klinik sehr vielen vorhandenen dringenden Bedürfnissen entspricht, hoffen wir bald viele Kranke dort zu haben.

Wir würden uns sehr freuen, wenn Sie uns, liebe Frau Doktor, bei nächster Gelegenheit einmal besuchen könnten, damit Sie auch selbst die Klinik kennen lernen. Die schöne Lage wird Ihnen sicher gut gefallen.

Bis dahin sind wir mit herzlichen Grüssen

Ihre ergebenen

Dr E Kolisko

H. v. Grunelius

Brief von Eugen Kolisko und Helene von Grunelius an Ita Wegman, 4.4.1935

Tatsächlich begann die medizinische Tätigkeit in Unterlengenhardt am 3. April, in der Vorosterzeit, elf Tage vor Koliskos Ausschluss aus der Allgemeinen Anthroposophischen Gesellschaft, den ihm sein Freund, Helfer und Fahrer Kurt Berthold persönlich überbrachte:

> Am Tage nach dem Ausschluss der Freunde kam ich aus Stuttgart. Kolisko stand auf der Treppe der Burghalde und fragte nach dem Ergebnis der Dornacher Abstimmung. Ich nannte die Zahl der Gegner. Er

schaute ernst über das Nagoldtal und sagte: «So wird alles zur Erinnerung. Wir haben viele Fehler gemacht. Aber auch die von Frau Dr. Steiner erreichen die Höhe des Chimborasso.[187]

*

Ungeachtet der inneranthroposophischen Dramen aber entwikkelte sich die medizinisch-therapeutische Arbeit um Eugen Kolisko und Helene von Grunelius hervorragend, und bald wurde die «Burghalde» ein blühender, heilender Ort. Wie stets in seinem Leben entfaltete Kolisko eine ungeheure Aktivität in seinem Umfeld, schlief nur wenige Stunden und wirkte nahezu ununterbrochen – er behandelte erfolgreich und kreativ viele schwierige Patienten, aber auch die einfachen Bauern des Ortes, hielt Kurse für Krankenschwestern und herbeieilende Medizinstudenten, ließ Weihnachtsspiele für die Bevölkerung aufführen, hielt weiterhin anthroposophische Vorträge in Stuttgart («Nach den Zweigvorträgen erfolgten dann regelmäßig längere Gespräche, so dass wir häufig erst lange nach Mitternacht in der Burghalde ankamen. Ich sank dann todmüde ins Bett und schlief manchmal bis zehn Uhr morgens. «Koli» hingegen wurde schon morgens um 5 Uhr auf den Feldern gesehen, beim Pflücken bestimmter Blüten, die seine Frau im Labor für ihre Versuche brauchte.»[188]) und bereitete die Zukunft vor. Einmal sagte er über seine Situation in Unterlengenhardt:

> Ich gehe über Wiesen und Felder und versuche, geistige Keime in den Boden zu legen. Ich gehe zu den Bauern im Dorf, um bei einem Gespräch Keime zu legen, dass einmal an diesem Ort ein Zentrum der medizinischen anthroposophischen Arbeit entstehen kann.[189]

Helene von Grunelius fühlte sich wohl in Koliskos nächster Umgebung. Der in Eugen Kolisko wirksam werdende reine und selbstlose Zukunftswille lebte auch in ihr. Zum ersten Mal gelang es nun tatsächlich in ihrem Leben, eine medizinische Aufbauarbeit gemeinschaftlich zu realisieren, gründend auf einer durchchristeten Gesinnung und im Geist der «medizinischen Jugendkurse», mit hoher, sozialer Ausstrahlungskraft und ohne allen Persönlichkeitsdünkel.

Eugen Kolisko und Helene von Grunelius auf der Burghalde (1935/36)

Zugleich lag Helene von Grunelius die therapeutische Sanatoriumsarbeit ausgesprochen, was auch Ita Wegman bekannt war und zu den inneren Motiven ihrer Hamborner Anfrage drei Jahre zuvor gehört hatte. In der Burghalde konnte Grunelius sich ganz auf ihre Patienten konzentrieren, alles auf die Therapie hinordnen und auf den verschiedensten Ebenen heilsam eingreifen[190] – mit jenem Mut und jener Spiritualität, die Steiner in seinen, durch Helene von Grunelius verantwortlich in die Wege geleiteten Kursen 1924 in so einzigartiger Weise beschrieben hatte. Als Madeleine van Deventer ihre Freundin im Sommer 1935 erstmals in Unterlengenhardt besuchte, sagte Grunelius ihr, dass sie sich nun jedem Krankheitsfall gewachsen fühle. Und in ihrem Nachlass fand sich viele Jahrzehnte später ein Blatt eines ihrer Burghalde-Patienten, auf dem dieser niedergeschrieben hatte:

Während einer schweren Krankheit hatte ein Patient das Glück, Dr. Helene von Grunelius als seinen Arzt zu haben. Häufig betrat sie das Krankenzimmer, während der Patient in mehr als halbbewusstlosem Zustand dalag. Ruhig, ohne zu fragen und zu sprechen, saß sie am Krankenlager, den Patienten beobachtend. Für diesen war ihr Erscheinen eine tiefe Erquickung. In das Halbbewusstsein des Patienten leuchtete ein neuer Wille zum Leben hinein. Lichthell wurde es in ihm und eine tiefe Beruhigung zwang das Fieber.
Wenn Helene von Grunelius zugegen war, fühlte sich der Patient jedes Mal gestärkt an Seele und Leib. Es war, als hätte sie Speisen und Getränke köstlichster Art gereicht, die er als physische Erquickung empfinden konnte.
In ihrem Wesen war kein Platz für lähmende Angst, wenn der Zustand des Patienten auch noch so bedenklich erschien. Alles in ihr war helfender Wille. Wie konnte der Patient empfinden, mit welch hingebungsvollem Opferwillen sie die Krankheit des Menschenbruders auf sich nahm, um sie zu überwinden.
In schlichter, ganz objektiver Brüderlichkeit liebte sie den Menschen im Menschen, an dem sie in christlich durchleuchteter Art ihre Heilkunst übte.
In Helene von Grunelius offenbarte sich der Anfang einer neuen medizinischen Wissenschaft, die ihre Hilfskraft nicht nur aus gutem medizinischem Wissen schöpfen konnte, sondern zu der sich auch geistige Kräfte gesellten, die sie bewusst beherrschte, in christlicher Hingebung. Als Patient empfand man dies besonders stark. Der Schmerz um ihren Tod ist groß, aber das Wissen, einem Zukunftsmenschen begegnet zu sein, läutert den Schmerz zur lebensbejahenden Kraft.[191]

*

Obwohl alles im April 1935 so positiv begonnen hatte, währte die gemeinsame Zeit auf der Burghalde für Eugen Kolisko und Helene von Grunelius schließlich nur etwas mehr als ein Jahr. Im Frühjahr 1936 entschloss sich Kolisko relativ unvermittelt, nach England zu emigrieren. Das weitere Anwachsen des verfolgenden Nationalsozialismus in Deutschland, aber auch die offene Situation in London nach dem frühen Tod von Daniel Nicol Dunlop überzeugten ihn davon, dass er seine Kräfte für die Anthroposophie besser im englischsprachigen Westen würde einsetzen kön-

Helene von Grunelius auf der Burghalde, 1935/36

nen, in größerem, weiter wirksamen Maßstab. So verließ Eugen Kolisko im Frühsommer 1936 Unterlengenhardt und Deutschland, um nie mehr wiederzukehren.

Der Weggang von Kolisko war ein weiterer, schwerer Eingriff in die Lebensgeschichte von Helene von Grunelius – «wie mit einem Schlage fühlte sie plötzlich alle Pläne und Hoffnungen durchkreuzt» (Norbert Glas[192]). Schließlich lehnte sie es ab, an der von ihr so geschätzten Burghalde ohne Kolisko verantwortlich weiterzuarbeiten, und verließ Unterlengenhardt.

Helene von Grunelius war zu diesem Zeitpunkt gerade 39 Jahre alt geworden. Spuren ihrer nächsten Schritte sind bisher nicht auffindbar, doch war es Norbert Glas, einer ihrer Freunde aus dem Kreis der «jungen Mediziner», der sie wenige Wochen später und völlig unvermutet zweimal in Italien traf – in Siena und Rom:

> Ich hatte von ihrem schlechten Gesundheitszustande gehört und dass alle Freunde zu einer Ruhekur rieten. Da stand ich im Sommer 1936 am Nachmittag in einer der engen Straßen von Siena, als ein graues offenes Auto in schnellem Tempo an mir vorbeischoss. Ich winkte und Helene blieb stehen. Sie hatte noch ein befreundetes Ehepaar bei sich. Sie war voller Unrast und wollte immer weiterfahren, je schneller, desto besser. Sie sah krank aus, mit zeitweise geröteten Backen. Die Mundwinkel zogen scharf nach unten, und man las, was in ihr vorging: «Jetzt ist es gleichgültig, was mit mir geschieht.» Sie hatte, wohl nur halbbewusst, mit allem abgeschlossen. Ein ernstes Gespräch über ihre Gesundheit führte zu einem Versprechen, sich weiter unten im Süden ausruhen zu wollen. Sich sofort hinzulegen lehnte sie ab – und weg war sie mit den Freunden, die sich vergeblich bemühten, sie zurückzuhalten.
> Wenige Tage später trafen wir uns, ganz unerwartet, in der Peterskirche in Rom. Sie war noch ruheloser geworden, und jeder Widerspruch machte sie nur ärgerlich. Warnungen schlug sie in den Wind.[193]

Schließlich brach Helene von Grunelius noch in Italien zusammen und erlitt eine ausgeprägte Lungenblutung. Nur mit großer Mühe gelang es, sie in völlig entkräftetem Zustand in die Arlesheimer Klinik zu überführen, wo sie am 10. Oktober 1936 mit großer Atemnot Aufnahme fand.

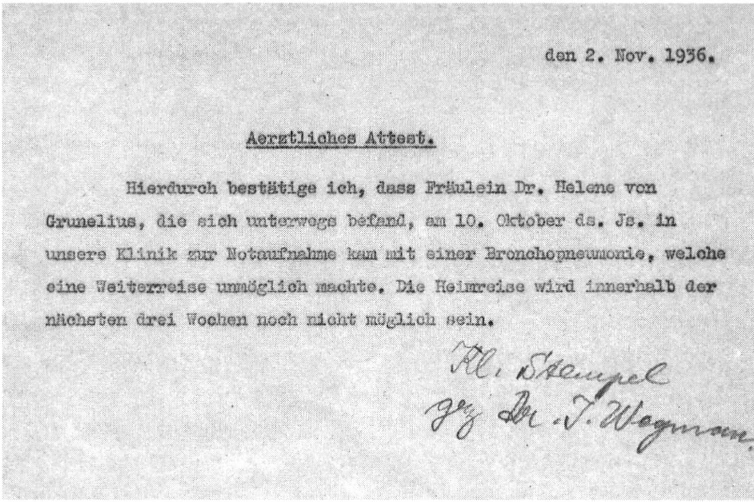

den 2. Nov. 1936.

Aerztliches Attest.

Hierdurch bestätige ich, dass Fräulein Dr. Helene von Grunelius, die sich unterwegs befand, am 10. Oktober ds. Js. in unsere Klinik zur Notaufnahme kam mit einer Bronchopneumonie, welche eine Weiterreise unmöglich machte. Die Heimreise wird innerhalb der nächsten drei Wochen noch nicht möglich sein.

Kl. Stempel
gez. Dr. I. Wegman

Ärztliches Attest von Dr. Ita Wegman, 2.11.1936

Über zwei Monate befand sie sich von da an in der therapeutischen Obhut Ita Wegmans, die Grunelius' Zustand von Anfang an als vital bedrohlich einschätzte und keinen Versuch unterließ, ihr Lebensschicksal positiv zu wenden. Als nach einigen Wochen immer noch keine durchgreifende Besserung eingetreten war, konsultierte Ita Wegman auch einige der von ihr sehr geschätzten Kollegen aus der anthroposophischen Ärzteschaft, zog Werner Kaelin und Norbert Glas (wegen einer möglichen Verlegung nach Gnadenwald), brieflich aber auch Eugen Kolisko hinzu, der Anfang Dezember aus London antwortete:

> Wegen Helene möchte ich nur das Eine sagen: Wenn man irgendwie transportieren kann, dann möglichst gleich nach Ägypten! Dort ist doch eine Hoffnung für das Ausheilen. Berge wirken nicht so gut bei ihr. Und wenn sie fliegt, so ist es doch gleich wohin. Ich habe schon geschrieben wegen Pension in Assuan oder Luxor. [...]
>
> Einstweilen begleite ich Ihre Pflege und Fürsorge für Helene mit den besten Wünschen.[194]

Wegman nahm Koliskos Pläne und Gesichtspunkte sehr ernst, doch hielt sie Helene von Grunelius nicht mehr für ausreichend transportfähig, zumal auch immer mehr kardiale Schwierigkeiten hinzukamen.

Helene von Grunelius selbst aber lebte gedanklich nur in Zukunftsplänen, war unruhig und noch immer gehetzt, beschäftigte sich mit all dem, was sie auf Erden noch vollbringen wollte und was bisher unerfüllt geblieben war.

Während der letzten Tage ihres Lebens verließ Ita Wegman ihr Krankenzimmer nur noch selten, begleitete sie durch alles hindurch. Über die näheren Umstände des Todes, der eine Woche vor Heiligabend, am 17. Dezember, morgens um 1 Uhr 30 eintrat, hielt Norbert Glas später fest:

> Diese letzte Nacht war unheimlich und merkwürdig. Sie wollte frei sein und konnte nicht mehr recht zwischen dem Fluge ihrer Seele und dem kranken Körper unterscheiden, den sie zurücklassen musste. Mit unerhörter Anstrengung stand sie auf und war durch nichts zurückzuhalten. Als man sie schließlich mit sanfter Gewalt wieder in ihr Bett legte, empfand sie dies als einen unberechtigten Eingriff in ihre Freiheit. Schließlich schlief sie ein und wachte nicht wieder auf.[195]

*

An viele ihrer ärztlichen Kollegen schrieb Ita Wegman nach dem 17. Dezember 1936 ausführliche Briefe, in denen sie auf den Tod Helene von Grunelius' einging, die schwierigen Verhältnisse in Stuttgart in den letzten Jahren andeutete, auch Koliskos Weggang und Grunelius' letztendliche Verzweiflung betonte – «und vielleicht war auch der Wunsch nicht sehr groß bei ihr, wieder in die alten Verhältnisse zurückzukehren»[196]. Kurz vor Weihnachten hieß es in einem Schreiben an den Heilpädagogen Franz Löffler, der Grunelius seit dem ersten Kurs für die «jungen Mediziner» kannte und schätzte:

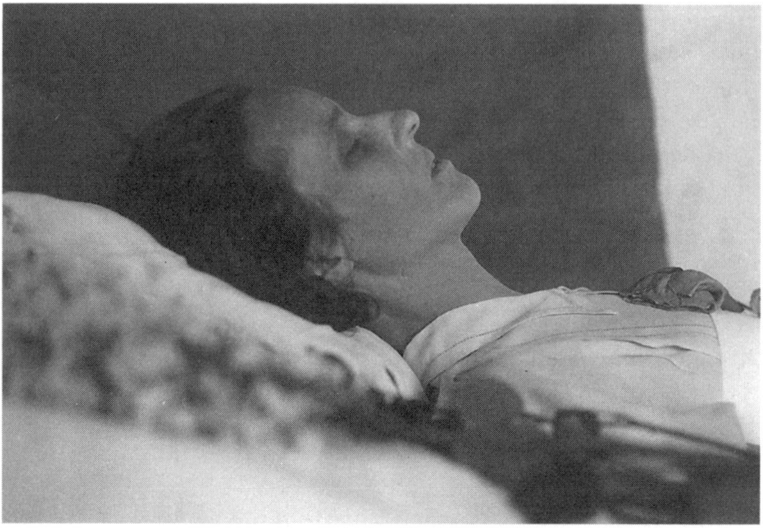

Helene von Grunelius auf dem Totenbett

Trotz allem Bestreben gelang es nicht, dieses Menschenleben, das schon so lange krank war, ohne dass die Menschen es wussten, und das immer Raubbau an ihrer eigenen Gesundheit getrieben hat, zu retten. Stuttgart verliert unendlich viel an ihr; aber sie selber ist wohl glücklich, neue Aufgaben in der geistigen Welt bekommen zu haben.

Ein Brief an Julia Charlotte Mellinger, die nach Arlesheim an das Totenbett kommen wollte, war von Wegman bereits am 19. Dezember mit den Worten abgeschlossen worden:

Hier kann man sehr schön die Helene erleben, es ist wirklich nichts Trauriges dabei.

*

In dem für Helene von Grunelius' Lebensweg und -intention so außerordentlich grundlegenden Dornacher «Brücke»-Vortrag vom 18.12.1920 hatte Rudolf Steiner gesagt:

Wir sehen […], wie tatsächlich unsere ganze Organisation, ausgehend von unserem Wärmeorganismus, durchdrungen wird von den moralischen Idealen. Und wenn wir mit dem Tod herauslösen aus unserer physischen Organisation unseren ätherischen Leib, unseren astralischen Leib, unser Ich, dann sind wir in diesen höheren Gliedern der Menschennatur durchdrungen von Eindrücken, die wir gehabt hatten. Wir waren mit unserem Ich in unserem Wärmeorganismus, indem die moralischen Ideale belebt haben unsere eigene Wärmeorganisation. Wir waren in unserem Luftorganismus, wo Lichtquellen gepflanzt worden sind, die nun nach unserem Tod in den Kosmos mit uns hinausgehen. Wir haben in unserem Flüssigkeitsorganismus den Tod angeregt, der zur Sphärenmusik wird, mit der wir hinaustönen in den Kosmos. Wir bringen Leben hinaus, indem wir durch die Pforte des Todes gehen.

Sie ahnen an dieser Stelle, was das Leben, das ausgegossen ist in der Welt, eigentlich ist. Wo liegen die Quellen des Lebens? Sie liegen in dem, was die moralischen Ideale anregt, uns sagen zu müssen, dass, wenn wir heute uns durchglüht sein lassen von moralischen Idealen, diese Leben und Ton und Licht hinaustragen und weltenschöpferisch werden. Wir tragen das Weltenschöpferische hinaus, und der Quell des Weltenschöpferischen ist das Moralische.[197]

* * *

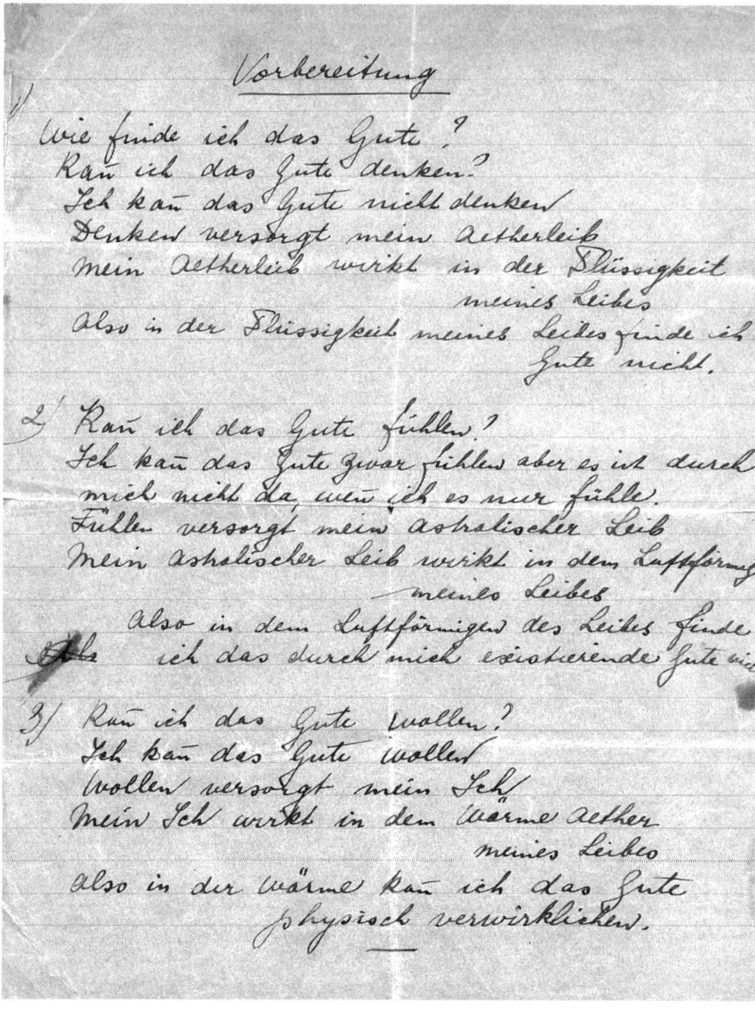

Vorbereitung

1/ Wie finde ich das Gute?
Kan ich das Gute denken?
Ich kan das Gute nicht denken
Denken versorgt mein Aetherleib
Mein Aetherleib wirkt in der Flüssigkeit
meines Leibes
Also in der Flüssigkeit meines Leibes finde ich
Gute nicht.

2/ Kan ich das Gute fühlen?
Ich kan das Gute zwar fühlen aber es ist durch
mich nicht da, wen ich es nur fühle.
Fühlen versorgt mein astralischer Leib
Mein astralischer Leib wirkt in dem Luftförmige
meines Leibes
Also in dem Luftförmigen des Leibes finde
~~Als~~ ich das durch mich existierende Gute nic

3/ Kan ich das Gute wollen?
Ich kan das Gute wollen
Wollen versorgt mein Ich
Mein Ich wirkt in dem Wärme aether
meines Leibes
Also in der Wärme kan ich das Gute
physisch verwirklichen.

Handschrift Ita Wegmans

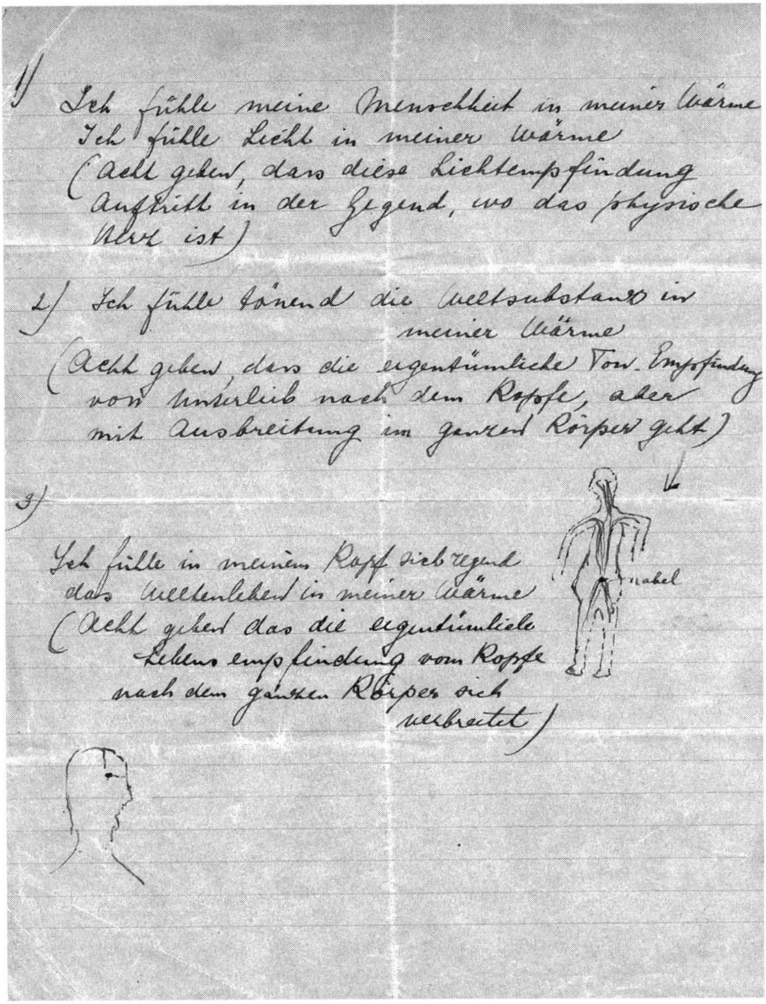
1/ Ich fühle meine Menschheit in meiner Wärme
Ich fühle Licht in meiner Wärme
(Acht geben, dass diese Lichtempfindung
auftritt in der Gegend, wo das physische
Herz ist)

2/ Ich fühle tönend die Weltsubstanz in
meiner Wärme
(Acht geben, dass die eigentümliche Ton-Empfindung
vom Unterleib nach dem Kopfe, aber
mit Ausbreitung im ganzen Körper geht)

3/ Ich fühle in meinem Kopf sich regend
das Weltenleben in meiner Wärme
(Acht geben das die eigentümliche
Lebensempfindung vom Kopfe
nach dem ganzen Körper sich
verbreitet)

Handschrift Ita Wegmans

Anmerkungen

1 Brief von Helene von Grunelius an Madeleine van Deventer. Wengen, 17.8.1924. Ita Wegman Archiv, Arlesheim.

2 Brief von Ita Wegman an Willem Zeylmans van Emmichoven. Arlesheim, 24.1.1937. Ita Wegman Archiv, Arlesheim.

3 1956 publizierte Norbert Glas nach Aufforderung von Gisbert Husemann einen ersten, bemerkenswerten Nachruf auf Helene von Grunelius, 20 Jahre nach ihrem Tod. (In: Beiträge zu einer Erweiterung der Heilkunst Nr. 11/12, S. 263ff. Wiederabdruck in Peter Selg [Hg.]: *Anthroposophische Ärzte. Lebens- und Arbeitswege im 20. Jahrhundert.* Dornach 2000, S. 227ff.)

4 Madeleine van Deventer: *Die anthroposophisch-medizinische Bewegung in den verschiedensten Etappen ihrer Entwicklung.* Arlesheim ^{2}1992, S. 19–30.

5 Vgl. Emanuel Zeylmans van Emmichoven: *Wer war Ita Wegman. Eine Dokumentation.* Band 1. Dornach ^{2}2000, S. 138ff.

6 Norbert Glas, a.a.O., S. 230.

7 Brief von Helene von Grunelius an Madeleine van Deventer. Stuttgart, 1.11.1923. Ita Wegman Archiv, Arlesheim.

8 Brief von Helene von Grunelius an Marie Wundt. Stuttgart, 3.2.1920. Ita Wegman Archiv, Arlesheim.

9 Rudolf Steiner: *Geisteswissenschaftliche Impulse zur Entwickelung der Physik, II. Zweiter naturwissenschaftlicher Kurs: Die Wärme auf der Grenze positiver und negativer Materialität.* Vorträge vom 1.–14.3.1920. GA 321.

10 Rudolf Steiner: *Eine okkulte Physiologie.* GA 128. Die erste Buchausgabe dieses Kurses erschien erst 1927.

11 Brief von Helene von Grunelius an Marie Wundt. Stuttgart, 24.2.1920. Ita Wegman Archiv, Arlesheim.

12 Brief von Helene von Grunelius an Marie Wundt. Arlesheim, 22.8.1920. Ita Wegman Archiv, Arlesheim.

13 *Aufruf an die akademische Jugend.* Wiederabdruck in: Rudolf Steiner: *Die Erkenntnis-Aufgabe der Jugend.* GA 217a. Dornach ^{2}1981, S. 197ff.

14 ebd., S. 22.

15 ebd., S. 24.

16 ebd., S. 39f.

17 Rudolf Steiner: *Nationalökonomischer Kurs. Aufgaben einer neuen Wirtschaftsweise.* Vierzehn Vorträge und sechs seminaristische Besprechungen, Dornach 24.7.–5.8.1922. GA 340/341.

18 Norbert Glas, a.a.O., S. 228.
19 Rudolf Steiner: *Die Brücke zwischen der Weltgeistigkeit und dem Physischen des Menschen.* GA 201. Vgl. in diesem Band insbesondere die drei, von Helene von Grunelius gehörten Vorträge vom 17.–19.12.1920.
20 Rudolf Steiner: *Die Erkenntnis-Aufgabe der Jugend*, S. 178.
21 Rudolf Steiner: *Geistige Wirkenskräfte im Zusammenleben von alter und junger Generation.* GA 217. Dornach [6]1990, S. 15.
22 Brief von Helene von Grunelius an Marie Wundt. Frankfurt 20.10.1922. Ita Wegman Archiv, Arlesheim.
23 Rudolf Steiner: *Physiologisch-Therapeutisches auf Grundlage der Geisteswissenschaft.* GA 314. Dornach [3]1989, S. 75.
24 ebd., S. 19f.
25 Manfred von Kries: *Protokoll eines Gespräches mit Rudolf Steiner am 29. Okt. 1922.* Ita Wegman Archiv. Diesen Bericht, den von Kries offenbar kurz nach dem Gespräch verfasste, zitierte Madeleine van Deventer umfänglich und ohne Quellenangabe in ihrer genannten Schrift. Einzelne Sätze kürzte oder strich sie, so beispielsweise auch die Passage mit von Kries' deutlicher Kritik an der «doppelten Buchführung» der älteren Ärzte, die van Deventer vielmehr als einen – später erfolgten – expliziten methodischen Ratschlag Steiners an Helene von Grunelius und die Gruppe darstellte (vgl. a.a.O., S. 22 u. Anm. 40).
26 Brief von Willem Zeylmans van Emmichoven an Madeleine van Deventer. Den Haag, 8.12.1922. Ita Wegman Archiv, Arlesheim.
27 ebd., S. 22.
28 ebd.
29 Vgl. Rudolf Steiner: *Das Verhältnis der Sternenwelt zum Menschen und des Menschen zur Sternenwelt. Die geistige Kommunion des Menschen.* GA 219, sowie: *Die Entstehung der Naturwissenschaft in der Weltgeschichte und ihre seitherige Entwickelung.* GA 326.
30 Rudolf Steiner: *Die Weihnachtstagung zur Begründung der Allgemeinen Anthroposophischen Gesellschaft 1923/1924.* GA 260. Dornach [5]1994, S. 249.
31 6.1.1923, zit. n. Christoph Lindenberg: *Rudolf Steiner. Eine Chronik. 1861–1925.* Stuttgart, S. 509.
32 René Maikowski: *Schicksalswege auf der Suche nach dem lebendigen Geist.* Freiburg 1980, S. 64.
33 Rudolf Steiner: *Lebendiges Naturerkennen, intellektueller Sündenfall und spirituelle Sündenerhebung.* GA 220. Dornach [2]1982, S. 35f.
34 Rudolf Steiner: *Anthroposophische Gemeinschaftsbildung.* GA 257. Dornach [4]1989, S. 122.
35 Zwei Briefe Helene von Grunelius' an ihre Schwester Marie Wundt, die ebenso wie Andreas Nikolaus von Grunelius regen Anteil an den krisenhaften Vorgängen innerhalb der Anthroposophischen Gesellschaft

nahm, vom April und Mai des Jahres 1923 geben etwas von der Stimmung, den Gedanken und Intentionen wieder, mit denen Grunelius von Frankfurt aus die im wesentlichen auf Stuttgart zentrierten Bemühungen begleitete. Hinsichtlich der von ihr für prinzipiell notwendig gehaltenen Bildung eines inneren, intensiv zusammenarbeitenden, ja offensichtlich spirituell tragenden Kreises innerhalb der «Freien Anthroposophischen Gesellschaft» hieß es im ersten Brief vom 18.4. aus Arlesheim unter anderem: *Ich hatte damals [im Februar] in Stuttgart über die Bildung eines solchen Kreises mit [Gottfried] Husemann gesprochen oder vielmehr meinte ich, da die Verhältnisse in Stuttgart so trostlos erschienen, müssten wir, die wir die gleiche Auffassung für die Aufgabe einer neuen Gesellschaft haben, uns enger zusammenschließen od. in engerer Fühlung bleiben, um besser arbeiten zu können u. für alle sonstigen Möglichkeiten bereit zu sein. Inzwischen habe ich jetzt hier [in Arlesheim] eine längere Unterredung mit Frl. Röschl gehabt. Ich habe einen recht guten Eindruck von ihr gewonnen. Es scheint mir, dass sie wohl ziemlich unsere Auffassung teilt und in diesem Sinne arbeiten will. Es scheint mir nur, dass sie bis vor kurzem noch nicht innerhalb des Komités [für die Freie Anthroposophische Gesellschaft] damit durchdringen konnte. Jetzt dagegen soll es anders sein. Sie scheint mir auch in ihrer Arbeit in ganz richtiger Weise vorzugehen. […] Ich glaube jetzt doch, dass man gewisse Hoffnungen auf das Komité setzen kann. Ich möchte daher doch etwas zuwarten, und glaube, dass der Augenblick noch nicht gekommen ist, jetzt mit dem Dr. zu sprechen u. einen festen Kreis zu bilden, da die Stellung eines solchen Kreises u. sein Inhalt mir bei der augenblicklichen Lage durchaus nicht klar ist.*

Drei Wochen später schrieb Helene in einem weiteren Brief aus Frankfurt an die Schwester, die den Stuttgarter Prozessen geographisch näherstand und dort verschiedene Gespräche geführt hatte:

Hoffentlich schreibst Du bald, damit wir Deinen Eindruck über Stuttgart erfahren und wie Du jetzt denkst, dass man am Positivsten u. Fruchtbarsten in Bezug auf die Gesellschaft arbeiten kann. Von Erika Linke hören wir nur kurz, die Stürme hätten sich ziemlich gelegt u. es sei zu hoffen, dass das Schiff noch glücklich landen könnte. Nun kommt Maikowski heute hierher und fährt nach 5 Uhr nach Köln weiter. Ich bin sehr gespannt, was er berichtet. […] Ich glaube doch, dass die Vorbedingungen für eine Arbeit im richtigen Sinne im Komité ganz gute sind. Was aber bei der Sache der Hauptmangel zu sein scheint, das ist wohl, dass zu wenig Leute da sind, die sich hauptamtlich in den Dienst der Gesellschaft stellen können, zum Herumreisen, Vorträge halten, um einen lebendigen Kontakt herzustellen u. aufrecht zu erhalten zwischen den einzelnen Orten bzw. Gruppen, usw. Und der Grund hierfür ist wiederum der Geldmangel. Ich werde mich jetzt als Mitglied dort anmelden, also bei der Fr. A. G.

Ich werde ja doch nur im Sinne der Jungen arbeiten können. (6.5.1923; Ita Wegman Archiv, Arlesheim.) Tatsächlich trat Helene von Grunelius zwei Monate später, am 10. Juli, der «Freien Anthroposophischen Gesellschaft» bei.

36 Rudolf Steiner: *Die Geschichte und die Bedingungen der anthroposophischen Bewegung im Verhältnis zur Anthroposophischen Gesellschaft.* GA 258. Dornach [3]1981, S. 170f.

37 Ita Wegman Archiv, Arlesheim. Der weitaus größte Teil dieses Rundschreibens wurde von Helene von Grunelius selbst verfasst und ist im Entwurf in ihrer Handschrift erhalten (siehe Faksimile S. 39).

38 Ita Wegman Archiv, Arlesheim.

39 Brief von Helene von Grunelius an Marie Wundt. Frankfurt, 25.8.1923. Ita Wegman Archiv, Arlesheim.

40 «Ich erinnere mich an eine Zusammenkunft in der Schreinerei mit Rudolf Steiner, Ita Wegman und den Assistenzärzten der Klinik. Außer meinem Bruder und mir waren wohl noch ein oder zwei Studenten anwesend. Das Thema war Rudolf Steiners Anregung, dass wir ein Heft nehmen sollten und auf der linken Seite schreiben, was der Professor sagt, oder auch eine gute Krankengeschichte, um dann auf der rechten Seite die Krankheitssymptome zu transponieren in die Sprache der Wesensglieder. Dazu gab Rudolf Steiner folgendes Beispiel: ‹Der Patient hat Ödeme der unteren Körperhälfte› transponiert in: ‹Schwäche des Ätherleibes in der unteren Körperhälfte›.» (Madeleine van Deventer, a.a.O., S. 22.) Vgl. hierzu auch Anm. 25.

41 ebd., S. 25.

42 ebd., S. 23.

43 ebd., S. 24.

44 ebd.

44a Rudolf Steiner: *Mantrische Sprüche. Seelenübungen II.* GA 268. Dornach [1]1999, S. 296f.

45 Einem späteren Brief an Ita Wegman zufolge erhielt Helene von Grunelius die Meditation von Rudolf Steiner bereits im *Frühjahr* 1923 (vgl. S. 136). Ob Grunelius sich an der entsprechenden Stelle des Briefes – der einen anderen inhaltlichen Schwerpunkt hatte – verschrieb oder ob die auf Madeleine van Deventer zurückgehende Chronologie der Ereignisse doch anders war, konnte bisher nicht geklärt werden.

46 Rudolf Steiner: *Die Brücke zwischen der Weltgeistigkeit und dem Physischen des Menschen.* GA 201. Dornach [4]1993, S. 189.

47 Brief von Helene von Grunelius an Marie Wundt. Stuttgart, 17.11.1923. Ita Wegman Archiv, Arlesheim.

48 *Es werden etwa 35–40 Menschen sein, wobei man etwa für 25 den Aufenthalt dort wird tragen müssen. Da es eine wirklich sehr wichtige Sache*

ist, für die der Dr. großes Interesse hat, wollte ich Dich fragen, ob Du auch Mittel zur Verfügung stellen könntest. Frau Wegman will auch für Geld aufkommen, aber sie tut schon soviel dort u. hat schon soviel Lasten. Sobald ich ausgerechnet habe (Maikowski wird mir da wohl Bescheid sagen können), wie viel man im ganzen brauchen wird, bzw. wie viel pro Teilnehmer, werde ich es Dir schreiben. – Sprich aber bitte nicht über den Kurs, damit die Leute sich nicht schon im voraus aufregen u. alles kaputt machen. Es handelt sich um eine Sache in einem geschlossenen Kreis. (Helene von Grunelius an Marie Wundt. 1.11.1923. Ita Wegman Archiv, Arlesheim.)

49 Vgl. Rudolf Steiner: *Die Hygiene als soziale Frage.* Vortrag vom 7.4.1920 in Dornach. Diese, von Steiner während des ersten Ärztekurses und damit im Beisein Helene von Grunelius' und Madeleine van Deventers öffentlich gegebene Darstellung findet sich heute in dem Band *Physiologisch-Therapeutisches auf Grundlage der Geisteswissenschaft.* GA 314.

50 Vgl. Rudolf Steiner: *Die soziale Grundforderung unserer Zeit – In geänderter Zeitlage.* Vorträge vom 29.11.–21.12.1918 in Dornach und 12.12. 1918 in Bern. GA 186.

51 Brief von Madeleine van Deventer an Ita Wegman. Utrecht, 10.12.1923. Ita Wegman Archiv, Arlesheim.

52 Erläuternd schrieb van Deventer später hierzu: «[Willem Zeylmans] gehörte von Anfang an […] zu unseren engeren Beratern. Als er aber [im] November 1923 Generalsekretär der Holländischen Landesgesellschaft wurde, sagte ihm Rudolf Steiner: ‹Sie müssen auf Ihren Arztberuf verzichten.› Da wussten wir nun nicht mehr, ob wir ihn einladen durften. Auch er selbst war im Zweifel. Um Klarheit zu bekommen, schrieb ich an Ita Wegman, dass wir Zeylmans wahrscheinlich einladen würden.» (Madeleine van Deventer, a.a.O., S. 25.) Über den weiteren Fortgang nach Erhalt von Wegmans «äußerst kühler Antwort» (van Deventer), die Steiners deutliches Votum enthielt, den holländischen Generalsekretär zu dem Kurs für praktizierende Ärzte (!) selbst einladen zu wollen, heißt es in van Deventers zusammenfassendem Bericht: «Es war eben nicht immer leicht, Rudolf Steiner zu verstehen. Ich war dann während mehrerer Monate in ‹Ungnade› gefallen, bis ich durch einen Bericht über die holländischen Aktivitäten anscheinend gezeigt hatte, die richtige Bedeutung von Zeylmans zu erkennen. (Ich hatte geschrieben, dass er sicher in Zukunft im Stande sein würde, die Anthroposophie selbständig zu vertreten.) In ihrer Antwort auf meinen Brief schrieb Ita Wegman, dass Rudolf Steiner meinen Bericht in seine Rocktasche gesteckt habe, so dass sie mir leider nicht auf meine Fragen antworten könne.» (ebd., S. 26f.) Van Deventers in Steiners «Rocktasche»

verschwundener Brief fand sich acht Jahrzehnte später im Rudolf Steiner-Archiv, Dornach; er datiert vom 5.3.1924 und enthält unter anderem einen Bericht van Deventers über eine wissenschaftliche Tagung in Den Haag, in dem es bezüglich Willem Zeylmans heißt: «Zeylmans sprach geradezu wunderbar. Mit ungeheurem Mut und Enthusiasmus, so lebendig und mit Überzeugung, dass Mitglieder und Nicht-Mitglieder begeistert waren, besonders bei seinem Vortrag über die Grundlagen einer anthroposophischen Medizin. Den hatte er prachtvoll aufgebaut, ausgehend von den ersten Leitsätzen, dass uns von der Natur Vernichtung droht, dass wir unser Sein aus einer anderen Welt erst erklären können. Auf diese Art entwickelte er erst die Probleme, bei denen die Anthroposophie gerade anfängt, um dann weiter im Vortrag zu sprechen über den festen, flüssigen, gasförmigen und Wärmeorganismus, über die organische Dreigliederung, über die Pflanze und deren Umkehrung im Menschen, über die Möglichkeit zu einer neuen Therapie usw., um dann den Vortrag zu beenden mit dem anderen Leitsatz über den jetzt notwendigen Mut, die Erkenntnisgrenzen zu überschreiten. – In der Fragenbeantwortung nachher war er glänzend. Auf die schwierigsten Fragen wusste er doch genau die richtige Antwort zu geben, oft mit großem Humor und das Ganze zu einem Kunstwerk ausbauend. – Man hatte bei ihm die sichere Empfindung: da steht ein Mensch, der aus sich heraus die Anthroposophie wird vertreten können. – Ein merkwürdiges Geschehnis ereignete sich noch während seines Vortrages. Eine Dame fiel in Ohnmacht, und als erstes sprang vom Podium herab der Redner zur Hilfe und trug sie heraus. Kam dann ruhig zurück und fuhr fort, wo er geblieben war. Er zeigte so schön, wie er sogar während eines Vortrages ganz als Arzt in der Wirklichkeit lebte, mehr als seine Zuhörer.»

53 Brief Ita Wegmans an Madeleine van Deventer. Arlesheim, 17.12.1923. Ita Wegman Archiv, Arlesheim.

54 Zumindest Otto Palmer und Felix Peipers waren jedoch spätestens ab dem 27.12.1923 in Dornach anwesend, wie ihre entsprechenden Wortmeldungen während der Aussprache auf der Weihnachtstagung belegen (vgl. GA 260).

55 Ihre genauen Namen und die Gesamtzahl – ebenso für den folgenden Osterkurs und den Pastoralmedizinischen Kurs vom September 1924 – recherchierte und veröffentlichte Emanuel Zeylmans im zweiten Band seiner Wegman-Dokumentation (a.a.O., S. 372ff.) aufgrund von Unterlagen aus dem Ita Wegman Archiv. Demnach nahmen am Januarkurs insgesamt 40 Menschen teil (darunter 11 Nichtmediziner), am Osterkurs noch einige mehr. Verschiedene Detailfragen hinsichtlich einzelner Teilnehmer sind jedoch bis heute nicht vollständig geklärt und wür-

den im Rahmen einer umfangreichen Bearbeitung der Kurse erneut untersucht werden müssen. Die von Emanuel Zeylmans in Faksimile publizierte Teilnehmerliste des Januarkurses (ebd. S. 373) bezieht sich beispielsweise mit großer Wahrscheinlichkeit *nicht* auf diese Veranstaltung (sondern möglicherweise auf den Osterkurs). Wie die im weiteren Text dieser biographischen Skizze ausführlich zitierten Schreiben an Ita Wegman von Ludwig Engel vom 5.2.1924 (mit Vorstellung seiner Person und «Bewerbung» für den Osterkurs; s. S. 78ff.) und Helene von Grunelius vom 10.4.1924 (bezüglich der möglichen Teilnahme von Eberhard Schickler; s. S. 86ff.) erkennen lassen, kamen Engel und Schickler – die beide auf der von Zeylmans veröffentlichten Liste stehen – offenbar zum Osterkurs erstmals hinzu und waren Wegman bis dahin persönlich völlig unbekannt gewesen.

56 Lilly Kolisko: *Über die Zusammenkunft der jüngeren Ärzte und Medizinstudenten am Goetheanum.* In: Nachrichtenblatt Nr. 18/1924 vom 11.5.1924, S. 70.

57 In einem rückblickenden Dankesbrief schrieb Alfred Heidenreich einmal an Helene von Grunelius nach einer Priesterversammlung am Goetheanum im August 1925: «Es war unsre Zusammenkunft im Priesterkreis ja diesmal anders als früher, Dr. Steiner war nicht da, und vieles in der Art der Zusammenarbeit hat sich gewandelt. Ich habe diesen Unterschied immer ganz stark empfunden, wenn ich in Ihrem Haus war. Weil gerade dieses Haus soviel miterlebt hat von den großen schönen Gründungszeiten unserer Bewegung, weil in ihm für mich eigentlich jedes Brett in der Wand etwas von schönster Erinnerung hat. Die Zeiten werden ja wohl ernster werden auch für unsere Bewegung und wenn die gewaltige Trutzburg vom Dornacher Hügel zu Ihrem Haus herunterschauen wird an Stelle der alten warmen und herzlichen Formen, wird es ein Symbol dafür sein. Es werden sich sicher auch in Zukunft noch oft Freunde in Ihrem Haus treffen, aber was und wie gesprochen wird, wird anders sein. Aber eines ist sicher: es wird wenig Häuser in Dornach geben, wo die Vergangenheit so kräftig segnend aus allen Ecken sich geltend machen wird, wie in Ihrem Haus.» (27.8.1925. Ita Wegman Archiv, Arlesheim.)

58 Im Herbst 1926 schrieb Heinrich Hardt an Helene von Grunelius in Erinnerung an diese Situation: «So z.B. mache ich seit einiger Zeit gerade wieder jene – mir besonders wertvolle – Meditation, die Dir der Dr. St. gab und die Du uns dann damals im Sonnenhof diktiertest, nachdem Du sie, nach den Umständen, längere Zeit allein hattest behalten müssen.» (Jena, 5.9.1926. Ita Wegman Archiv, Arlesheim.)

59 Rudolf Steiner: *Meditative Betrachtungen und Anleitungen zu einer Vertiefung der Heilkunst.* GA 316. Dornach [3]1987, S. 72f.

60 Rudolf Steiner: *Die Weihnachtstagung zur Begründung der Allgemeinen Anthroposophischen Gesellschaft 1923/1924,* S. 57.

61 Zeylmans' Votum vom Morgen des 1.1.1924 wurde im Rahmen der Rudolf Steiner-Gesamtausgabe nur indirekt wiedergegeben. Dort heißt es: «Dr. Zeylmans spricht vom medizinischen Standpunkt. Es gibt wohl kein Gebiet, wo man so sehr eine Erneuerung braucht, wie das der Medizin. Die bei der Gründung der kleinen Klinik im Haag anwesenden etwa fünfunddreißig Ärzte waren am Schluss sehr begeistert gewesen von den Vorträgen. Man kann schon sagen, man möchte nicht anderes haben, aber mehr haben. Die bisherigen Vorträge waren großartig, aber man möchte nicht nur eine solche Brücke haben, sondern ein völlig neues Reich im Herzen gründen, damit es möglich werde, als Arzt zum Heiler zu werden, wie das früher war. Er [Willem Zeylmans] begrüßt daher besonders die Gründung der medizinischen Sektion.» (*Die Weihnachtstagung zur Begründung der Allgemeinen Anthroposophischen Gesellschaft 1923/1924,* S. 267.) Weiterführend für das Verständnis dessen, was Zeylmans am Vortag des «Jungmedizinerkurses» sagte, ist darüber hinaus der ausführliche Bericht des Augenzeugen Ernst Lehrs, in dem dieser festhielt: «Da stand dieser jugendliche Arzt und erklärte, dass man als ein bloß durch die heutige medizinische Wissenschaft Geschulter nicht mit gutem Gewissen Arzt sein könne, weil diese Schulung es einem nicht ermögliche, zum Heiler zu werden. Wer dies so erlebe, in dem erwache mit Notwendigkeit die Sehnsucht nach einer anderen Wissenschaft, und auf dieser Suche finde er dann die Anthroposophie. Da aber dürfe man nicht meinen, erst Brücken bauen zu müssen von der bisherigen Wissenschaft zu der neuen. Denn worum es sich handle, das sei, ein völlig neues Reich im Herzen zu begründen. Deshalb beglücke es so, dass nun am Goetheanum aus solchen Impulsen die neue Wissenschaft, insbesondere auch auf medizinischem Gebiet, begründet und gepflegt werden soll.» Erläuternd und die Situation weiter aufhellend schrieb Lehrs dann noch: «Was Dr. Zeylmans da sagte, war so andersartig gegenüber dem, was bis dahin übliches Denken in der Gesellschaft war, dass nicht nur in der [...] stichwortartigen Wiedergabe seiner Worte [in der Rudolf Steiner-Gesamtausgabe] das Wesentliche gar nicht bemerkbar wird, sondern dass in Rudolf Steiners eigener Bezugnahme hierauf (jedenfalls in der ersten Auflage des Buches über die Weihnachtstagung – in der folgenden ist es dann berichtigt) – wie immer dies zustande gekommen sein mag – das Wort, worauf es gerade ankommt, fehlt. So stand schließlich das Gegenteil da von dem, was er gesagt hat! Das aber, was fehlte, ist das Wörtchen *nicht.*» (Ernst Lehrs: *Zum Hingang von Frederik Willem Zeylmans van Emmichoven.* In: Mitteilungen aus der anthroposophischen Arbeit in Deutschland. Ostern

1950, S. 50f.) Auch Eugen Kolisko erinnerte einmal an Zeylmans' Ausführungen auf der Weihnachtstagung im Nachrichtenblatt der Zeitschrift «Das Goetheanum» und schrieb dort: «Während der Weihnachtstagung sprach unser Freund Dr. Zeylmans die denkwürdigen Worte, dass die anthroposophischen Ärzte von der Weihnachtstagung an sein wollten nicht bloß solche, die die ärztliche Bildung der heutigen Zeit abgeschlossen haben, sondern vor allem werden wollten: Weisheitsschüler am Goetheanum.» (*Vom Kurs für praktizierende Ärzte am Goetheanum.* In: Nachrichtenblatt Nr. 19/1924 vom 18.5.1924, S. 75.)

61a Rudolf Steiner: *Die Weihnachtstagung zur Begründung der Allgemeinen Anthroposophischen Gesellschaft 1923/1924,* S. 277f.

62 Madeleine van Deventer, a.a.O., S. 26.

63 Vgl. Rudolf Steiner: *Die Weihnachtstagung zur Begründung der Allgemeinen Anthroposophischen Gesellschaft 1923/1924,* S. 144.

64 Emanuel Zeylmans van Emmichoven, a.a.O., Band 1, S. 146.

65 Rudolf Steiner: *Meditative Betrachtungen und Anleitungen zu einer Vertiefung der Heilkunst,* S. 87/88.

66 Viele entsprechende Ausführungen und Andeutungen finden sich diesbezüglich insbesondere in Steiners Kursen *Mysteriengestaltungen* (23.11.–23.12.1923; GA 232), *Die Weltgeschichte in anthroposophischer Beleuchtung und als Grundlage der Erkenntnis des Menschengeistes* (24.12.1923–1.1.1924; GA 233) und *Mysterienstätten des Mittelalters* (4.–13.1. und 19.–22.4.1924; GA 233a), die alle im nahen zeitlichen Umkreis der Vorträge für die «jungen Mediziner» gehalten wurden und für ein eingehendes Studium der medizinischen Kurse unbedingt berücksichtigt werden sollten (so schilderte Steiner beispielsweise Erkenntnisse und Fragerichtungen hinsichtlich der Metallprozesse in den chthonischen und eleusinischen Mysterien – vgl. GA 232, Vorträge vom 14. und 15.12.1923 –, Betrachtungsarten des Pflanzenwesens und ihrer Beziehung zum Wesen des Merkur – vgl. GA 233, Vortrag vom 28.12. 1923 –, oder aber den Umgang der Rosenkreuzer mit den Naturgeistern – vgl. GA 232, Vortrag vom 23.12.1923 – in einer Weise, die eine große Nähe zu den eigenen Darstellungen und den gegebenen meditativen Übungen in den Januar- und Ostervorträgen vor den «jungen Medizinern» vorwiesen. Die Licht-Schwere-Meditation («Schau in Deiner Seele Leuchtekraft») vom 9.1.1924 wurde in gewisser, vorbereitender Hinsicht (!) bereits in alten Mysterien «geübt» – wie Steiner drei Tage später, am 12.1.1924, berichtete (GA 233a); aber auch das Leben in den Elementen und die differenzierte Beziehung des Menschen zu den ätherischen Qualitäten, die während des Januarkurses eine große Rolle spielten, war Steiner zufolge beispielsweise Teil des – mysterienfundierten – Unterrichtes von Aristoteles an Alexander (Vortrag vom 27.12.

1923, GA 233). Darüber hinaus sollte bei einer weitergehenden Beschäftigung mit Helene von Grunelius und ihrer Initiative umfänglich berücksichtigt werden, wie intensiv Rudolf Steiner in seinen Mysteriendarstellungen auf die spirituellen (Hierarchien-bezogenen) Aspekte der Wärmequalität einging (Vortrag vom 4.1.1924, GA 233a) und wie er in seinen Ausführungen zu den hybernischen Einweihungen die Brücke der Wärme zum Seelenleben und ihre Bedeutung für die kommende Evolution der Erde beschrieb (Vortrag vom 9.12.1923; GA 232).

67 Rudolf Steiner: *Meditative Betrachtungen und Anleitungen zu einer Vertiefung der Heilkunst,* S. 24f.

68 ebd., S. 79.

69 ebd., S. 74f.

70 Dies lassen nicht zuletzt die in der Kursedition mitabgedruckten Fragen der Teilnehmer erkennen, die – ebenso wie zahlreiche andere Hörerfragen im Verlauf von Steiners Vortragszyklen – teilweise ausgesprochen deplaziert wirken, vielfach ohne innere Verbindung zu dem Gehörten standen und von den Einzelnen in ihrer persönlichen Bedürftigkeit und Interessenlage wahrscheinlich mitgebracht worden waren. Die offensichtlich nur gering ausgeprägte Möglichkeit der Hörer, Fragen aus dem Kontext und Inhalt von Steiners Ausführungen originär entwickeln zu können, ist aus geschichtlichem Abstand verblüffend und stellt ein folgenreiches Versäumnis dar, wenn man bedenkt, was Steiner auf entsprechend abgestimmte Fragen sehr wahrscheinlich erweiternd ausgeführt hätte. Wie geduldig, entgegenkommend und detailliert Rudolf Steiner andererseits auf *alles* Gefragte einging, sollte zugleich mitwahrgenommen werden.

71 Vgl. Rudolf Steiner: *Anweisungen für eine esoterische Schulung.* GA 245. Dornach [5]1979, S. 15–21.

72 Brief von Heinrich Hardt an Ita Wegman. Rostock, 19.1.1924. Ita Wegman Archiv, Arlesheim.

73 So heißt es in einer Erinnerung des Teilnehmers Ernst Lehrs an Rudolf Steiners «Heilpädagogischen Kurs» in einem anderen Kontext beispielsweise andeutend: «Als Folge meiner besonderen Stellung im Kursus war nichts zu mir gedrungen gewesen von Vorgängen, die sich gewissermaßen hinter den Kulissen abgespielt hatten in Gestalt von kritischem Verhalten seitens eines oder einiger Teilnehmer. Ich erfuhr das viel später und zugleich damit, dass dies Rudolf Steiner beinahe veranlasst hat, den Kursus nach dem vierten Vortrag abzubrechen, den er dann aber doch nach einem Tag Pause fortgesetzt hat.» (Zit. n. Hermann Girke: *Franz Löffler.* Dornach 1995, S. 321f.) Auch wenn die – bis heute – fehlenden geschichtlichen Dokumente über die nur angedeuteten Umstände innerhalb dieser zwei zentralen medizinisch-therapeutischen Kurse esoterischer Fundierung weitere Hypothesen ins Feld der

Spekulation verbannen, so sind die Andeutungen von Lehrs und die Zeugnisse bezüglich des «Jungmediziner-Kurses» doch sehr ernst zu nehmen, da sie möglicherweise Rudolf Steiners Wirkensvoraussetzungen im Jahr 1924 betreffen – damit möglicherweise auch den Kontext von Steiners weiterem Lebensschicksal sowie das Gelingen oder Scheitern der anthroposophischen Bewegung in ihrer irdischen Gestalt.

74 Rudolf Steiner: *Meditative Betrachtungen und Anleitungen zu einer Vertiefung der Heilkunst,* S. 89.

75 Madeleine van Deventer, a.a.O., S. 26.

76 Vgl. Guenther Wachsmuth: *Rudolf Steiners Erdenleben und Wirken. Von der Jahrhundertwende bis zum Tode. Die Geburt der Geisteswissenschaft. Eine Biographie.* Dornach [2]1951, S. 572.

77 Rudolf Steiner: *Meditative Betrachtungen und Anleitungen zu einer Vertiefung der Heilkunst,* S. 134.

78 ebd., S. 135.

79 ebd., S. 137.

80 Brief von Heinrich Hardt an Ita Wegman. Rostock, 19.1.1924. Ita Wegman Archiv, Arlesheim.

81 Brief von Ilse Knauer an Ita Wegman. Saalfeld, 16.1.1924. Ita Wegman Archiv, Arlesheim.

82 So schrieb im späteren Rückblick beispielsweise Kurt Magerstädt über den Ertrag des Kurses die Worte: «Als die [Weihnachts-]Tagung vorüber war, in den ersten Tagen des neuen Jahres, begann der Jungmedizinerkurs, und jetzt fanden alle Fragen und Sehnsüchte, die ich in mir getragen hatte, ihre Antwort. Bisher hatte ich mich in der Welt nicht zurechtgefunden. Gewiss, ich hatte das Physikum gut bestanden; aber war mir durch das Studium der Medizin der Mensch nicht noch mehr zum zusammengestückelten Mosaikbild geworden? Mir fehlte die Idee, das Urbild des Menschen, und weil ich dieses nicht fand, hatte mir auch die eigentliche Beziehung zu meinem Studium gefehlt. Nun erst bekam ich ein Bild vom Menschen; und so auch von der Welt. Bisher war ich ein Fremdling auf der Erde gewesen, auch wenn ich oft zu allerlei Allotria aufgelegt gewesen war. Manchmal konnte ich mich selber beim Ohrläppchen nehmen und fragen: Mensch, wie kommst du nur hierher? Bist das wirklich du? – Nun erst fühlte ich mich wahrhaft inkarniert und aufgewacht; endlich hatte ich die Ganzheit von Welt, Erde, Mensch gefunden. Ein Blinder war ich, dem die Binde von den Augen genommen wurde, der sich nun umsah und jubelte: Es ist ja doch schön auf der Welt! Geist und Natur sind eins! Mit einem Schlage wurde ich fröhlicher und gesunder.» (Kurt Magerstädt: *Einer von den Jungmedizinern.* In: M. J. Krück von Poturzyn [Hg.]: *Wir erlebten Rudolf Steiner. Erinnerungen seiner Schüler.* Stuttgart [3]1967, S. 142.)

83 Erna van Deventer, in: Adalbert Graf von Keyserlingk (Hg.): *Koberwitz 1924. Geburtsstunde einer neuen Landwirtschaft.* Stuttgart [2]1985, S. 125f.
84 So schrieb beispielsweise Dr. Siegfried Knauer an Margarethe Bockholt im Januar 1924: «In vieler Beziehung tut es mir leid, dass ich keine Einladung zum medizinischen Januarkursus erhalten habe. Entweder bin ich den ‹jungen› Medizinern (wenn sie wüssten, wie jung noch manche von denen sind, u. wie alt wiederum manche) zu alt oder es sind persönliche Antipathien von Einfluss. Letzteres müsste einen traurig machen. Ich wäre wohl auch trotz Einladung nicht gefahren, aber ich hätte mich doch gefreut.» (Undatiert; Ita Wegman Archiv, Arlesheim.)
85 Rudolf Steiner: *Meditative Betrachtungen und Anleitungen zu einer Vertiefung der Heilkunst,* S. 58.
86 Brief von Helene von Grunelius an Margarethe Bockholt. Stuttgart, 17.2.1924. Ita Wegman Archiv, Arlesheim.
87 Brief Madeleine van Deventers an Ita Wegman. Utrecht, 5.3.1924. Ita Wegman Archiv, Arlesheim.
88 Zitiert n. Rudolf Steiner, a.a.O., S. 223.
89 ebd., S. 224.
90 ebd., S. 225.
91 So antwortete Ita Wegman auf einen Brief von Lilly Kolisko, die ihr Ende März entsetzt mitgeteilt hatte, dass Dr. Otto Palmer die Mitschriften der Kursvorträge in Stuttgart verschiedenen nicht-ärztlichen Berufsgruppen realiter vorlese, mit den Worten: «Natürlich ist es ja nicht richtig, was Dr. Palmer tut, den medizinischen Kursus an Pelikan, Apotheker und andere Leute vorzulesen, deshalb auch, weil es sich auch um [einen] esoterischen Inhalt handelt. Es war auch nur gemeint, dass die Ärzte vom Institut in Stuttgart den Kursus lesen könnten, weil der Gedanke vorlag, dass es doch nicht angängig ist, dass Nicht-Mediziner – wie Fräulein Hachez und Frau [Erna] van Deventer und noch einige andere – diese Vorträge lesen können, Fräulein Hachez sogar als Angestellte des [Klinisch-Therapeutischen] Institutes, ohne dass die Ärzte dort es selber hätten. Und deshalb wurden die Vorträge an die Ärzte vom Stuttgarter Institut abgegeben. Ich werde in diesem Sinne sofort an Dr. Palmer schreiben, dass er es nicht tun sollte, die Vorträge weiter vorzulesen. […] Diese Medizinerfrage ist noch ungeheuer schwer zu lösen, aber ich glaube doch, dass sie im richtigen Sinne gelöst wird.» (3.4.1924; Ita Wegman Archiv, Arlesheim).
92 Brief von Helene von Grunelius an Margarethe Bockholt. Stuttgart, 22.3.1924. Ita Wegman Archiv, Arlesheim.
93 Brief von Ita Wegman an Lilly Kolisko. Arlesheim, 3.4.1924. Ita Wegman Archiv, Arlesheim.

94 Brief von Helene von Grunelius an Ita Wegman. Stuttgart, 10.4.1924. Ita Wegman Archiv, Arlesheim.

95 Vgl. Rudolf Steiner: *Das Miterleben des Jahreslaufes in vier kosmischen Imaginationen*. Vorträge vom 3.–13.10. in Dornach und 15.10.1923 in Stuttgart. GA 229.

96 Lilly Kolisko, a.a.O., S. 71.

97 Rudolf Steiner: *Mysterienstätten des Mittelalters. Rosenkreuzertum und modernes Einweihungsprinzip. Das Osterfest als ein Stück Mysteriengeschichte der Menschheit.* GA 233a. Dornach [5]1991, S. 134f.

98 Rudolf Steiner: *Meditative Betrachtungen und Anleitungen zu einer Vertiefung der Heilkunst,* S. 142.

99 «Nun, nicht wahr, die Meditation besteht aus folgendem: Als moderner Mensch haben Sie jedem Satz gegenüber das Gefühl, Sie müssen ihn verstehen. Das ist eine ausgesprochene Tätigkeit des Ich in der gegenwärtigen Inkarnation. Alles dasjenige, was Sie intellektuell tun, ist eine ausgesprochene Betätigung des Ich. Der Intellekt ist in der gegenwärtigen Inkarnation [vorherrschend] und alles übrige ist vom Ich zugedeckt, wirkt höchstens traumhaft hinauf und ist unbewusst. Dagegen heißt nun meditieren: ausschalten dieses intellektuelle Streben und den Meditationsinhalt zunächst so nehmen, wie er gegeben ist, rein, ich möchte sagen, zunächst dem Wortlaute nach. So dass, wenn Sie intellektuell an den Meditationsinhalt herangehen, Sie, bevor Sie den Meditationsinhalt in sich aufnehmen, Ihr Ich in Bewegung bringen, denn Sie denken nach über den Meditationsinhalt, Sie haben ihn außer sich. Wenn Sie den Meditationsinhalt, einfach wie er gegeben ist, in Ihrem Bewusstsein anwesend sein lassen, gar nicht nachdenken, sondern im Bewusstsein anwesend sein lassen, dann arbeitet in Ihnen nicht Ihr Ich aus der gegenwärtigen Inkarnation, sondern das aus der vergangenen. Sie halten stille den Intellekt; Sie versetzen sich einfach in den Wortinhalt, den Sie innerlich, nicht äußerlich hören, als Wortinhalt hören, in das versetzen Sie sich, und indem Sie sich in das versetzen, arbeitet im Meditationsinhalt Ihr innerer Mensch, der nicht derjenige ist der gegenwärtigen Inkarnation. Dadurch aber wird der Meditationsinhalt nicht zu etwas, was Sie verstehen sollen, sondern das real in Ihnen wirkt und so real in Ihnen arbeitet, dass Sie zuletzt gewahr werden, jetzt habe ich etwas erlebt, was ich früher nicht erleben konnte: Nehmen Sie einen einfachen Meditationsinhalt, den ich oftmals gegeben habe: ‹Weisheit lebt im Licht.› Nun, nicht wahr, wenn man darüber nachdenkt, kann man darüber furchtbar viel Gescheites, aber ebensoviel furchtbar Törichtes herausbekommen. Er ist da, um innerlich gehört zu werden: ‹Weisheit lebt im Licht.› Da passt in Ihnen auf, wenn Sie ihn so innerlich hören, dasjenige, was da ist, nicht aus der gegenwärtigen Inkarnation,

sondern dasjenige, was Sie sich mitgebracht haben aus früheren Erdenleben. Und das denkt und das empfindet, und es leuchtet auf nach einiger Zeit in Ihnen etwas, was Sie früher nicht gewusst haben, was Sie auch nicht aus Ihrem eigenen Intellekt heraus denken können. Sie sind innerlich viel weiter als Ihr Intellekt. Der enthält nur einen kleinen Ausschnitt dessen, was da ist.» (Rudolf Steiner, a.a.O., S. 145f.)

100 ebd., S. 142.

101 ebd., S. 157.

102 ebd.

103 ebd., S. 159.

104 ebd.

105 ebd., S. 161.

106 ebd., S. 164.

107 ebd.

108 ebd.

109 ebd.

110 ebd., S. 164f.

111 ebd., S. 165.

112 ebd., S. 166.

113 ebd., S. 168.

114 «Dann kam der Osterkurs. Mir schien, als erwarte Rudolf Steiner mehr von uns, als wir imstande waren zu bringen. Er hatte uns Anweisungen übergeben und hoffte wohl, dass alles in uns schon richtig wäre. (So fasste ich es wenigstens auf.) Aber viele von uns waren wahrscheinlich nicht so weit gekommen, als es vielleicht möglich gewesen wäre. Und so eröffnete Rudolf Steiner den Osterkurs in der Weise, dass wir an ihn die richtigen Fragen hätten stellen können. Ihm war es wahrscheinlich darum zu tun, die Probleme zur Lösung zu bringen, die aus der Arbeit mit dem Weihnachtskurs erwachsen waren. Wir fragten aber nur wenig in dieser Richtung. Da platzte unsere Freundin Helene wie mit einer Bombe herein, dass sie Dr. Steiner gegenüber erklärte, wie man sich durch seine vielen Angaben und Anweisungen beinahe bedrückt fühle. Wir ärgerten uns über sie – und doch war ihre Aufrichtigkeit bewundernswert. Sie machte sich nichts vor – aber man stelle sich so eine Zusammenkunft wirklich vor!» (Norbert Glas, a.a.O., S. 229.)

115 Brief von Heinrich Hardt an Ita Wegman. Rostock, 5.5.1924. Ita Wegman Archiv, Arlesheim. Weiter schrieb Hardt zu der damit angesprochenen Problematik an Wegman: «Auch ich habe in dieser Beziehung viele Qualen erlitten, mir schien es während meines ganzen Studiums recht zwecklos zu sein, überhaupt als Arzt im heutigen Sinne sich zu betätigen, auch schien es mir nicht zu genügen, allein bessere Heilmittel zu finden: wenn nicht zugleich Anthroposophie überall gepflanzt

wird, so bleibt körperliches Heilen ein zweckloses Beginnen. Das musste ich lange als Widerspruch empfinden und so habe ich tatsächlich bis kurz vor dem Staatsexamen eigentlich auch nicht gewusst, warum ich Medizin studiere.»

116 Einer Erinnerungsnotiz von Norbert Glas zufolge fragte Steiner offensichtlich auch einzelne aus der Gruppe außerhalb des Kurses nach ihren entsprechenden Bemühungen. In seinen *Persönlichen Erinnerungen an Rudolf Steiner* schrieb Glas unter anderem: «Zu zweit kamen wir wieder nach Dornach zu einem Kurs und baten um eine Unterredung mit Rudolf Steiner. Es waren Probleme, die uns für Wien wichtig schienen. Nach seiner außerordentlich warmen Begrüßung wollte ich sofort mit meinen Fragen herausplatzen, um nur ja keine Zeit zu vergeuden. Ehe ich aber noch den Mund auftat, fragte schon Rudolf Steiner: «Nun, wie geht es mit den Meditationen?» Das bezog sich auf seine Angaben in den Vorträgen für die jungen Mediziner. Darauf war ich nicht gefasst und zuwenig geistesgegenwärtig antwortete ich kurz, etwas verwirrt und sichtlich unangenehm berührt: «Ja, es geht gut damit», ohne zu bemerken, dass er offenbar bereit war, zu helfen und wichtige Ratschläge zu geben. Das war eine Gelegenheit, die man für immer ungenutzt ließ! «Wir kamen», sagte ich und lenkte, ohne es zu ahnen, vom Thema ab, das er hatte anschlagen wollen, «um zu fragen, was mit einem bestimmten Patienten geschehen könne.» (Arlesheim 1987, S. 10.)

117 «Helene von Grunelius, zu Unrecht von vielen Freunden oft Helenchen genannt, war eine stattliche Erscheinung: groß, schlank, mit aufrechtem Gange und zuweilen lässigen Armbewegungen. In ihrem Auftreten lag etwas Hoheitsvolles. Zu ihr gehörte ein schönes, länglich geformtes Antlitz, dessen Hautfarbe oft tief bleich erschien. Die hochgewölbte Stirn, klar und gerade blickende Augen, eine scharf geformte Nase mit etwas geblähten Flügeln, von denen schon in jungen Jahren Falten abwärts zogen und sich im Gespräche mehr ausprägten, verliehen dem Gesichte eine große Anziehungskraft. Charakteristisch für sie waren die gesenkten Mundwinkel, das langgeformte Kinn und die etwas zu volle Unterlippe, die immer wieder die Neigung hatte, ein wenig nach unten zu hängen. Ihre Stimme war voll und tief. Es fiel ihr schwer, längere Reden zu halten oder sich so klar auszudrücken, dass jeder sie sofort hätte verstehen können. Aus der Art zu sprechen hörte man oft den Melancholiker aus ihr heraus: ‹Na, so meine ich es eben, und wenn du mich nicht verstehen kannst, ist es schließlich deine Schuld!› Sie sagte es natürlich nicht, muss es aber häufig gedacht haben.» (Norbert Glas: *Erinnerung an Helene von Grunelius*, S. 227.)

118 «Mit [dem dritten] Vortrag sollte der Kurs geschlossen werden. Die gesamte Teilnehmerschaft rief aber Dr. Steiner entgegen: ‹Wir reisen noch nicht ab. Wir bleiben noch länger da, wir bleiben noch lange da!› Worauf mit gütigem Lächeln Dr. Steiner den Abschied noch hinausschob und weitere Besprechungen in Aussicht stellte.» (Lilly Kolisko, a.a.O., S. 72.)

119 So sagte Steiner nach der Schilderung der physiologischen und therapeutischen Wirksamkeit einzelner Metallsubstanzen in ihrer planetarisch bestimmten Kräftekonfiguration unter anderem: «Diese Konkordanzen [der Metalle mit den Planeten] werden [heute] in einer unglaublich oberflächlichen Weise behandelt, während sie auf den minuziösesten Untersuchungen, die in den alten Mysterien gepflogen worden sind, beruhen. Tatsächlich sind die Dinge damals viel besser und konkreter ausgeprobt worden.» (ebd., S. 182.)

120 ebd., S. 204.

121 ebd., S. 205. Hervorhebung v. V.

122 So sagte Julia Bort noch am Ende der Kursstunde vom 23. April: «Wir hatten in der Besprechung, die wir gestern hatten, uns nicht nur die Frage gestellt: wie kommt es, dass uns unsere Führung gerade zu Weihnachten nach Dornach geführt hat, sondern wir sagten uns, wir wissen mit unserem bewussten Menschen gar nicht, warum wir hierher gekommen sind und dass uns die Möglichkeit gegeben war, so Großes in uns aufzunehmen, was wir mit dem, was wir sind, gar nicht begreifen können und verdient haben. Gerade aus dieser Tatsache heraus war in vielen von uns das lebendig geworden, dass da eine bestimmte Aufgabe vor uns liegt, und dass es sich eben für uns darum handelt, bereit zu sein, dieses Karma und diese Aufgabe in Angriff zu nehmen, so wie es gerade auch in dem Thema, das uns in dem Rundbrief angegeben war, an uns gestellt war.» (ebd., S. 189.) Steiner antwortete darauf seinerseits kurz und vielsagend: «Nun, Sie werden ja, wenn Sie insbesondere die, wie ich glaube, ernste Auseinandersetzung, die wir eben gepflogen haben, auf Ihre Seele wirken lassen, aus diesem allzu kurzen Zusammensein schon etwas mitnehmen können.» (ebd.)

123 Vgl. die diesbezüglichen Andeutungen bei Madeleine van Deventer (a.a.O., S. 28), insbesondere aber den Situationsbericht des befähigten Beobachters Norbert Glas, in dem – trotz des absolut unzulänglichen Resümees des letzten Satzes – manches von der untergründig hohen Situationsspannung zum Vorschein kam: «Während des zweiten Kurses für die jüngeren Mediziner bewilligte uns Rudolf Steiner eine Zusammenkunft mit ihm und Frau Wegman. Wir sollten die Möglichkeit haben, unsere wichtigen Fragen vorzubringen. Als Ort des Treffens wurde das sogenannte «Glashaus» unterhalb des Goetheanum

bestimmt. Diese Versammlung nahm man als ein besonderes Geschenk hin, und eine Teilnehmerin des Kurses überzeugte uns, wir müssten doch Rudolf Steiner ein Zeichen unserer Dankbarkeit geben. Am geeignetsten schienen Blumen, frische duftende Rosen, zu sein. Die begeisterte Dame wollte gerne alles besorgen und man bestimmte sie auch dazu, das Geschenk zu überreichen. Wir waren alle im «Glashaus» versammelt und zur genau verabredeten Stunde erschien Rudolf Steiner zusammen mit Frau Ita Wegman. Er hatte kaum seinen Mantel abgelegt, als unsere Freundin schon mit ihrem großen Rosenstrauch vortrat und ein paar Worte sagte. Als sie dann den Blumenstrauch hinhielt, um denselben Rudolf Steiner zu überreichen, da packte er ihn mit der Hand – man kann es gar nicht anders ausdrücken – und drückte ihn mit einer wegwerfenden Gebärde der ahnungslos dasitzenden Frau Wegman in die Arme. Er sprach keine Worte des Dankes, er, der sonst der höflichste Mensch war, den man sich nur denken kann, und begann eine Einleitung. Und wir? Wir begriffen, dass er keine Blumen wie eine Primadonna empfangen wollte.» (Norbert Glas: *Erinnerungen an Rudolf Steiner,* S. 7f.)

124 «Diesmal hatte es in Dornach, mitten in aller Beglückung, kurze Augenblicke voll unerwarteter Bangigkeit gegeben. In der Liebe zu dem gefundenen Lehrer begann ich auf neue Art auf alles genau zu achten, und so merkte ich, dass seine Körperkräfte nachließen. Wenn er zum ‹Glashaus› heraufkam, waren es nicht mehr die gleichen, beflügelten Schritte, das Haupt saß nicht mehr auf einem schwebenden Körper. Doch waren es nur Augenblicke, von gegenteiligen Eindrücken schnell wieder verdrängt, und ich konnte hoffen, dass ich mich täuschte.» (Kurt Magerstädt, a.a.O., S. 143.)

125 Rudolf Steiner, a.a.O., S. 221.

126 Nachrichtenblatt Nr. 17. 4.5.1924, S. 66.

127 Brief von Heinrich Hardt an Ita Wegman. Rostock, 5.5.1924. Ita Wegman Archiv, Arlesheim.

128 Brief von Franz Tabuschat an Ita Wegman. Arlesheim, 24.4.1924. Ita Wegman Archiv, Arlesheim. (Tabuschat schrieb diesen Brief auf dem Briefpapier des Klinisch-Therapeutischen Institutes, nachdem er Wegman in Arlesheim offensichtlich aufgesucht, aber nicht angetroffen hatte – und bat in ihm auch um eine baldige medizinisch-therapeutische Hilfestellung für seine sich progredient verschlechternde physische Situation. – «Nicht aus gerade sehr egoistischen Motiven heraus, sondern mehr um bei meiner Arbeit nicht so sehr durch mein körperliches Befinden gestört zu sein, habe ich Herrn Doktor Steiner bitten wollen, mir einen Rat zu geben, wie ich vielleicht durch eine Meditation oder durch Medizin oder ev. durch beides zur Besserung meines

körperlichen Befindens beitragen kann. Nun bin ich heute zu Ihnen gekommen, um Ihre Vermittlung dazu zu erbitten, weil ich glaube, dass es so besser ist.»)

129 Vgl. Christoph Lindenberg: *Rudolf Steiner. Eine Chronik. 1861–1925.* Stuttgart 1988, S. 574.

130 Sofern die Therapiebesprechung mit den Ärzten zur Weihnachts- bzw. Neujahrszeit ebenfalls im Glashaus stattfand – wofür vieles spricht –, ist davon auszugehen, dass zu diesem Zeitpunkt die gleiche Reihenfolge gehandhabt worden war (vgl. den auf S. 68 zitierten Bericht Madeleine van Deventers über Steiners Verlassen des Glashauses nach Abhalten des Vortrages für die Gruppe). Sie liegt auch inhaltlich nahe – erst die Besprechung mit den Ärzten, dann der Fortbildungskurs für die (im weitesten Sinne) studentische Gruppe. Für den Beginn des österlichen Kurses für die «jungen Mediziner» gibt jedenfalls ein – möglicherweise von Margarethe Bockholt stammender und im Ita Wegman Archiv vorhandener – Bericht eindeutig an, dass er am Ostermontag *11 Uhr* stattfand.

131 Vgl. dagegen Eugen Koliskos begeisterten Bericht über das Treffen der praktizierenden Ärzte mit Rudolf Steiner, den der Stuttgarter Arzt am 18.5.1924 im Nachrichtenblatt der Wochenschrift «Das Goetheanum» veröffentlichte (Nr. 19/1924, S. 74–75). Über die abschließende Kursstunde, in der Rudolf Steiner und Ita Wegman erstmals aus dem Manuskript ihres medizinischen Buches kasuistische Darstellungen vorlasen und erläuterten, hieß es bei Kolisko unter anderem: «So konkret anschaulich in die einzelnen spirituellen Ursachen des Krankheitsfalles hinein war noch nie gesprochen worden. Man durchschaute das krankhafte Verhältnis der geistigen Wesensglieder und aus diesem wurde alles bis ins kleinste Symptom hinein verständlich. Zugleich begriff ich, was medizinische «Phänomenologie» ist. Wer die übersinnlichen Glieder mitberücksichtigt, der sieht den *Werdegang* der Krankheit durch das *ganze* Leben des Menschen hindurch. Er gewinnt jenen Blick, von dem uns Herr Dr. Steiner oft gesprochen hat, wodurch wir erkennen, wenn jemand etwa im 60. Jahr vor uns steht, wie er vielleicht im 10. Jahr etwas durchgemacht hat, was seine jetzige Krankheit verursacht. Heilen heißt den ganzen Verlauf, den man so durchschaut, wieder Stufe für Stufe zurückzumachen. Die wahre Diagnose ist zugleich die Erkenntnis der wahren Heilung. ‹Kann ich wählen zwischen Heilmitteln›, so sagte Dr. Steiner, ‹so ist die Diagnose unvollständig.› Wenn wir einmal solche Krankheits*geschichten* im wahren Sinne des Wortes haben, wie sie uns aus der medizinischen Sektion kommen, dann wird es uns eine gewaltige Hilfe sein; denn wir können sie als wirksames Vorbild in unser ganzes Gemüt aufnehmen, als wahre

Heil-Kunde.» (ebd., S. 75.) Kolisko, der allerdings *beide* Kurse mitgemacht hatte, beendete sein Referat mit den Worten: «Wir sind der Leitung der medizinischen Sektion von ganzem Herzen dankbar, dass wir am Goetheanum lernen können, was uns der alte Zeitgeist nicht geben kann, sondern nur der Geist, der am Goetheanum gepflegt wird und der alle Heilkunst zu einer wahrhaft christlichen macht.» (ebd., S. 75.)

132 Brief von Josef Kalkhoff an Ita Wegman. Freiburg, 23.4.1924. (Am Morgen dieses Tages hatte die letzte der drei Besprechungen Steiners mit den praktizierenden Ärzten stattgefunden; der Kurs für die Grunelius-Gruppe dauerte dagegen zwei Tage länger. Kalkhoff schrieb offensichtlich direkt nach seiner Rückkehr nach Freiburg an Wegman.) Ita Wegman Archiv, Arlesheim.

133 Vgl. Anm. 91.

134 Brief von Maria Hachez an Helene von Grunelius. Bremen, 22. Juli 1924. Ita Wegman Archiv, Arlesheim.

135 Brief von Helene von Grunelius an Madeleine van Deventer. Stuttgart, 18.6.1924. Ita Wegman Archiv, Arlesheim.

136 In Madeleine van Deventers Schreiben vom 1. August 1924 an Helene von Grunelius hieß es nach Schilderung des Misserfolges im medizinischen Examen (van Deventer fiel durch) bezüglich der in Arnheim von ihr gehörten Vorträge: «Der Kurs in Arnheim hat mich [mir] wieder ganz auf die Beine geholfen. Du wirst wohl vieles erfahren haben von Augenzeugen. – Noch nie hörte ich den Dr. so leicht und auch leicht verständlich sprechen wie in diesen pädagog. Vorträgen. Jedes Mal war es eine Überraschung, was jetzt kommen würde. Mit Spannung hörte man von Anfang bis Ende. Die Medizin. Vorträge abends waren dagegen schwer. Man würde fast sagen: sie waren so, dass man einen Augenblick eine Ahnung kriegen konnte, aber gleich alles wieder vergessen musste, sodass man keinen Quatsch in die Außenwelt bringen konnte. Die Mitgliedervorträge waren gewaltig. Du hast vielleicht in Dornach dasselbe gehört: Das Karma der Anthrop. Gesellschaft. Jetzt weiß man wenigstens, wozu man da ist auf der Welt. Nach diesen gewaltigen Schicksalsvorträgen wirkten besänftigend, möchte ich fast sagen, die Klassenstunden. Da war man wieder ganz auf sein Inneres verwiesen. Die Klassenmedit. Ostern hingen für mich ziemlich in der Luft. Jetzt gab [der] Dr. in zwei Stunden den ganzen Anfang bis da gerade, wo er Ostern war. [...] Schade, dass Du doch nicht gekommen bist.» (Ita Wegman Archiv, Arlesheim).

137 Nachrichtenblatt Nr. 31/1924 vom 10.8.1924, S. 124, überschrieben mit: «Ankündigung der medizinischen Sektion am Goetheanum (Leitung Dr. I. Wegman)».

138 Dieses Schreiben Wegmans, auf das Ilse Knauer in dem nächstzitierten Brief vom 16.8. hinwies, konnte bisher nicht aufgefunden werden. Möglich erscheint, dass Wegman darin auch eine eigenständige Veranstaltung für die «jungen Mediziner» im Rahmen der Septembertagung in Aussicht stellte.

139 Brief von Ilse Knauer an Margarethe Bockholt. Saalfeld, 16.8.1924. Ita Wegman Archiv, Arlesheim.

140 Brief von Kläre Meumann an Margarethe Bockholt. Berlin, undatiert (ca. Mitte August). Ita Wegman Archiv, Arlesheim.

141 Ein solcher «Wander»- oder Rundbrief unter den Studenten war zwar geschrieben worden, blieb jedoch immer wieder an unterschiedlichen Stellen der langen Kette stecken. Ihn hinterher recherchierend, schrieb Trude Förstner aus Freiburg einmal an Margarethe Bockholt: «Sehr dankbar wäre ich, wenn ich erfahren könnte, wo der Rundbrief eigentlich hängen geblieben ist. Vermutlich in Dornach. Denn Altemüller hat ihn weitergeschickt und Grete Crome [hat ihn] noch nicht bekommen. Zwischen beiden liegen nur die Dornacher und Hottinger. Ich bin schon recht betrübt, dass das nicht besser geht. Man hat das Gefühl, man müsste selber mitreisen, wenn es dem Brief gelingen soll, weiterzukommen. Wenn Sie irgend etwas zur Weiterbeförderung tun können, wäre ich sehr froh und erleichtert. Ich schreibe heute noch an Hottinger, ob er ihn bekommen hat.» (Undatiert, ca. Mitte August 1924.) Im selben Schreiben fügte Förstner übrigens noch hinzu: «Ich freu mich sehr auf September, hab vor zwei Tagen wieder allen geschrieben, dass sie sich bei der Sektion anmelden. Daran denken sie sicher wieder nicht.»

142 Brief von Ludwig Engel an Margarethe Bockholt. Breslau, 15.8.1924. Ita Wegman Archiv, Arlesheim.

143 Brief von Helene von Grunelius an Madeleine van Deventer. Wengen, 17.8.1924. Ita Wegman Archiv, Arlesheim.

144 Brief von Helene von Grunelius an Margarethe Bockholt. Wengen, 21.8.1924. Ita Wegman Archiv, Arlesheim.

145 Die entsprechenden Passagen dieses Schreibens lauteten: «Vieles an ihm [Deinem Brief] scheint mir persönliche Befürchtung von Dir, z. B. das mit dem Übergehen von Menschen unseres Kreises zur Rel. Bewegung. Dieses werden wir nie verhindern können, auch wenn wir eine wirkliche Gemeinschaft hätten. Denn unsere Gemeinschaft muss (nach meinem Empfinden) aus sich frei zusammenfindenden Menschen bestehen. Zieht es einen von diesen mehr zur Rel. Gemeinschaft, die durch den gemeinsamen Kultus und durch das gemeinsame Christus-Erleben, das durch ihren Beruf schon in der Mitte steht, so können wir das nicht hindern, auch nicht verhindern durch ein intensi-

veres Gemeinschaftsleben, die Seele wählt doch den ihr notwendigen Weg. Und dann – wer unsere medizin. Aufgabe wirklich in ihrem Grundnerv erfasst, den wird sein Beruf auch ein Christdurchdrungener u. dann ist gar keine Gefahr, dass er von uns fortginge. Ich empfinde unsere Aufgabe gar nicht als diametral der des Priesters gegenüber stehend, sondern als 2 im Menschsein mögliche u. notwendige Lebensfactoren, beide führen zum Zentrum des Welt-Christus. – Das sind so einige Gedanken aus Henk's u. meiner Zusammenarbeit, vielleicht sagen sie Dir etwas. – Wohl berechtigt fühle ich Deine Sorge, ob wir auch vorbereitet nach Dornach kommen, so wie [der] Dr. es nach dem, was er an Weihnacht u. Ostern gab, erwarten kann. Insofern wird diese Zusammenkunft wahrhaftig schicksaltragend werden, nur können wir daran jetzt nichts mehr ändern. Auch nicht indem wir uns die Mängel u. die Aufgabe selbst klar zum Bewusstsein bringen. Dr. St. erwartete an Weihnachten einen Impuls von uns, der wohl auch teilweise vorhanden war; jetzt muss er Taten von uns erwarten, d. h. wie er z. B. von unserer Meditation sprach (‹Wie finde ich das Gute?›): das erste sei Vorbereitung, das Weitere müssten Taten der Seele werden. Soweit wir z. B. nun seit 1½ Jahren mit dieser Meditation gelebt haben, wird sie uns wohl auch geholfen haben, innerlich wirklich ein Stücklein weiter auf dem Weg «zum Guten» gekommen zu sein; ebenso mit den Medit. von Weihnachten u. Ostern. Dies das Esoterische. Daneben ebenso das Exoterische: Haben wir versucht, im Frühling u. Sommer die Pflanzen wirklich zu studieren, die Luftverhältnisse empfinden zu lernen etc. …, dann können das Grundlagen sein, auf denen Herr Dr. uns weiterführen kann; haben wir die nicht, dann schneiden wir ihm ja die Möglichkeit ab, uns weiterzuhelfen. Aber diese Dinge kann man in diesen 2 Wochen mit der besten Zusammenarbeit nicht nachholen. Was ist unsere Gemeinschaft? Mir scheint, eine Gruppe sich karmisch zusammenfindender Menschen, die einer durchchristeten Heilkunde den Weg bahnen wollen. Was ist das Gemeinsame? Das, was ‹über› uns schwebt, das Wirken der ‹heilenden Geister›. Sucht jeder von uns zu diesen durch Eigenarbeit (die ihm keine Gruppenarbeit schenken kann) den Weg, dann finden wir uns beim Zusammenkommen als gleichstrebende Menschen, vereint durch christdurchkraftetes Streben, was uns allmählich immer mehr geschenkt wird. Dann können Tage des Zusammenseins sehr fruchtbar uns weiterbringen in Arbeit u. Interesse u. Liebe zu einander. Denn dann sehe ich in jedem Mitarbeiter den, der das gleiche Ziel liebt, wie ich, dann fallen auch die Nebel, die zwischen uns weben. Unser Zusammensein kann fruchtbar sein, im Weiterbauen auf dem, was der Einzelne mitbringt. ‹Tatwillen›? Die meisten von uns sind noch gar nicht so weit, dass sie für unsere Arbeit anders eintreten können, als durch arbeiten an sich selbst, der Tatwillen kommt dann gewiss von selbst, wenn wir uns selbst in dieser Gesinnung erziehen.» (Erna van Deventer an Helene von Grunelius. Utrecht, 24.8.1924. Ita Wegman Archiv, Arlesheim.)

146 So schrieb beispielsweise die in Berlin praktizierende Ärztin Ilse Rennenfeld, die den Weihnachts- und Osterkurs mitgemacht hatte, am 12. September nach Dornach: «Mit ein paar Worten möchte ich Euch doch selbst sagen, dass ich mit ganzem Herzen und voller Seele das große heilige Erleben, das Ihr jetzt in Dornach erfahrt, mitzuerleben suche. Wenn ich auch diesmal nicht anwesend sein kann, so fühle ich mich doch ganz als zu Euch und unserem Kreise gehörig. Michaelsschüler sein und ganz für Dornach bereit sein, das will auch ich! Dieses hohe Ziel ehrfürchtig und demütig zugleich zu erstreben suchen, das sei unser Leben. Und willig will ich die Aufgaben, die man uns stellt, auf mich nehmen.» (Ita Wegman Archiv, Arlesheim.)

147 Christian Büttner, der Dornach vorzeitig verlassen hatte, sandte – kaum zu Hause in Erlangen angekommen – unter anderem die folgenden Sätze über die Bedingungen der Gemeinschaftsbildung an die zurückgelassenen Freunde: «Ich halte es nicht für möglich, dass der Kreis in der zu fordernden Form entsteht, ohne eine längere räumliche Vereinigung derer, die den Kreis für so wichtig halten, dass sie ihm dieses Opfer, den Ort der günstigsten Bedingungen zum eigenen Schaffen, aufzugeben, um an einen gemeinsamen Sammelpunkt zu gehen, [d.h.] die eigenen Pläne, die völlige persönliche Unabhängigkeit verlangen, aufzugeben, damit ein Kreis gebildet werden kann mit dem Gefühl, dass nur die ganz bereite, opferbereite Gemeinschaft dem einzelnen die Kraft geben kann, Träger großer Esoterik – was uns angeht, der medizinischen Esoterik –, zu werden. Abgesehen von den jüngsten Semestern ist zum mindesten den Klinikern der Weg über das Staatsexamen gewiesen. Die finanziellen Schwierigkeiten machen es heute unmöglich, alle, die vor dem Examen stehen, an einer Universität vereinigen zu wollen. Aber wie steht es für die, die frei sind und die sich einsetzen wollen ganz und gar, für den Kreis? Sehen die nicht ein, dass es unerlässlich ist, an einen Ort, für länger (Deutschland? Dornach?) zusammenzukommen? Jeder von uns weiß es, die Umwelt mit den ganz gemäßen Verpflichtungen, mit denen sie an den einzelnen herantritt, erstickt sie ihm. Allgemeine Anthroposophie, selbst sie, kann ja eigentlich nur in Gemeinschaft vorwärts gebracht werden. […] Für die […], die frei sind, sehe ich die unbedingte Notwendigkeit, den Kreis an einem Ort durch eine wirkliche Gemeinschaft zu begründen. Es sind sehr viele unter uns frei, seht Ihr nicht die Notwendigkeit!? Meint Ihr nicht, dass so eine wirkliche Stätte für esoterische Medizin begründet

werden kann u. soll? Mit den wenigen jährlichen Zusammenkünften ist dafür nicht viel geschafft. Durch Rundbriefe von uns, durch die Arbeit des einzelnen an seinem Ort, niemals etwas Rechtes. Wer von uns kann, heute, von sich mit der Verantwortung, die er dabei übernimmt, fest glauben, dass er als Einzelner Träger der medizinischen Esoterik werden kann? Eine Gemeinschaft, von der ich spreche, kann dieser notwendige Träger am ehesten sein. Es brennt mich tief, dass ich Euch mit diesen hilflosen Worten allein lassen muss. Mehr als der verlorene Kurs schmerzt mich, nicht mit jedem von Euch sprechen zu können.» (Undatiert, ca. Anfang September 1924. Ita Wegman Archiv, Arlesheim.)

148 Vgl. Eugen Kolisko: *Vom Kursus über Pastoral-Medizin am Goetheanum.* In: Nachrichtenblatt Nr. 41/1924 vom 19.10.1924, S. 162–163.

149 Willem Zeylmans van Emmichoven: *Rudolf Steiner in Holland.* In: M. J. Krück von Poturzyn (Hg.), a.a.O., S. 270. Auch Kurt Magerstädt schrieb über die besonderen Erlebnisse der großen Septemberkurse in Dornach in kurzer, bedeutender Zusammenfassung: «Und als wir im September wieder nach Dornach kamen, in jenem Monat, in dem er [Rudolf Steiner] über siebzig Vorträge hielt, und ich außer dem pastoralmedizinischen auch den Schauspieler-Kurs mitmachen konnte, blieb keine Möglichkeit zur besonderen Beobachtung [Rudolf Steiners]. Die Frage schien vielmehr die: wie können *wir* all das ertragen, was da geboten wird? In unfasslicher Fülle strömte der Geist. Jedes Gebiet, das Rudolf Steiner berührte, wurde taufrisch. Jeder Gesichtspunkt war vollkommen neu, es gab keine Wiederholung, nicht in der Formulierung, nicht im Gedankengang. Ein übersprudelnder Quell begnadete uns. Wir tranken und ahnten nicht, dass wir unseren Lehrer zum letzten Mal in unserem Erdenleib sahen.» (a.a.O., S. 146.)

150 Rudolf Steiner: *Das Zusammenwirken von Ärzten und Seelsorgern.* Dornach [4]1994, S. 165f.

151 Ita Wegman, Notizbuch (1936), zit. n. Emanuel Zeylmans van Emmichoven, a.a.O., Band 2, S. 217.

152 Brief von Ita Wegman an Margarethe Bockholt. London, 25. August 1924. Ita Wegman Archiv, Arlesheim.

153 Nach mündlicher Überlieferung lag bei den einzelnen Ärzten eine Erkenntnis oder Anerkenntnis des schicksalhaften Hintergrundes der Zusammenarbeit von Rudolf Steiner mit Ita Wegman vor – primär demnach nicht eine Willenstat, sondern eine Erkenntnisbewegung. Eugen Kolisko war in dieser Hinsicht möglicherweise am weitesten und eigenständigsten fortgeschritten (vgl. Emanuel Zeylmans van Emmichoven, a.a.O., Band 2, S. 155, und Peter Selg: *Anfänge anthroposophischer Heilkunst.* Dornach 2000, S. 160ff.) – er selbst schrieb in

seinem publizierten Bericht über die Tage des «Pastoralmedizinischen Kurses» auch in direkter Andeutung: «Ärztegemeinschaft in der anthroposophischen Bewegung wird Gemeinschaft mit dem von Dr. Wegman und Dr. Steiner begründeten medizinischen Mysterien-Wissen und -Wirken sein. Diese Erkenntnis, wie die Mitglieder der medizinischen Sektion nur durch einen solchen realen Zusammenschluss mit dem Goetheanum zur Realität ihres Wirkens kommen können, hat sich in Vielen während jener so ereignisreichen Zeit des Kurses über Pastoralmedizin herausgestaltet.» (Kolisko, a.a.O., S. 163.)

154 Rudolf Steiner: *Mantrische Sprüche. Seelenübungen II.* GA 268. Dornach ^{1}1999, S. 309.

155 *Die Hauptsache ist jetzt, dass von verschiedensten Seiten jetzt der gleiche Ruf kommt, das gleiche Aufwachen für das Ganze* (s. o.). In Steiners Vorentwurf für das Angelobungs-Mantram ist in direkter Weise von dem «Mysterienruf» die Rede, den die «geistgetragenen Menschenseelen» hören sollten. (Vgl. Rudolf Steiner: *Mantrische Sprüche. Seelenübungen II,* S. 308.)

156 Emil Bock: *Religiöse Erneuerung.* In: M. J. Krück von Poturzyn (Hg.), a.a.O., S. 50.

157 Friedrich Hiebel: *Entscheidungszeit mit Rudolf Steiner.* Dornach 1986, S. 339f.

158 Brief von Helene von Grunelius an Margarethe Bockholt. Capri, 25.3.1925. Ita Wegman Archiv, Arlesheim.

159 Brief von Madeleine van Deventer an Margarethe Bockholt. Utrecht, 25.3.1925. Ita Wegman Archiv, Arlesheim.

160 Mitteilungen aus der anthroposophischen Arbeit in Deutschland, Ostern 1950.

161 Über zwei Jahre später machte Ita Wegman einmal einen – vergeblichen – Versuch, die ehemalige Gruppe dezidiert in ihrer Gesamtheit im Rahmen eines Ärztetreffens einzuladen und bat sogar darum, dass die Einzelnen etwas früher kommen und sich besprechen sollten. Als sie realisieren musste, dass dies nicht gelang, schrieb sie zur nachträglichen Begründung ihres Vorhabens die erläuternden Worte an Kurt Magerstädt: «Wenn ich auch die jungen Mediziner gern einmal zusammen gehabt hätte, so ist dies nicht deshalb, um eine Trennung zwischen jung und alt stattfinden zu lassen, das ist nicht irgendwie meine Absicht, sondern um dem Kreis, der einmal zusammen war, wieder einmal die Möglichkeit zu geben, sich zu äußern.» (14.12.1927. Zit. n. Peter Selg: *«Ich bin für Fortschreiten». Ita Wegman und die Medizinische Sektion.* Dornach 2002, S. 128.) Im übrigen sah Ita Wegman ganz genau, dass die Initiative, ja der geistige Impuls der «jungen Mediziner» von 1922 bis 1924 spirituell bedeutend gewesen war, auch wenn es dieser

Gruppe nicht gelungen war, eine – wie Wegman in einem späteren und anderen Zusammenhang einmal sagte – «Gemeinschaft zu bilden und durch diese Gemeinschaft einen großen Vorstoß für das Medizinische zu machen» (an Heinrich Hardt, 12.5.1933. Zit. n. Peter Selg, a.a.O., S. 137). Wegman hielt ihrerseits wachsam danach Ausschau, ob in künftigen Generationen von «jungen Medizinern» entsprechende Prozesse in Gang kommen würden.

162 Vgl. Ita Wegmans eigene Darstellung über die geistigen Umstände des Nichtgelingens des «esoterischen Kernes» in Zeylmans, a.a.O., Band 2, S. 217. In Wegmans Klinikkorrespondenz fanden sich einige Briefe vom Anfang des Jahres 1925, die allerdings zeigen, wie intensiv der Wunsch nach Zusammenarbeit zumindest unter einigen der sieben Ärzte war, wie sehr sie Wegman in dieser schweren Zeit der Behandlung und Pflege beistehen wollten («Wir – die wir in dem Kreis von Medizinern stehen – sind immer bei Ihnen, auch die, die räumlich weiter weg sind, und streben nach dem Einen, das in allen unseren Herzen als tiefster Wunsch lebendig ist. Wenn Sie etwas wünschen, sprechen Sie's aus, falls es angeht. Sollten Sie den einen oder anderen oder alle bei sich in Dornach haben wollen – wir kommen, wann immer.» Norbert Glas, 8.1.1925 an Ita Wegman) – und auch, dass offensichtlich daran gedacht war, dass zumindest einzelne Mitglieder des «esoterischen Kernes» sich regelmäßig treffen und baldige schriftliche Ausarbeitungen zur anthroposophischen Medizin formulieren sollten, die Rudolf Steiner vorzulegen waren. So schrieb Hilma Walter noch sieben Tage vor Rudolf Steiners Tod an Eugen Kolisko nach Stuttgart: «Frau Dr. Wegman bittet mich, bei Ihnen anzufragen, ob es nicht möglich wäre, dass Sie regelmäßig alle vierzehn Tage zusammen mit Schickler zu uns nach Arlesheim kommen, um die von der Medizinischen Sektion aus bestimmten regelmäßigen Arbeiten vorzunehmen. Frau Doktor meint es so, dass es gut wäre, das, was Sie diesen Winter medizinisch durchgearbeitet haben, nochmals systematisch zu bearbeiten und auch niederzuschreiben und das sollte bei diesen Zusammenkünften geschehen. Dadurch würde diese Arbeit erstens einmal uns allen zu nutze kommen und dann bestünde die Möglichkeit, dass Frau Dr. Wegman die ausgearbeiteten Sachen Herrn Doktor vorlegen würde. Es wäre so die Möglichkeit geschaffen, von der Medizinischen Sektion aus eine Anzahl wissenschaftlicher Arbeiten auszugeben und würde die Medizinische Sektion dadurch eine rasche Stoßkraft erhalten. Und dieses positive Arbeiten ist notwendig, um den Angriffen von draußen standhalten zu können. [...] Nur das wirklich positive Arbeiten wird uns gegen Angriffe schützen können. Für Ihre Reisekosten zu diesen vierzehntägigen Zusammenkünften wird von der Medizini-

schen Sektion gesorgt. Und auch der Druck für die zu erwartenden Arbeiten würde von der Sektion getragen. Und wie gesagt, wenn der Doktor größere Arbeiten momentan auch nicht durchsehen kann, so ist Frau Dr. Wegman doch der Ansicht, dass kleinere Aufsätze und eventuelle medizinisch-physiologische Fragen leicht vorgelegt werden können und dass dieselben in guten Momenten auch gerne beantwortet werden. Wirklich, lieber Herr Kolisko, wir können Ihnen von uns aus sagen, dass unser Vorschlag sehr wichtig ist und nachdem wir eingehend mit Frau Dr. Wegman darüber gesprochen haben, muss die Sache von Dornach aus geregelt werden. Und wie wir merken hat Frau Doktor noch große Dinge vor, z.B. eine amerikanische Reise von Ihnen und da müsste doch vorher schon Einiges vorbereitet und fertig sein. Schickler wird morgen nach Stuttgart kommen. Ich hoffe, dass Sie bald zusammen sich besprechen können und wir wären Ihnen sehr dankbar, umgehend von Ihnen Nachricht zu erhalten, bis wann wir Sie zum ersten Mal erwarten können für eine solche Zusammenkunft. Am liebsten wäre es uns, wenn Sie möglichst bald schon kommen können.» (23.3.1925) Auch Willem Zeylmans van Emmichoven hatte einige Wochen zuvor einen offenbar ähnlich lautenden Brief von Margarethe Bockholt nach einer Arbeitsbesprechung einiger in Dornach anwesender Mitglieder des «esoterischen Kernes» bekommen, die er gemeinsam mit Eugen Kolisko vorzeitig verlassen hatte. In seiner Antwort vom 9. März schrieb er seinerseits an Margarethe Bockholt: «Die Vorschläge, die von Euch gemacht [worden] sind, können zu schönen Ergebnissen führen. Ich bin sehr damit einverstanden, nur möchte ich bitten, meine Frist von 14 Tagen erst von heute ab zu zählen, da ich in der vorangehenden Woche kaum gesessen habe. Diese und nächste Woche habe ich wohl etwas Zeit. Dass Ihr Sonntag und Montag zu positiven Ergebnissen in Bezug auf unsere Sektionsarbeit gekommen seid, wundert mich nicht. Wir [Kolisko und Zeylmans] hätten auch Sonnabend dazu kommen können, wenn das kleine Intermezzo uns nicht unsere Stimmung verdorben hätte. Sonntagmorgen im Zug sprachen Kolisko und ich auch sehr positiv über dieses Thema und sagten uns, dass dreierlei auf unseren Zusammenkünften notwendig sei: 1.: Intensive Besprechungen über unsere eigenen Aufgaben (praktische Karmaübungen!), 2.: richtige (und tiefgehende) Fachbesprechungen! Wir sollten doch eigentlich die 7 besten Ärzte der Sektion sein, oder jedenfalls werden müssen! 3.: Besprechungen über die Med[izinische] Sektion. – Ich glaube aber nicht, dass es gelingen wird, die drei Punkte wirklich jedes Mal fruchtbar zu besprechen, wenn wir nicht mehr Zeit dafür rechnen können und vor allem, wenn wir uns nicht mehr darauf vorbereiten. Wirklich, die von mir zum Ausdruck gebrachte Enttäuschung hat einen Grund. Und wenn es nicht gelingt, das Niveau unserer Zusammenkünfte zu heben, so werden wir das der Med[izinischen] Sektion auch nicht heben können. Inzwischen bin ich aber fest davon überzeugt, dass es uns gelingen wird und sehe voll froher Erwartung in die Zukunft!» (Ita Wegman Archiv, Arlesheim.) Die zitierten Briefe und die in ihnen zum Vorschein kommenden Intentionen sind m. E. ausgesprochen ernst zu nehmen, auch wenn sie sich so nach dem 30. März nicht halten ließen. Denn es sind die einzigen bisher aufgefundenen Dokumente, die zeigen, welche Aufgaben, Arbeitsziele und -methoden sich der von Rudolf Steiner am 28. September genannte esoterische Ärztekreis zu Lebzeiten Steiners (und offensichtlich mit seiner unterstützenden Billigung) gab.

163 Brief von Ita Wegman an Helene von Grunelius. Arlesheim, 17.4.1925. Ita Wegman Archiv, Arlesheim.

164 Brief von Helene von Grunelius an Margarethe Bockholt. Frankfurt, 20.4.1925. Ita Wegman Archiv, Arlesheim.

165 Ita Wegman: *An die Freunde.* Arlesheim [3]1986, S. 10.

166 Vgl. Ita Wegmans ankündigenden Bericht, den sie am Tag der Kurseröffnung verfasste und acht Tage später im Nachrichtenblatt der Wochenschrift «Das Goetheanum» veröffentlichte («Die Schwesternschule in Dornach»), sowie die ausführliche Darstellung der Kursumstände bei Emanuel Zeylmans van Emmichoven, a.a.O., Band 2, S. 34–42.

167 Brief von Ludwig Noll an Helene von Grunelius. Kassel, 21.3.1926. Ita Wegman Archiv, Arlesheim.

168 In einem seiner Schreiben an Grunelius hieß es beispielsweise: «Es tut mir sehr leid, dass Sie von Locarno weggehen wollen. Nach meiner Überzeugung müssten wir dort eine gut geleitete Lungenheilanstalt auftun. Die Wirkung des Bodens und der Atmosphäre auf chronische Lungenprozesse ist ganz offenbar eine ausgezeichnete. Ich muss es immer wieder sehr bedauern, dass wir nicht eine fest geschlossene Ärztegemeinschaft haben, die derartigen Bedürfnissen auch durch gut geleitete Organisationen und Gründungen gerecht wird.» (Kassel, 7.5.1927. Ita Wegman Archiv, Arlesheim.) Drei Monate zuvor hatte es in einem anderen Brief von Noll bereits vielsagend geheißen: «Gern möchte ich bald einmal mit einigen unternehmungsfreudigeren Medizinern einige Dinge erörtern. Kennen Sie solche?» (Kassel, 6.2.1927), und kurz vor Grunelius' endgültigem Aufbruch von Locarno, als sie vorübergehend tatsächlich eine eigenständige Gründung im Sinne Nolls ins Auge fasste, schrieb er ihr noch einmal deutlicher: «Wenn wirklich bei Ihnen die feste Absicht besteht, in Locarno zunächst eine kleinere Heilanstalt aufzutun, so könnte man ja einmal zusammen-

kommen, um die entsprechenden Pläne für eine solche Anstalt zu besprechen bzw. durchzuarbeiten. In Bezug auf die Behandlung von Lungenkranken kann wirklich noch sehr viel von uns realisiert werden. Mir lag die Gründung einer solchen Anstalt schon während meines Aufenthaltes in Stuttgart immer sehr am Herzen und ich habe Dr. Peipers für einen solchen Plan zu gewinnen versucht und zwar in ganz konkreter Weise, indem ich ihn für den Ankauf von Grundstücken bzw. Häusern in der Nähe der Gänsheide interessieren wollte. Aber alle solche Projekte haben sich damals zerschlagen. Nach meiner Überzeugung ist Locarno wirklich ein sehr geeigneter Platz für eine derartige Heilanstalt. Ich könnte mir denken, dass einige interessierte Ärzte für eine solche Gründung sich zusammenschließen würden. Soweit ich Peipers kenne, wird er sicher mitmachen. Wenn in einer solchen Anstalt alle die Anregungen, die Herr Dr. Steiner nach dieser Richtung hin gegeben hat, zur Ausführung kommen, so bin ich fest überzeugt, dass wir nicht nur eine einzigartige Anstalt schaffen könnten, sondern dass auch eine solche Anstalt sehr gut besucht sein würde. Wie denken Sie denn eigentlich über die Ausführung eines solchen Planes? Schreiben Sie mir doch bitte einmal darüber etwas Eingehenderes.» (Kassel, 4.6.1927. Ita Wegman Archiv, Arlesheim.) Helene von Grunelius' Antwortschreiben an Ludwig Noll existieren nicht mehr – sie verbrannten in Nolls Kasseler Haus nach einem Bombenangriff im Zweiten Weltkrieg. Dennoch sind die erhaltenen Ausführungen von seiten Ludwig Nolls vor dem Hintergrund seines Gesamtschicksals bemerkenswert, wenn man in ihnen seine Suche nach einer weitergehenden ärztlichen Zusammenarbeit und indirekt auch seinen inneren Anschluss an Helene von Grunelius und die Gruppe der «jungen Mediziner» realisiert («Gern möchte ich bald einmal mit einigen unternehmungsfreudigeren Medizinern einige Dinge erörtern. Kennen Sie solche?» ...).

169 So schrieb Madeleine van Deventer beispielsweise am 14. März 1926 über die Kliniksituation an Helene von Grunelius unter anderem: «Dr. Walter geht es auf und ab. Vorige Woche musste sie zunächst mal ganz ins Bett. Jetzt fühlt sie sich viel besser. Aber man sieht noch nicht, wann und wie eine endgültige Besserung kommt. Bockholt sieht 10 Jahre älter aus als vor einigen Monaten. Dies aber unter uns. – Es ruht ja auch so viel auf ihren Schultern. Man möchte ihr so gerne helfen. Knauer überarbeitet sich manchmal, weiß dann nicht den Unterschied zwischen Tag und Nacht und findet Essen überflüssig. So musste sie jetzt gerade 2 Tage aussetzen. Ist aber heute wieder ganz frisch. Frau Dr. geht es im allgemeinen wohl gut. Sie bleibt kräftig. Ihr Beispiel gab uns allen unsere Energie zurück. Über die Gesellschafts-

angelegenheiten zu schreiben reizt mich nicht.» (Ita Wegman Archiv, Arlesheim.) Ein paar Monate später hieß es bei Gerhard Suchantke in einer weiteren Schilderung der Lage in der Klinik: «Hier ist ja kein leichtes Leben. Jeder kämpft an seiner Stelle. Die Menschen hier sind oft überlastet und überanstrengt. Frau Dr. Wegman vertraute mir die männlichen Patienten an. Frau Dr. Wegman war jetzt 14 Tage erkrankt an einer starken Erkältung. Das lastete sehr auf allen. Als sie wieder in die Klinik in das Sprechzimmer kam, atmete alles auf, alles ging wieder. Weißt Du, in solchen Zeiten empfindet man den fast erdrückenden Ernst der Zeiten, die unglaubliche Verantwortung und die eigenen, schwachen Kräfte. [...] Frau Dr. Wegman sagte zu mir: ‹Seien Sie zufrieden, helfen Sie mit. Es ist im Anfang schwer, aber es wird schon gehen. Bedenken Sie, dass Sie überall draußen bestehen werden, wenn Sie hier das Examen bestehen.› So ist es auch. Manchmal ist es schwer, doch geht es schon weiter.» (Arlesheim, 13.8.1926. Ita Wegman Archiv, Arlesheim.)

170 Brief von Gerhard Suchantke an Helene von Grunelius. Arlesheim, 13.8.1926. Ita Wegman Archiv, Arlesheim.

171 Brief von Ludwig Noll an Helene von Grunelius. Kassel, 4.6.1927. Ita Wegman Archiv, Arlesheim.

172 Brief von Heinrich Hardt an Helene von Grunelius. Jena, 5.9.1926. Ita Wegman Archiv, Arlesheim.

172a Brief von Helene von Grunelius an Heinrich Hardt. Locarno-Monti, 12.9.1926. Ita Wegman Archiv, Arlesheim.

172b Im V. Abschnitt des Vortrages von Carl Unger auf der Landesversammlung der Anthroposophischen Gesellschaft in Deutschland am 20.7.1926 *(Erfahrungen und Probleme der Anthroposophischen Gesellschaft)* hieß es unter anderem: «Stellen wir uns die Frage: was gehört dazu, um Anthroposophie für den 14- bis 21jährigen Menschen darzustellen? Es gehört Intuition dazu. In solchem Erkenntnissuchen können wir [das] Problem des Zusammenwirkens verschiedener Altersstufen in die rechte Entwicklung bringen; dann wird das Karmische, das hier waltet, die rechten Organe schaffen. Wir dürfen ja hinschauen auf das karmische Beispiel, das Rudolf Steiner uns gezeigt hat von dem Gespräch eines jüngeren und eines älteren Dominikaners, die zusammengehörten. Aus der geistigen Welt wurde dieser später kommende, jüngere Mensch heruntergesandt, um eine Botschaft zu bringen dem, der vorangegangen war. Auch unter uns walten vorgeburtliche Zusammenhänge. Diejenigen, die die Jüngeren sind, die länger in der geistigen Welt bleiben wollten oder sollten oder durften, sie haben eigentlich diejenigen, die jetzt die älteren Menschen sind, vor sich hergesandt, um ihnen den Weg zu bereiten. Und diejenigen, die vorausgegangen sind, ließen die anderen, mit denen sie zusammen waren, in der geistigen Welt zurück, auf dass sie ihnen Botschaft nachbringen sollten. Dürfen wir ältere Menschen der Gefahr unterliegen, dass wir den Boden schlecht bereiten? Dürft Ihr junge Menschen der Versuchung verfallen, uns Eure Botschaft zu verschweigen? Ist es nicht ein Problem des anthroposophischen Erlebens, das aus der geistigen Welt herüberweht, das wir ganz schlicht ein Problem des Gesprächs nennen können?» (Was in der Anthroposophischen Gesellschaft vorgeht. Nachrichten für deren Mitglieder. 12.9.1926, S. 147)

173 Zahlreiche Briefe von Anna Iduna Zehnder an Helene von Grunelius geben darüber eingehend Auskunft. Zur ärztlichen Gesamtpersönlichkeit Anna Iduna Zehnders vgl. den feinsinnigen Nachruf von Martha Kühn in Peter Selg (Hg.): *Anthroposophische Ärzte. Lebens- und Arbeitswege im 20. Jahrhundert,* S. 111–116, in dem es hinsichtlich der heilmeditativen und naturkundigen Aspekte von Zehnders Wirken unter anderem heißt: «Dr. Zehnder begann schon früh am Tag im Zusammenhang mit einem konsequent durchgeführten Leben in der Meditation an ihre Patienten zu denken. Sie nahm jeden als ein nach seinen ureigenen Gesetzen geformtes Wesen und beurteilte keinen moralisch. Wurde in ihrer Gegenwart von unverständlichen Schwächen eines Menschen gesprochen, so konnte sie auf das Pflanzenreich hinweisen: eine Blume im feuchten Tal sei ein anderes Gewächs als eine solche auf Bergeshöhe. Eine Tanne sei kein Apfelbaum, man könnte von ihr nicht verlangen, dass sie Äpfel trüge, sie hätte dafür andere Werte. Dies Verstehenkönnen, das immer einen Appell an das Gute, das im anderen ruht, in sich hatte, schloss die Herzen auf. Wie viel lang Zurückgehaltenes, Verkrampftes konnte sich so lösen; wie viel Aus-Sprachen, Beichten mag sie so entgegengenommen haben! Einmal geschah es, dass ein ‹Patient› im Verlaufe der Konsultation unter ihrem ruhigen, gütig-forschenden Blick zusammenbrach und ihr das Geld, das er soeben im Wartezimmer aus einer Goetheanum-Sammelbüchse entnommen hatte, zurückgab und gestand, er wäre nur gekommen, um zu sehen, wie er am besten in dieses Haus einbrechen könnte. In solchen Fällen scheute Dr. Zehnder keine Mittel bis zur pekuniären Hilfe, um der Reue eines Menschen, wenn sie deren Echtheit erkannte, und dem Impuls, ein anderes Leben zu beginnen, zur Verwirklichung zu verhelfen. Es gab noch andere solcher Fälle. [...] Sie selbst fand die Erneuerungskräfte für ihr ärztliches Wirken neben der Meditation in der Beschäftigung und Arbeit an den Pflanzen ihres Gartens. Sie war ein ausgesprochener Morgenmensch. In der Frühe, schon vor sechs Uhr, konnte man in der warmen Jahreszeit die bewegliche, leichte Gestalt der ‹Dottoressa› im Garten tätig sehen, von einer

Pflanze zur anderen eilen, um sie zu tränken, zu stützen, ihr Luft zu verschaffen, den Boden zu lockern oder auch sie zum Strauß zu binden. Die Sträuße gehörten auch in die Reihe der vielfältigen Therapien, die sie für ihre Patienten zur Verfügung hatte. Diese Sträuße verließen in reicher Buntheit, noch mit dem Morgentau und -duft behaftet, den Garten, einen belebenden Hauch, eine frische Kraft vermittelnd. Das weitherzige, alles verstehende Wesen der Gärtnerin spiegelte sich in ihnen. Da konnten neben der Rose, der Tulpe, eine Taubnessel oder Efeuranke oder einige Gräser gebunden sein, jeder Blumen- und Pflanzenart schien ihre holde Daseinsberechtigung zurückgegeben zu sein, dieser konnte sie nachspüren und empfahl solches Tun auch ihren Patienten. ‹Spüren Sie, wie ein Holzgewächs sich fühlt, eine großblättrige Pflanze mit flachen Wurzeln, eine Pflanze mit Pfahlwurzeln und zierlichen Blättern›, konnte sie sagen. Ihre Sträuße waren ein Bild für all ihre Äußerungen, die mündlichen, brieflichen, dichterischen und für die farbigen bei ihren Bildern: Immer waren sie originell eigenständig, oft überraschend, ja herb, durch keinen Ästhetizismus geglättet oder vorzeitig verweichlicht.» (Martha Kühn, zit. n. Peter Selg [Hg.], a.a.O., S. 115/112.)

174 Brief von Helene von Grunelius an Ita Wegman. Locarno-Monti, 1.10.1926. Ita Wegman Archiv, Arlesheim.

175 Wegmans Antwortbrief hatte den Wortlaut:

Arlesheim, den 8. Dezember 1926

Liebes Fräulein Dr. Grunelius,
Ihren Brief vom 1. Dezember habe ich erhalten und es freute mich sehr, auf diesem Wege wieder etwas von Ihnen zu hören; besonders auch, dass es Ihnen möglich ist, z. Zt. mit Dr. Zehnder wieder etwas zu arbeiten. So hoffe ich sehr, dass es Ihnen gesundheitlich ordentlich geht.
Was nun Ihre Frage betrifft, so begrüße ich sehr, dass Fräulein Dr. Zehnder durch Sie nun weitere Anregungen für ihr medizinisches Arbeiten bekommen kann und gebe gerne die Zusage, dass Sie Dr. Zehnder die beiden medizinischen Jugend-Kurse zum lesen geben oder, wenn dies Ihre Absicht war, mit ihr zusammen lesen. Auch kann Dr. Zehnder die gefragten Meditationen durch Sie erhalten, weil Sie selber damit einverstanden sind, ich von meiner Seite kann es nur begrüßen.

Ihnen alles Gute wünschend,
mit freundlichem Gruß, auch an Dr. Zehnder
gez. Dr. Wegman

176 Vgl. Rudolf Steiner: *Mysterienstätten des Mittelalters. Rosenkreuzer und modernes Einweihungsprinzip. Das Osterfest als ein Stück Mysteriengeschichte der Menschheit.* Vortrag vom 20.4.1924.

177 Wegmans Gespräche mit Helene von Grunelius hierüber sind nicht aktenkundig und der ganze Vorgang lediglich bekannt geworden, weil Helenes Mutter, Emma von Grunelius, deutlich widersprach beziehungsweise Wegman gegenüber ihre großen Sorgen bezüglich dieses geplanten Schrittes zum Ausdruck brachte. So schrieb sie am 14. Dezember 1931 aus Kolbsheim im Elsass:

Sehr verehrte Frau Dr. Wegman,
Verzeihen Sie, wenn ich mich an Sie wende, um Ihnen von meiner Tochter Helene und ihrer Zukunft zu sprechen, die mich beunruhigt. Wie Sie wissen, hatte meine Tochter, die darauf angewiesen ist, ihr Leben zu verdienen, als Ärztin in Stuttgart eine gewisse Kundschaft erworben und konnte, nach meinem Ermessen, darauf rechnen, bei der nötigen Ausdauer einen ständigen Lebensunterhalt in Stuttgart zu finden.
Nun teilt mir Helene mit, es sei ihr von Ihnen ein neues Angebot gemacht worden, das sie nach Berlin führen soll und bittet mich um Einwilligung zu diesem Plan.
Ich bin nun, nach den großen Opfern, die ich für die zwei jüngsten Kinder in Stuttgart bringen musste und noch bringen muss, nicht mehr in der Lage, meine Tochter Helene zu unterstützen. Wenn sie also nach Berlin will, muss ich voraussetzen, dass sie dort ein Einkommen findet, aus dem sie ihren Lebensunterhalt voll bestreiten kann.
Ich wäre Ihnen außerordentlich dankbar, sehr verehrte Frau Dr. Wegman, wenn Sie so freundlich wären, mir zu sagen, wie die Berliner Arbeit gedacht ist und wie das Einkommen von meiner Tochter gesichert ist, denn Helene hat sich, mir gegenüber, nicht darüber ausgesprochen.
Weiterhin scheint sie zu planen, sich zwei Zimmer selbst zu möblieren. Dies scheint mir nun, bei den teuren Transportkosten von Stuttgart nach Berlin, die ich bestreiten müsste, da meine Tochter nicht die Mittel dazu hat, recht riskiert, bevor man weiss, ob in der jetzigen schweren Zeit der Berliner Plan erfolgreich sein kann. Wäre es nicht vernünftiger, dass sie sich vorerst ein möbliertes Zimmer nimmt?

Seien Sie versichert, sehr verehrte Frau Dr. Wegman, dass ich Ihnen sehr dankbar bin für Ihr wohlwollendes Interesse Helene gegenüber und das Vertrauen, das Sie ihr beweisen, aber Sie werden wohl verstehen, dass diese neuen Pläne, von denen ich nichts Bestimmtes erfahre, mich schon ängstigen, und wäre Ihnen sehr zu Dank verpflichtet, wenn Sie mir baldigst die nötige Aufklärung und Ihren eigenen Rat geben könnten.

Mein Gesundheitszustand erlaubt mir leider nicht, zur Zeit zu Ihnen zu fahren, um diese Angelegenheit zu besprechen, und so bin ich auf Schriftverkehr angewiesen.

Mit den besten Empfehlungen verbleibe ich
Ihre ergebene
Emma Grunelius

*

Auch Ita Wegmans Antwort erhielt sich und trägt den Wortlaut:

Arlesheim, den 12. Januar 1932

Sehr geehrte Frau von Grunelius!
Ihren Brief vom 14. Dezember habe ich empfangen. Leider habe ich bis jetzt noch nicht antworten können, weil dies durch die Weihnachtstagung und die viele Arbeit gerade zu Weihnachten für mich unmöglich war, was mir sehr leid getan hat.
Aus Ihrem Brief habe ich gelesen, dass Sie nicht so ganz einverstanden sind mit der Übersiedlung Ihrer Tochter nach Berlin. Es wäre gewiss nicht gut, einen Wechsel vorzunehmen, wenn nicht Möglichkeiten für einen Erfolg bestünden; aber da zu gleicher Zeit auch ein Laboratorium für die Krebsfrühdiagnose dort eingerichtet werden sollte, wäre dadurch schon eine Garantie gegeben, dass der Plan Berlin Aussicht auf Erfolg hat. Ihre Tochter Helene hätte allmählich doch da gerade durch die Hilfe des Laboratoriums eine Praxis begründen können. Auch wir hatten den Plan, viel nach Berlin zu kommen und Dr. Bockholt würde sogar die erste Zeit tüchtig geholfen haben. Auch würden wir finanziell mit geholfen haben bei diesem Unternehmen in Berlin. Dagegen ist es nicht möglich, von unserer Seite eine bestimmte Garantie zu übernehmen, wir können nur soviel wie möglich mithelfen, dass die Sache richtig vorwärtsgeht. Doch sind diese Pläne noch nicht ganz spruchreif geworden, da auch Ihre Tochter sich noch nicht vollständig entschieden hat.

Hoffentlich geht es Ihnen gesundheitlich besser.
Mit freundlichem Gruß
gez. Ihre Dr. I. Wegman

178 Arlesheim, den 19. Dezember 1933

Liebes Fräulein Dr. von Grunelius!
Von meiner Reise aus England nach Hamborn kommend, erlebte ich, dass eine sehr schöne Arbeit dort sich zu gestalten anfängt und hauptsächlich auch das Erholungsheim. Sie wissen ja, dass Dr. Stickdorn dort arbeitet. Er hat früher in Löhne praktiziert. Nun ist Dr. Stickdorn noch sehr verbunden mit seiner bisherigen Praxis und auch

mit Menschen, die in Bielefeld wohnen, und so haben wir doch die Meinung, dass er noch viel mehr frei sein sollte, um diese Außenpraxis wieder aufzunehmen. In Hamborn selber fehlt dann eine wichtige ärztliche Persönlichkeit, die die Patienten in Ruhe behandeln und tragen kann. Alle die Lehrer und die übrigen Menschen, die in Hamborn wohnen, sehnen sich nach irgend jemand in ärztlicher Tätigkeit, die als eine reife Persönlichkeit im Hause walten könnte. Sie haben das Gefühl, dass Dr. Stickdorn – obgleich ein sehr guter Arzt und für [die] Allgemein-Praxis außerordentlich gut begabt – doch nicht die Fähigkeit hat, eine Clientele im Haus zu tragen, und es wurde so im Allgemeinen als Beispiel gesagt: «Wenn wir jemand haben könnten wie ein Fräulein Dr. von Grunelius, wie wunderbar würde es dann sein für die Arbeit in Hamborn und wie großartig könnte man es dann da gestalten.» Nun, ich konnte natürlich das auch nur bejahen, sagte aber auch gleich: «Fräulein Dr. von Grunelius hat eine Praxis in Stuttgart und wird wohl nicht daran denken, diese Praxis aufzugeben.» Aber trotzdem halte ich es doch für meine Pflicht, Ihnen dieses zu sagen, daran denkend, dass Sie vielleicht auch einmal Ihre Praxis vielleicht nicht gerade aufgeben wollen, aber doch für längere Zeit sich ein bisschen frei machen und mehr eine ruhige Zeit haben wollen, was dann gut vorzunehmen ist in Schloss Hamborn. Dieses ist es, was ich Ihnen vorbringen möchte. Ich hoffe, Sie sind mir nicht böse, ich kann nichts anderes tun, als dieses Ihnen erzählungsweise vorbringen und dazu fügen, dass ich es natürlich selber als ein großes Glück empfinden würde, wenn Sie Lust zu einem solchen Vorschlag hätten. Aber Sie dürfen ja nicht denken, dass ich auf irgend eine Art Sie von Stuttgart ablenken möchte, weil die Stuttgarter Sie auch ganz sicher nötig haben. Das sind Dinge, die Sie wohl selber abwägen müssen. Vielleicht haben Sie auch wieder einmal Lust, hierherzukommen?

Mit freundlichen Grüssen,
auch an Fräulein Dr. Mellinger
und an Ihren Bruder Andreas

verbleibe ich
gez. Dr. Wegman

Einer von Ita Wegmans großen, einladenden Werbe-Briefen mit subtilem Gespür und Voraussicht, im Hinblick auf das weitere Schicksal Helene von Grunelius', aber auch von Hamborn.

179 Vgl. Peter Selg (Hg.): *Eugen Kolisko. Vom therapeutischen Charakter der Waldorfschule.* Dornach 2002.

180 «Es mag wohl kaum eine Lehrerin an der Waldorfschule gegeben haben, die solchen Wert darauf legte, dass nicht nur einige, sondern

dass jedes Kind ihrer Klasse mit dem Schularzt besprochen wurde. Sie [Bettina Mellinger] suchte daraus Anregungen für die pädagogische Führung der Kinder. Alsbald aber entwickelte sie im Umkreis des Arztzimmers eine soziale Tätigkeit, die das Talent verriet, umsichtig und sorgfältig zu organisieren: da war die Waldorfkinderspeisung, die täglich 80 Kinder versorgte; da war das Arztzimmer, das Zuschüsse für den medizinischen Bedarf brauchte; da waren die Ferienkinder-Kolonien im Welzheimer Wald und an der Nordsee, in Tirol und in der Schweiz. Wenn die Kinder in die Ferien abfuhren, stand sie am Bahnhof und prüfte alles nach Liste und Plan. Sie empfing sie bei der Rückkehr und ließ sich berichten. Dann regte sie die Arbeit im Mütterkreis an, in dem nützliche Dinge für den Schulbazar hergestellt wurden. Sie kümmerte sich um die Einrichtung eines Schülerhortes für kleinere und ältere Kinder. Das alles brauchte Spenden – Bettina Mellinger brachte sie bei. Es war ihr Herzensangelegenheit, in dieser Weise mit dem Schularzt zusammen die helfende Tätigkeit immer weiter auszudehnen.» (Gisbert Husemann, in: Gisbert Husemann und Johannes Tautz [Hg.]: *Der Lehrerkreis um Rudolf Steiner in der ersten Waldorfschule 1919–1925*. Stuttgart [2]1979, S. 307f.) Auch bei diesen «helfenden Tätigkeiten» – bis hin zur kostenlosen Speisung von Kindern armer Eltern oder zur Gestaltung der angedeuteten Erholungsaufenthalte für bedürftige Schüler – war Kolisko ständig beteiligt und involviert.

181 Bettina Mellinger: *Dr. Eugen Kolisko – der Schularzt*. In: Eberhard Schickler, Julia Charlotte Mellinger und Jürgen von Grone (Hg.): *Eugen Kolisko. Bilder aus seinem Leben und Wirken*. Stuttgart 1940, S. 70f.

182 ebd., S. 73.

183 Norbert Glas: *Erinnerung an Helene von Grunelius*, S. 227.

184 Vgl. Lilly Kolisko: *Eugen Kolisko – ein Lebensbild*. Gerabronn-Crailsheim 1961.

185 Lilly Kolisko, a.a.O., S. 394f.

186 Brief von Margarethe Bockholt an Helene von Grunelius. Arlesheim, 9.1.1935. Ita Wegman Archiv, Arlesheim.

187 Kurt Berthold, zit. n. Thomas Meyer: *«Immer tiefer in das Lebenswerk von Rudolf Steiner eindringen.» Erinnerungen an den Heilpädagogen Kurt Berthold*. In: Mitteilungen aus der anthroposophischen Arbeit in Deutschland. Nr. 183/1993, S. 214.

188 ebd., S. 214.

189 Eugen Kolisko, zit. n. Peter Selg: *Anfänge anthroposophischer Heilkunst*. Dornach 2000, S. 169.

190 In der Erinnerung an seinen eigenen «Burghalde»-Aufenthalt, einen dort von ihm selbst gehaltenen Kunstvortrag und ein Gespräch mit Helene von Grunelius schrieb dreizehn Jahre später der Christenge-

meinschafts-Priester Wilhelm Kelber in einem Zeitschriftenbeitrag: «Einen unauslöschlichen Eindruck hat mir eine unscheinbare Szene gemacht, die sich vor vielen Jahren in einem Sanatorium abspielte. Ein Patient hatte vor den andern einen recht dürren und intellektuellen Vortrag über ein Kunstthema gehalten. Am nächsten Tage ging die junge Ärztin mit ihm an der wilden Hecke hinter dem Haus entlang, nahm ohne viel Worte da und dort ein ganz unscheinbares Blättchen von den verschiedenen Sträuchern und hielt sie ihm hin: «Lernen Sie das sehen! Das ist es in der Hauptsache, was Ihnen fehlt.» (In: Die Christengemeinschaft. Nr. 12/1948.)

191 Ita Wegman Archiv, Arlesheim. Erstpublikation in Peter Selg: *Krankheit und Christus-Erkenntnis.* Dornach 2000, S. 7.

192 Norbert Glas, a.a.O., S. 230.

193 ebd.

194 Brief von Eugen Kolisko an Ita Wegman. London, 4.12.1936. Ita Wegman Archiv, Arlesheim.

195 Norbert Glas, a.a.O., S. 230.

196 Brief von Ita Wegman an Helmi Burmeister. Arlesheim, 22.12.1936. Ita Wegman Archiv, Arlesheim. Norbert Glas schrieb seinerseits einen Tag später an die Mutter von Helene, Emma von Grunelius: «Ich denke viel an Helene, mit der wir hier sehr befreundet waren und oft glaube ich fast, dass es für sie besser so ist, wie es nun wurde. Sie hat dieses Ende doch sehr gesucht, wenn man sich's genau überlegt.» (Gnadenwald, 23.12.1936. Ita Wegman Archiv, Arlesheim.)

197 Rudolf Steiner: *Die Brücke zwischen der Weltgeistigkeit und dem Physischen des Menschen.* GA 201. Dornach [4]1993, S. 189.